LES THÈMES DE CONNAISSANCE
DANS LE DOCUMENT DE DAMAS

NIHIL OBSTAT : LOVANII, DIE 24 OCTOBRIS 1966.
FR. C. VAN DEN EYNDE — FR. O. VAN OUTRYVE.

IMPRIMI POTEST : BRUXELLIS, DIE 24 OCTOBRIS 1966.
FR. A. R. VAN DE WALLE, PROV.

IMPRIMATUR : LOVANII, DIE 26 OCTOBRIS 1966.
† A. L. DESCAMPS, EPISC. TUNET., RECT. UNIV.

STUDIA HELLENISTICA

EDIDERUNT L. CERFAUX, W. PEREMANS ET A. TORHOUDT

———————————— 15 ————————————

LES THÈMES DE CONNAISSANCE DANS LE DOCUMENT DE DAMAS

PAR

ALBERT-MARIE DENIS, O. P.

Maître de conférences à l'Université Catholique de Louvain

Publié avec le concours de la Fondation Universitaire de Belgique

PUBLICATIONS UNIVERSITAIRES DE LOUVAIN

1967

À MONSEIGNEUR CERFAUX,
EN TÉMOIGNAGE DE GRATITUDE ET DE RESPECT.

TABLE DES MATIÈRES

PRÉFACE

La secte de Qumrân est désormais connue de tous ceux qui s'intéressent à l'histoire des religions à la période hellénistique. Elle est née en ces circonstances dramatiques où le judaïsme subissait les menaces d'hellénisation des Séleucides, avivées par des connivences affichées au sein même du sacerdoce de Jérusalem. Gardienne de l'orthodoxie juive, la secte avait donc à lutter sur plusieurs fronts et, comme il arrive normalement, elle resta marquée, à des degrés d'ailleurs fort divers, par les courants religieux du moment, l'hellénisme, le légalisme des Pharisiens et l'ascétisme du milieu sacerdotal.

Les Studia hellenistica ont donc accueilli volontiers cette monographie consacrée aux termes de connaissance dans le Document de Damas. L'auteur était préparé à ses recherches lexicographiques par sa collaboration active à la Concordance de Kuhn. Leur intérêt grandissait du choix même de leur objet et du fait que le vocabulaire apparaissait très visiblement comme un détecteur des vicissitudes de la secte. Au début, un groupe de Juifs pieux, appartenant surtout à la caste sacerdotale, se réunissait pour attendre « la fin », l'intervention décisive de Dieu, proclamée et révélée par le Maître de Justice. Suivra une organisation en une secte consacrée à l'étude de la Loi. L'enthousiasme de vivre les derniers temps du monde s'éteignant progressivement, la « congrégation » continue, avec la conviction de constituer l'Israël véritable, le peuple des saints et des élus exclusivement choisis par Dieu. A ce moment, elle se replie sur elle-même, se séparant du judaïsme et plus encore du monde gréco-romain ; son monastère de Qumrân sera anéanti dans la guerre d'extermination décidée par Rome pour mâter la révolte juive.

Le P. Denis a ses raisons, très valables, pour refuser de déborder dans des études comparatistes. Il lui faudra cependant, quelque jour, tirer des conclusions de son enquête minutieuse. Les exégètes du Nouveau Testament l'inviteront à préciser les analogies qu'il les force à constater entre le Document de Damas et les premiers écrits chrétiens : influence du Livre de Daniel, apparition du terme « mystère » et des thèmes qui l'accompagnent, importance de la « connaissance ».

Les historiens des religions, surtout ceux qui travaillent sur la gnose, continueront l'interview. Que faut-il penser des rapports entre la « connaissance » de Qumrân et la « gnose » ? Si le P. Denis avait pris part au « Colloque international » de Messine du 13 au 18 avril dernier, n'y aurait-il pas souligné avant tout combien l'expérience du Maître de Justice, foncièrement liée à l'Ancien Testament et au judaïsme, a conditionné tout le mouvement religieux qui en est issu ? Ne faut-il pas être en garde contre la tentation de coller partout l'étiquette « gnose » ? Certes, la secte de Qumrân affleure dans l'histoire au moment où, selon l'heureuse expression de Ugo Bianchi, la « gnose » parasite les grandes religions. On pourra certes y soupçonner, dans le succès des termes de « connaissance », un parallèle avec les mouvements de pensée du monde environnant. Pourra-t-on jamais conduire le parallèle jusqu'à la notion d'une vraie parenté ?

Quel que soit le sort réservé aux études comparatistes, le livre du P. Denis restera un témoignage de grande valeur, précisément parce qu'il est désintéressé.

L. CERFAUX.

BIBLIOGRAPHIE *

J. M. ALLEGRO, *Fragments of a Qumran Scroll of Eschatological Midrāšîm (= Flor)*, dans *Journal of Biblical Literature*, 77, 1958, p. 350-354.

J. M. ALLEGRO, *Further Light on the History of the Qumran Sect*, dans *Journ. Bibl. Lit.*, 75, 1956, p. 89-95 (= *pNah* (1) ; *pPs 37* (1) ; *pOs a*).

J. M. ALLEGRO, *Further Messianic References in Qumran Literature*, dans *Journ. Bibl. Lit.*, 75, 1956, p. 174-187 (= *Patr. Bless.*, ou *PB ; pIs a ; Test*).

J. M. ALLEGRO, *More Isaiah Commentaries from Qumran's fourth Cave*, dans *Journ. Bibl. Lit.*, 77, 1958, p. 215-221 (= *pIs b, c, d*).

J. M. ALLEGRO, *More Unpublished Pieces of a Qumran Commentary on Nahum (4Q pNah)*, dans *Journ. Sem. Stud.*, 7, 1962, p. 304-308. (= *4QpNah 2, 3, 4*).

J. M. ALLEGRO, *A Newly Discovered Fragment of a Commentary on* PSALM XXXVII *from Qumrân (= pPs 37)*, dans *Pal. Expl. Quart.*, 1954, p. 69-75.

J. M. ALLEGRO, *A recently discovered Fragment of a Commentary on Hosea from Qumran's fourth Cave*, dans *Journ. Bibl. Lit.*, 78, 1959, p. 142-147 (*pOs b*).

N. AVIGAD et Y. YADIN, *A Genesis Apocryphon, a Scroll from the Wilderness of Judaea, Description and Content of the Scroll, Facsimiles, Transcription and Translation of Columns II, XIX-XXII*, Jérusalem, 1956, 48 et 5 pp. (= *1Q GenApocr*).

M. BAILLET, *Fragments du Document de Damas, Qumrân grotte 6*, dans *Rev. Bibl.*, 63, 1956, p. 513-523. (= *6Q..*).

M. BAILLET, *Un recueil liturgique de Qumrân, Grotte 4 : « Les paroles des luminaires »*, dans *Rev. Bibl.*, 68, 1961, p. 195-250 (= *Dibre ham-Me'ôrôt = 4Q DibHam*).

---

* De l'immense littérature consacrée aux écrits de Qumrân et particulièrement au Document de Damas, seuls sont indiqués ici les ouvrages qui ont été consultés.

M. BAILLET, J. T. MILIK et R. DE VAUX, Les « Petites Grottes » de Qumrân, Discoveries in the Judaean Desert III, Oxford, 1962 (= 2Q, 3Q, etc.).

E. BAMMEL, 'Αρχιερεὺς προφητεύων dans Theol. Lit. Zeitung, 79, 1954, c. 351-359.

D. BARTHÉLEMY-J. T. MILIK, Discoveries in the Judaean Desert, I Qumran Cave I, Oxford, 1955 (voir : Textes non bibliques : p. 77-165 et planches XV-XXXVII) (= 1Q...)

G. BERTRAM, art. παιδεύω, dans Theol. Wört., 5 (1954), p. 596-624.

O. BETZ, Offenbarung und Schriftforschung in der Qumransekte (Wissenschaftliche Untersuchungen zum Neuen Testament, 6), Tubingue, 1960, XII-202 pp.

H. W. BEYER, art. ἐπισκοπή, dans Theol. Wört., 2 (1935), p. 595-619.

M. BLACK, The Scrolls and Christian Origins. Studies on the Jewish Background of the New Testament, Londres, etc. (1961), X-206 pp.

G. BORNKAMM, art. μυστήριον, dans Theol. Wört., 4 (1942), p. 809-834.

H. BRAUN, Spätjüdisch-häretischer und frühchristlicher Radikalismus. Jesus von Nazareth und die essenische Qumrânsekte, I Das Spätjudentum, II Die Synoptiker, Beitr. hist. Theol. 24, Tubingue 1957, V-154 pp.

R. BULTMANN, art. ἀφίημι, dans Theol. Wört., 1 (1933), p. 506-509,
R. BULTMANN, art. γινώσκω, dans Theol. Wört., 1 (1933), p. 688-719.

M. BURROWS, avec J. C. TREVER et W. H. BROWNLEE, The Dead Sea Scrolls of St. Mark's Monastery, I The Isaiah Manuscript and the Habbakuk Commentary, New-Haven, 1950 (pHab : voir p. LV-LXI) (= pHab, ou pH).

M. BURROWS, avec J. C. TREVER et W. H. BROWNLEE, The Dead Sea Scrolls of St. Mark's Monastery, II 2, Plates and Transcription of the Manual of Discipline, New Haven, 1951, XI et XI pp. (= Serek, ou S).

J. CARMIGNAC, Notes sur les Pesharîm, dans Rev. Q., 3, 4, n° 12 (1963), p. 505-538.

J. CARMIGNAC, Les textes de Qumrân traduits et annotés, I voir : La Règle de la Guerre, p. 81-125 (= M) ; Les Hymnes, p. 127-284 (= H), Paris, 1961.

L. CERFAUX, La théologie de l'Église suivant saint Paul, collection Unam Sanctam 54, 3e éd., Paris, 1965, 430 pp.

J. V. CHAMBERLAIN, Toward a Qumran Soteriology, dans Nov. Test., 3, 1959, p. 305-313.

R. H. CHARLES, *The Apocrypha and Pseudepigrapha of the Old Testament in english, II Pseudepigrapha*, Oxford, (1913) (réimpr. 1963), XIV-871 pp.

R. F. COLLINS, *The Berîth-Notion in the Cairo Damascus Covenant and its Comparison with the New Testament*, dans *Eph. Theol. Lov.*, 39, 1963, p. 555-594.

H. CONZELMANN, art. συνίημι, dans *Theol. Wört.*, 7 (1964), p.886-894.

Éd. COTHENET, art. *Onction*, dans *Dict. Bible, Suppl.*, 6 (1959), c. 701-732.

Éd. COTHENET, *Les textes de Qumrân traduits et annotés, II* voir : *Le Document de Damas*, p. 129-204 (= *Dam*), Paris, 1963.

C. E. B. CRANFIELD, art. *Love*, dans *A Theological Word Book of the Bible*, edited by A. RICHARDSON, Londres, 1950, p. 131-136.

G. DELLING, art. πληρόω, dans *Theol. Wört.*, 6 (1959), p. 283-309.

A. -M. DENIS, *Évolution de structures dans la secte de Qumrân*, dans *Recherches bibliques VII, Aux origines de l'Église*, (Louvain), (1965), p. 23-49.

A. DESCAMPS (et L. CERFAUX), art. *Justice*, dans *Dict. Bible, Suppl.*, 4 (1949), c. 1417-1510.

J. DUPONT, *Gnosis, la connaissance religieuse dans les épîtres de saint Paul*, Louvain-Paris, 1949 (réimpr. 1960), XX-604 pp.

A. DUPONT-SOMMER, *Le Commentaire de Nahum découvert près de la mer Morte (4Q pNah). Traduction et notes*, dans *Semitica*, 13, 1963, p. 55-88.

G. FOHRER, art. σώζω, dans *Theol. Wört.*, 7 (1964), p. 966-1024.

W. GESENIUS, *Hebräisches und Aramäisches Handwörterbuch über das Alte Testament*, 17e éd. (par Fr. BUHL), Leipzig, 1921.

J. J. GLÜCK, *The Verbe PRṢ in the Bible and in the Qumran Literature*, dans *Rev. Q.*, 5, 1, n° 17 (1964), p. 123-127.

J. GNILKA, *Die Erwartung des messianischen Hohenpriesters in den Schriften von Qumran und in Neuen Testament*, dans *Rev. Q.*, 2, 3, n° 7 (1960), p. 395-426.

P. GRELOT, *L'eschatologie des Esséniens et le livre d'Hénoch*, dans *Rev. Q.*, 1, 1, n° 1 (1958), p. 113-131.

H. GRESSMANN, rec. *S. Schechter, Documents of Jewish Sectaries*, dans *Z. Deutsch Morg. Ges.*, 66, 1912, p. 491-503.

P. GUILBERT, *Deux écritures dans les colonnes VII et VIII de la Règle de la Communauté*, dans *Rev. Q.*, 1, 2, n° 2 (1958), p. 199-212.

P. GUILBERT, *Les textes de Qumrân traduits et annotés, I* voir : *La Règle de la Communauté (= S)*, p. 9-80, Paris, 1961.

P. Heinisch, *Theologie des Alten Testaments, (Die Heilige Schrift des Alten Testaments, Erg.z.bd 1)*, Bonn, 1940, XVIII-383 pp.

J. Herrmann, art. ἱλάσκομαι, dans *Theol. Wört.*, 3 (1938), p. 301-324.

H. W. Huppenbauer, *Zur Eschatologie der Damaskusschrift*, dans *Rev. Q.*, 4, 4, n° 16 (1964), p. 567-573.

M. Jastrow, *A Dictionnary of the Targumim, the Talmud Babli and Yerushalmi, and the Midrashic Literature*, 2 vol., New-York, 1903 (réimpress. 1950).

G. Jeremias, *Der Lehrer der Gerechtigkeit (Studien zur Umwelt des Neuen Testaments, 2)*, Gœttingue (1962), 376 pp.

J. Jeremias, *Beobachtungen zu neutestamentlichen Stellen an Hand des neugefundenen griechischen Henoch-Textes*, dans *Z.nt.Wiss.*, 38, 1939, p. 119-120.

P. Joüon, *Grammaire de l'hébreu biblique*, Rome, 2e éd., 1947.

H. Kleinknecht, F. Baumgärtel, W. Bieder, E. Sjöberg, et E. Schweizer, art. πνεῦμα, dans *Theol. Wört.*, 6 (1959), p. 330-453.

K. G. Kuhn et collaborateurs, *Konkordanz zu dem Qumrantexten*, Gœttingue, 1960, et *Nachträge zur « Konkordanz zu dem Qumrantexten »*, dans *Rev. Q.*, 4, 2, n° 14 (1963), p. 163-234.

K. G. Kuhn, *The Two Messiahs of Aaron and Israel*, dans *The Scrolls and the New Testament*, ed. K. Stendahl, New-York, 1957, p. 54-64.

W. S. LaSor, « *The Messiahs of Aaron and Israels* » *(1QS 9,11)*, dans *Vet. Test.*, 6, 1956, p. 425-429.

W. S. LaSor, *The Messianic Ideas* dans *Studies and Essays in honor of A.A. Neumann*, Leyde-Philadelphie, 1962, p. 357-363.

R. B. Laurin, *The Problem of the two Messiahs in the Qumran Scrolls*, dans *Rev. Q.*, 4, 1 n° 13 (1963), p. 39-52.

M. R. Lehmann, *Talmudic Material relating to the Dead Sea Scrolls* dans *Rev. Q.*, 1, 3, n° 3 (1959), p. 391-404.

Ed. Lohse, *Die Texte aus Qumran, hebräisch und deutsch, mit massoretischer Punktation. Uebersetzung, Einführung und Anmerkungen*, Munich, 1964, XXIII-294 pp.

J. Maier, *Die Texte vom Toten Meer*, 2 vol., *I Uebersetzung*, 190 pp., *II Anmerkungen*, 232 pp., Munich-Bâle, 1960.

W. Michaelis, art. ὁδός, dans *Theol. Wört.*, 5 (1954), p. 42-118.

W. Michaelis, art. ὁράω, dans *Theol. Wört.*, 5 (1954), p. 315-381.

O. Michel, art. μιμνήσκομαι, dans *Theol. Wört.*, 4 (1952), p. 678-687.

J. T. Milik, *Ten Years of Discovery in the Wilderness of Judaea*, *Stud. Bibl. Theol.* 26, Londres, (1959), 160 pp.

J. T. MILIK, *Le travail d'édition des fragments de manuscrits Qumrân*, dans *Rev. Bibl.*, 63, 1956, p. 49-67 (cf. J.T. Milik, sur *4Q :* p. 60-62).

F. NÖTSCHER, *Zur Theologischen Terminologie der Qumran Texte (Bonner biblische Beiträge, 10)* Bonn, 1956, 201 pp.

F. NÖTSCHER, « *Wahrheit* » *als theologischer Terminus in dem Qumran-Texten*, dans *Festschrift V. Christian*, Vienne, 1956, p. 83-92.

A. OEPKE, art. ἔκστασις, dans *Theol. Wört*, 2 (1935), p. 447-457.

A. OEPKE, art. καλύπτω, dans *Theol. Wört.*, 3 (1938), p. 558-597.

A. OEPKE (avec R. MEYER), art. κρύπτω, dans *Theol. Wört.*, 3 (1938). p. 959-999.

E. OSSWALD, *Zur Hermeneutik des Habakuk-Kommentar*, dans *Z. altt. Wiss.*, 68, 1956, p. 243-246.

J. F. PRIEST, *Mebaqqer, Paqid and the Messiah*, dans *Journ. Bibl. Lit.*, 81, 1962, p. 55-61.

Ch. RABIN, *On a Puzzling Passage in the Damascus Fragments*, dans *J. Jew. Stud.*, 6, 1955, p. 53-54.

Ch. RABIN, *The Zadokite Documents*, Oxford, 1954 ; 2ᵉ éd. 1958 (préface de 1956 !), XVI-103 pp. (= *Dam*, ou *D*).

I. RABINOWITZ, *A Reconsideration of* « *Damascus* » *and* « *390 Years* » *in the* « *Damascus* » *(« Zadokite »)* Fragments, dans *Journ. Bibl. Lit.*, 73, 1954, p. 11-35.

G. VON RAD, art. ἡμέρα, dans *Theol. Wört.*, 2 (1935), p. 946-949.

H. N. RICHARDSON, *Somes notes on* Lîṣ *and its Derivatives*, dans *Vet. Test.*, 5, 1955, p. 163-179, et *Addenda*, p 434-436

L ROST, *Die Damaskusschrift, neu bearbeitet, Kleine Texte für Vorlesungen und Uebungen, 167*, Berlin, 1933, 33 p. *(= Dam)*.

S. SCHECHTER, *Documents of Jewish Sectaries, I Fragments of a Zadokite Work, edited with Translation, Introduction and Notes*, Cambridge, 1910, LXIV-20 pp. (= *Dam*, ou *D*).

H. SCHLIER, *Der Brief an die Galater, kritisch-exegetisch Kommentar N.T.*, *H.A.W. Meyer*, Gœttingue, 1949, 11*-211 pp.

R. SCHNACKENBURG, *Die Erwartung des* « *Propheten* » *nach dem Neuen Testament und den Qumran-Texten*, dans *Studia Evangelica*, T.U.73, 1959, p. 622-639.

G. SCHRENK, art. εὐδοκέω, dans *Theol. Wört.*, 2 (1935) p. 737-748.

G. SCHRENK (et G. QUELL), art. πατήρ, dans *Theol. Wört.*, 5 (1954), p. 946-1024.

G. SCHRENK, art. θέλω, dans *Theol. Wört.*, 3 (1938), p. 43 63.

N. H. SNAITH, *The Distinctive Ideas of the Old Testament, (Fernley-Hartley Lectures)*, Londres, 1944, 193 pp.

R. A. SOLOFF, *Toward Uncovering Original Texts in the Zadokite Documents*, dans *N.T. Stud.*, 5, 1958-59, p. 62-67.

H. STEGEMANN, *Der Pešer zu Psalm 37 aus Höhle 4 von Qumran*, dans *Rev. Q.*, 4, 2, n⁰ 14 (1963), p. 235-270 (= *4QpPs 37*).

H. L. STRACK — P. BILLERBECK, *Kommentar zum Neuen Testament aus Talmud und Midrasch*, 4 tomes, Munich, 1922-1928.

J. STRUGNELL, *The Angelic Liturgv at Qumrân-4Q Serek Šîrôt ' Ôlat Haššabât*, dans *Supplements to Vetus Testamentum*, 7, 1960 (= Congress Volume, Oxford, 1959), p. 318-345 (= *4Q Sl 39* et *Sl 40*).

E. L. SUKENIK, *The Dead Sea Scrolls of the Hebrew University*, Jérusalem, 1955 (voir : *The War of the Sons of Light with the Sons of Darkness, Thanksgiving Scrolls*, p. 16-58). (= Milḥ, ou M, et Hod, ou H).

J. L. TEICHER, *Puzzling Passages in the Damascus Fragments*, dans *Journ. Jew. Stud.*, 5, 1954, p. 139-143, et 6, 1955, p. 54-55.

M. TESTUZ, *Les idées religieuses du Livre des Jubilés*, Genève-Paris, 1960, 207 pp.

W. THOMAS, *The Use of nêṣaḥ as a Superlative in Hebrew*, dans *Journ. Sem. Stud.*, 1, 1956, p. 106-109.

J. VAN DER PLOEG, *Le Rouleau de la Guerre, traduit et annoté, avec une introduction (Studies in the Texts of the Desert of Judah II)*, Leyde 1959, 198 pp.

A. S. VAN DER WOUDE, *Die messianischen Vorstellungen der Gemeinde von Qumrân*, Assen (Pays-Bas), (1957), 276 pp.

J. WEINGREEN, *The Title Môrēh Ṣedeḳ*, dans *Journ. Sem. Stud.*, 6, 1961, p. 162-174.

P. WERNBERG-MÖLLER, *The Manual of Discipline, translated and annotated with an Introduction (Studies in the Texts of the Desert of Judah I)*, Leyde, 1957, 180 pp.

P. WERNBERG-MÖLLER, *Some Passages in the « Zadokite » Fragments and their Parallels in the Manual of Discipline*, dans *Journ. Sem. Stud.*, 1, 1956, p. 110-128.

S. WIBBING, *Die Tugend- und Lasterkataloge im Neuen Testament und ihre Traditionsgeschichte unter besonderer Berücksichtigung der Qumrân-Texte*, Beihefte Z.nt.Wiss., 25, 1959, 127 pp.

C. WIÉNER, *Recherches sur l'amour de Dieu dans l'Ancien Testament. Étude d'une racine*, Paris, 1957, 85 pp.

N. WIENER, *The Term QS in the Dead Sea Scrolls and in Hebrew Liturgical Poetry*, dans *Journ. Jew. Stud.*, 5, 1954, p. 22-31.

E. WIESENBERG, *Chronological Data in the Zadokite Fragments*, dans *Vet. Test.*, 5, 1955, p. 284-308.

Y. YADIN, *A Crucial Passage in DSS., 1Q Sa II, 11-17*, dans *Journ. Bibl. Lit.*, 78, 1959, p. 239-241.
Y. YADIN, *Three Notes on the Dead Sea Scrolls*, dans *Isr. Explor. Journ.*, 6, 1956, p. 158-162.
S. ZEITLIN, *The Zadokite Fragments, Facsimile of the Manuscripts in the Cairo Genizah Collection, in the Possession of the University Library, Cambridge, England*, dans *Jewish Quarterly Review, Monograph Series Number I*, Philadelphie, 1952, 32 pp., 18 facsimilés (= *Dam,* ou *D*).

ABRÉVIATIONS

Apocr. Gen	= A Genesis Apocryphon, éd. N. Avigad et Y. Yadin.
Ass. Mos.	= Assumptio Mosis, cfr Charles, II Pseud., p. 407-424.
O. Betz, Offenbarung	= O. Betz, Offenbarung und Schriftforschung..., 1960.
Carmignac *in*...	= J. Carmignac, commentaires sur *Milḥ* et *Hod*.
Charles, II Pseud.	= R. H. Charles, The Apocrypha and Pseudepigrapha..., 2ᵉ vol. 1913.
Cothenet *in*...	= Éd. Cothenet, commentaire sur le Document de Damas, 1963.
D ou Dam	= Le Document de Damas, éd. Rabin, Schechter, Zeitlin.
DibHam	= Dibre ham-Me'ôrôt, éd. M. Baillet, dans Rev. Bibl., 1961.
D. B. S.	= Dictionnaire de la Bible, Supplément, Paris, depuis 1928.
E. Th. Lov.	= Ephemerides Theologicae Lovanienses, Louvain.
Flor	= Florilegium, fragment de 4 Q, éd. J. M. Allegro, dans J. B. L., 1958.
Gesenius	= W. Gesenius, Hebräisches und Aramäisches Handwörterbuch...
Guilbert *in*...	= P. Guilbert, commentaire sur le *Serek*, 1961.
Hen.	= Apocalypse d'Hénoch, cf. Charles, II Pseud., p. 163-281.
H ou Hod	= Hodayôt, éd. E. L. Sukenik, 1955.
Isr. Expl. Journ.	= Israël Exploration Journal, Jérusalem (Israël).
Jastrow	= M. Jastrow, A Dictionnary of the Targumim..., 1903.
G. Jeremias, Der Lehrer	= G. Jeremias, Der Lehrer der Gerechtigkeit..., 1962.

J. B. L.	= Journal of Biblical Literature, Philadelphie, Pennsylvanie, U. S. A.
J. J. St.	= The Journal of Jewish Studies, London.
J. S. S.	= Journal of Semitic Studies, Manchester.
Jub.	= Livre des Jubilés, cfr Charles, Pseud. II, p. 1-82.
Lohse	= Ed. Lohse, Die Texte aus Qumran, hebräisch und deutsch…, 1964.
Maier	= J. Maier, Die Texte vom Toten Meer, 2 vol., 1960.
Manuel ou Manuel de Discipline	= *Serek*.
M ou Milh̲	= Milh̲amah, éd. E. L. Sukenik, 1955.
N. T. S.	= New Testament Studies, Londres.
Nötscher, Zur Terminologie	= Fr. Nötscher, Zur Theologischen Terminologie…, 1956.
Nov. T.	= Novum Testamentum, Leyde.
P. E. Q.	= Palestine Exploration Quarterly, Londres.
(4Q)PB	= Patriarcal Blessings, fragment de 4Q, éd. J. M. Allegro, dans J. B. L., 1956.
(1Q)pHab	= pésher d'Habacuc, éd. M. Burrows, etc., 1950.
(4Q)pIs	= pésher d'Isaïe, éd. J. M. Allegro, dans J.B.L., 1956 et 1958.
(1Q)pMic	= 1Q 14 = pésher de Michée, éd. D. Barthélemy-J. T. Milik, Qumran Cave I, 1955.
(4Q)pNah	= pésher de Nahum, éd. J. M. Allegro, dans J.B.L., 1956 et J.S.S., 1962.
(4Q)pOs	= pésher d'Osée, éd. J.M. Allegro, dans J.B.L., 1956 et 1959.
(4Q)pPs 37	= pésher du Psaume 37, éd. J.M. Allegro, dans Pal. Expl. Quart., 1954.
1Q 34, etc.	= fragments de 1Q, éd. D. Barthélemy-J. T. Milik, Qumran Cave I, 1955.
3Q, 4Q, 6Q, etc.	= fragments de la Grotte 3, 4, 6, etc., de Qumrân.
Rabin *in*…	= Ch. Rabin, commentaire sur *Dam*, 2ᵉ éd. 1958.
Rev. B.	= Revue Biblique, Paris.
Rev. Q.	= Revue de Qumrân, Paris.
Rost	= L. Rost, éd. de *Dam*, 1933.
Schechter	= S. Schechter, éd. de *Dam*, 1910.
S ou Serek	= Manuel de Discipline, éd. M. Burrows, etc., 1950.

Strack-Billerbeck	=	H. L. Strack-P. Billerbeck, Kommentar zum N.T., 4 vol. 1922-1928.
(4Q)Sl 39, 40	=	J. Strugnell, The Angelic Liturgy..., fragments de 4Q, dans Vet. Test. Suppl. 7, 1960.
(4Q)Test	=	Testimonia, fragment de 4Q, éd. J. M. Allegro, dans J.B.L., 1956.
T. Mass.	=	Textus massoreticus, cfr R. Kittel, Biblia hebraica.
T. L. Z.	=	Theologische Literaturzeitung, Leipzig.
Th. Wört.	=	Theologisches Wörterbuch, Stuttgart, depuis 1933.
A. S. van der Woude, Mess. Vorstellungen	=	A. S. van der Woude, Die messianische Vorstellungen..., 1957.
V. Test.	=	Vetus Testamentum, Leyde.
Wernberg-Möller in...	=	P. Wernberg-Möller, commentaire sur le *Serek*, 1957.
Zeitlin	=	S. Zeitlin, éd. de *Dam* en fac-similés, 1952.
Z. altt. W.	=	Zeitschrift fur Alttestamentliche Wissenschaft, Berlin.
Z. nt. W.	=	Zeitschrift fur Neutestamentliche Wissenschaft und die Kunde der Aelteren Kirche, Berlin.

INTRODUCTION

Les thèmes de connaissance ne représentent pas, à eux seuls, toute la doctrine d'un écrit. Ils ne sont qu'un aspect particulier, mais il est légitime de l'envisager pour lui-même, comme on fait une coupe géologique d'un terrain donné. Incomplète à elle seule, elle en appelle d'autres, qui la compléteront et la corrigeront, mais elle a une valeur objective et déjà révélatrice de tout le terrain exploré. En outre, dans le monde juif, surtout depuis l'exil, les problèmes intellectuels ont pris une place toujours plus grande. Normalement, les thèmes de connaissance nous mèneront, dans les idées de Qumrân, tout près de l'essentiel.

Par ailleurs, un groupe humain, réuni à un moment quelconque de l'histoire, n'échappe pas à l'évolution, et plus encore si le moment et le milieu de sa naissance ont été soumis à une forte tension psychologique. Pareille tension ne peut se maintenir longtemps. Si le groupe ne disparaît pas, il tente bientôt de prendre conscience de lui-même et cherche à exprimer ses fins et sa raison d'être, peut-être de manières multiples et diverses, mais de plus en plus précises, jusqu'au moment où s'établit une doctrine commune organisée et plus ou moins cohérente. Or tout porte à croire que la communauté de Qumrân a vu le jour en de pareilles circonstances, à savoir sous l'action violente d'Antiochus Épiphane et la non moins violente réaction yahwiste. L'on peut s'attendre, après l'effervescence du début polarisée sur quelques points de force, à un apaisement graduel, allant de pair avec une conscience de plus en plus claire et une doctrine de plus en plus décantée et structurée.

La datation des écrits subsistants de cette communauté est imprécise et conjecturale. La critique externe est presque muette, la critique interne, à ce point de vue, débouche partout sur des hypothèses. Cela n'autorise pas à considérer comme résolu le problème de la chronologie, mais oblige seulement à une plus grande circonspection à chaque démarche de l'enquête. Rappelons-nous d'ailleurs qu'une évolution, même fondamentale, peut être rapide. Voyez le christianisme des *ipsissima verba Jesu* aux années 70 ! L'absence de points de repère assurés ne permettra qu'une chronologie relative. Elle est suffisante pour notre propos, en attendant d'autres données qui, peut-être un jour, viendront la préciser.

Le Document de Damas se divise en deux parties intitulées par Ch. Rabin : Monitions (col. 1-8 et parall. partiel 19-20) et Lois (9-16). Cette division matérielle ne préjuge pas de la répartition par sujets, encore moins par documents originaux. Considérer l'œuvre comme unifiée et d'une seule venue est un *a priori* lourd de conséquences, car c'est prétendre y voir dès l'abord, et s'obliger à découvrir ensuite, une pensée cohérente, qui s'éclaire et se complète par les différentes parties de l'écrit (1). En réalité, il est permis de supposer, et cette étude a l'ambition de le confirmer, que plusieurs documents sont à distinguer dans *Dam*, même si la délimitation en est parfois difficile à fixer (2). Leur origine se situe dans un même milieu, mais à des époques diverses, du moins à des niveaux différents de l'évolution doctrinale de ce milieu et avec des nuances de pensée parfois considérables. Chaque document une fois dépisté et délimité, au moins comme une hypothèse de travail, l'étude des thèmes peut commencer. La comparaison des études particulières de chaque

---

(1) Ainsi fait G. JEREMIAS, *Der Lehrer der Gerechtigkeit*, qui ne pose pas le problème en 1962, mais le reconnaît depuis lors (communication écrite du 9-IX-1965) ; ne posent pas non plus la question H. CONZELMANN, art. συνίημι, *Theol. Wört.*, 7 (1964), p. 889 ; Fr. NÖTSCHER, *Zur Theologischen Terminologie*, 1956 ; A. S. VAN DER WOUDE, *Mess. Vorstellungen*, 1957 ; O. BETZ, *Offenbarung... Q. sekte*, 1960 ; R. A. SOLOFF, *Toward Uncovering Original Texts in the Zadokite Documents*, dans *N. T. Stud.*, 5, 1958-59, pp. 62-67 : il pose le problème et le traite pour la péricope 1, 1-2, 1, mais surtout au point de vue des interpolations et des gloses ; cfr les remarques de Joh. MAIER. *II Dam.*, p. 40 ; cfr aussi la remarque, dans le sens de plusieurs époques de composition et de plusieurs pensées théologiques, de H. W. HUPPENBAUER, *Zur Eschatologie der Damaskusschrift*, dans *Rev. Qum.*, 4, 4, n° 16 (1964), pp. 567-568.

(2) Cfr Ch. RABIN, éd. p. IX : pour lui, le document A (= *Dam* 1, 1-8, 21) est un recueil de *Testimonia*, une mosaïque de citations de l'Ancien Testament, non une histoire de la secte.

document fournira les données de leur synthèse au point de vue des thèmes de connaissance. La synthèse dépendra de la détermination des documents et partagera leur caractère hypothétique, mais en même temps, elle lui servira de contre-épreuve et peut-être de confirmation.

Pour terminer, on se souviendra que le Document de Damas ne nous est pas arrivé dans son état originel. Les deux manuscrits médiévaux, quand ils donnent le même texte (cf. col. 7-8 et parall. 19), sont parfois fort différents l'un de l'autre. En outre, quelques informations fragmentaires nous ont appris, depuis déjà dix ans, que le début de notre texte n'en est pas le début réel (1). En attendant une publication qui tarde vraiment beaucoup, il faut nous contenter de ce que nous possédons, quitte à réformer certains jugements et corriger certaines conclusions lorsqu'aura lui enfin le jour tant attendu de l'édition de ces textes.

Louvain, Jour de Pentecôte, 29 mai 1966.

---

(1) Cfr *Rev. Bibl.*, 63, 1956, p. 61, communication de J. T. MILIK : selon deux fragments de mss, un texte précédait le début actuel.

CHAPITRE PREMIER

LES MONITIONS INITIALES

(*Dam* I, 1-4, 6*a*)

* 1, [1] Et maintenant, écoutez, vous tous qui connaissez la justice, et pénétrez les œuvres [2] de Dieu, car il est en procès avec toute l'humanité (= chair) et il va exécuter le jugement sur tous ceux qui le méprisent ; [3] car lors de leur trahison où ils l'abandonnèrent, il cacha sa face à Israël et à son saint lieu, [4] et il les livra au glaive, et en raison du souvenir de l'alliance des anciens, il fit rester un reste [5] d'Israël et il ne les livra pas à l'extermination ; et au temps de la colère, 3 [6] 90 ans (après) qu'il les eut livrés dans la main de Nabuchodonosor, roi de Babylone, [7] il les a visités et a fait germer d'Israël et d'Aaron la racine d'une plantation pour occuper [8] le Pays et s'accroître dans sa bonne terre ; et ils pénétrèrent leurs manquements et ils surent qu'ils [9] étaient des hommes coupables ; et ils furent comme des aveugles et (cherchant) à tâtons leur voie, [10] 20 ans ; et Dieu pénétra leurs œuvres, que d'un cœur complet, ils le cherchaient, [11] et il leur suscita un initiateur de justice pour les conduire dans la voie de son cœur, et Il notifia [12] aux générations dernières ce qu'il fera à la génération ultime, l'assemblée des traîtres, [13] eux qui se sont écartés de la voie ; c'est là le temps dont il a été écrit : « Comme une génisse rétive, [14] ainsi s'est écarté Israël », (à savoir) lors de la levée de l'homme de babillage

---

* Cette traduction et les autres qui vont suivre en tête de chaque chapitre, ne sont que des aide-mémoire destinés à faciliter la lecture de la présente étude ; plus littérales que littéraires, elles ne sont pas la conclusion d'un travail particulier sur chaque terme, bien que l'interprétation soit souvent justifiée par ailleurs ; en outre elles se limitent aux passages qui concernent la question envisagée.

qui a distillé à Israël [15] les eaux de mensonge et les a égarés dans la solitude sans voie...

2, [2] Et maintenant, écoutez-moi, vous tous, les entrés de l'alliance, et je révélerai à vos oreilles les voies [3] des impies ; Dieu aime la connaissance, sagesse et circonspection siègent devant lui, [4] prudence et connaissance le servent, près de lui (sont) longanimité et abondance de pardons [5] pour réconcilier les convertis de la transgression, et puissance et majesté et grande colère en flammes de feu [6] par la main de tous les anges de deuil contre les écartés de la voie et ceux qui haïssent le Droit, sans nul reste, [7] ni survivant ; car Dieu ne les a pas élus dès avant l'éternité, et avant qu'ils soient établis (dans l'existence), il connaît [8] leurs œuvres, et il déteste leurs générations dès jadis et il a caché sa face du Pays [9] jusqu'à leur disparition ; et il sait les années de leur faction et le chiffre exact de leur durée pour tous les [10] êtres passés et à venir jusqu'à ce qu'ils arrivent à leurs temps au cours de toutes les années de l'univers ; [11] et parmi eux tous, il s'est suscité les convoqués de nom, afin de faire subsister une survivance dans le Pays et remplir [12] la face de la terre, de leur descendance ; et il leur a fait notification par son oint d'esprit saint et voyant [13] fidèle, et avec précision, il a établi leurs noms ; et ceux qu'il hait, il les égare.

2, [14] Et maintenant, fils, écoutez-moi, et je révélerai à vos yeux, pour voir et pénétrer les œuvres [15] de Dieu et choisir ce qu'il lui plaît et rejeter comme (ce qu' ?) il hait et agir en perfection [16] en toutes ses voies, et ne pas s'en aller en exploration avec désirs de volonté coupable et regards fornicateurs, car beaucoup [17] se sont égarés ainsi ; et les vaillants guerriers ont trébuché ainsi jadis et jusqu'à présent... ; [18] ... les veilleurs des cieux sont tombés ainsi... ; **3,** [1] ainsi se sont égarés les fils de Noé... ; [2] Abraham n'a pas agi ainsi..., [3] ... et il a fait transmission à Isaac et à Jacob, et ils ont gardé (les ordonnances de Dieu), et ils furent inscrits comme amis [4] de Dieu... ; les fils de Jacob se sont égarés ainsi,... [5] ... et leurs fils en Egypte agirent dans l'obstination de leur cœur,... [7] ... et ils n'ont pas écouté [8] la voix de leur créateur, ordonnances de leur maître (= enseignant), et ils ont murmuré dans leurs tentes, et la colère de Dieu s'est enflammée [9] contre leur assemblée ; et leurs fils périrent ainsi,... [10] ... ainsi furent punissables les premiers entrés de l'alliance et ils furent livrés [11] au glaive pour leur abandon de l'alliance de Dieu ;... [12] ... et avec les tenants ferme aux ordonnances de Dieu, [13] qui furent laissés d'entre eux, Dieu a établi son alliance pour Israël à jamais, en leur révélant [14] les choses cachées dans lesquelles ils ont erré, tout Israël, (ses saints sabbats et ses fêtes [15] glorieuses, ses justes témoignages et ses voies fidèles et les désirs de son bon plaisir), que [16] l'homme (qui les) accomplira vivra par elles ; il a dégagé (= ouvert) devant eux, et eux, ils ont creusé le puits d'eaux abondantes [17] que quiconque les méprise, ne vivra pas ; et eux se sont souillés dans les transgressions de (tout) homme et dans les voies impures, [18] et ils ont dit : cela est à nous ; et Dieu, dans son secret merveilleux, a opéré l'expiation de leurs manquements et a pardonné leurs transgressions, [19] et il leur a bâti une maison assurée en Israël, telle qu'il ne s'en est pas levé auparavant et jusqu'à [20] présent ; les tenants ferme (auront) ainsi la vie éternelle et toute la gloire de l'humanité est à eux ; c'est ce que [21] Dieu a décidé à leur sujet (comme il l'a énoncé) par le prophète Ézéchiel en disant : « Les prêtres et les lévites et les fils 4, [1] de Sadoq qui ont gardé le service de mon lieu saint lors de l'égarement des fils d'Israël [2] (éloignés) loin de moi, eux, ils m'offrirent la graisse et le sang » ; les prêtres sont les convertis-exilés d'Israël [3] qui sont sortis du pays de Juda, et les lévites [...] avec eux, et les fils de Sadoq sont les élus [4] d'Israël, les convoqués de nom, levés aux derniers jours ; voici le précis [5] de leurs noms dans leurs généalogies, et le temps de leur faction, et le nombre de leurs persécutions, et les années [6] de leur séjour, et le précis de leurs œuvres [...].

Le début du texte actuel de *Dam* est constitué par trois monitions introduites de façon presque identique : Et maintenant, écoutez, vous tous qui connaissez la justice, et pénétrez les œuvres de Dieu (1, 1) ; Et maintenant, écoutez-moi, vous tous, les entrés de l'alliance, et je révélerai à vos oreilles (2, 1) ; Et maintenant, fils, écoutez-moi, et je révélerai à vos yeux pour voir et pénétrer les œuvres de Dieu (2, 14). Chaque monition est une invitation à connaître, ou à recevoir une connaissance, invitation soulignée chaque fois par le premier mot : Et maintenant ; ici comme souvent, cette expression a valeur d'interjection (1). Le parallélisme littéraire suppose déjà une certaine unité de rédaction (2) et autorise à l'étudier comme telle. Il est utile de déterminer d'abord, si c'est possible, le genre littéraire de ces monitions. L'étude de leur vocabulaire précisera ensuite leur contenu et permettra de proposer une doctrine d'ensemble sur les questions de connaissance dans cette partie du Document de Damas.

I. Le genre littéraire des monitions de *Dam* 1, 1-4, 6a

La première interpellation est empruntée à *Is.*, 51, 7 : Écoutez-moi, vous tous qui connaissez la justice, peuple qui avez ma loi dans votre cœur (3). On en retrouve de semblables dans la *Sagesse* (4). Au début des oracles, les prophètes attirent régulièrement l'attention de cette manière (5) et le *Deutéronome* fait

---

(1) Cfr J. JEREMIAS, *Beobachtungen zu neutestamentlichen Stellen an Hand des neugefundenen griechischen Henoch-Textes*, dans *Z. nt. Wiss.*, 38, 1939, pp. 119-120.

(2) Cette unité explique mieux qu'une glose l'addition : Et maintenant, de la première monition qui cite *Is.*, malgré ce que dit R. A. SOLOFF, *l. c.* (p. 2, note 1), p. 65.

(3) Cfr *Is.*, 51, 1 : Écoutez-moi, vous qui poursuivez la justice et qui cherchez Yahweh, contemplez le rocher de votre extraction.

(4) Cfr *Sap.*, 6, 1 : Écoutez donc, rois, et saisissez, apprenez, juges ; *Sir.*, 16, 22 : Écoute-moi, fils, et apprends la science ; 33, 18 : Écoutez, grands du peuple et prêtez l'oreille, chefs d'assemblée ; *Ps.* 34, 12 : Venez, fils, écoutez-moi, je vous enseignerai la crainte de Dieu ; *Ps.* 49, 2 : Écoutez ceci, peuples, prêtez l'oreille, habitants de l'univers ; *Ps.* 66,16 ; 81, 9 ; *Prov.*, 1, 8 : Écoute, mon fils, la discipline de ton père ; *Prov.*, 4, 1 : Écoutez, fils, la discipline du père et soyez attentifs à la science de pénétration ; *Prov.*, 5, 7 : Et maintenant, fils, écoutez-moi et ne vous écartez pas des dires de ma bouche ; cfr *Prov.*, 7, 24 ; 8, 32 ; cfr 19, 20 ; 22, 17 ; 23, 19.

(5) Cfr *Am.*, 3, 1.13 ; 4, 1 ; 5, 1 ; particulièrement 7, 16 ; *Mich.*, 1, 2 ; 6, 1-2 : Écoutez ce que dit Yahweh : Lève-toi et plaide devant les montagnes, et les collines écouteront ta voix ; écoutez, montagnes, le procès de Yahweh ; prêtez l'oreille (?), fondements de la terre, car il y a procès de Yahweh avec son peuple, il y a plaidoirie avec Israël ; *Joel*, 1, 2 ; *Zach.*, 3, 8 ; *Is.*, 1, 2 ; 7, 13 ; 28, 14 ; 44, 1 (ici spécialement) ; 46, 3 ; 47, 8 (spécialement) ; 48, 1.12 ; 49,

de même (1). Le *Testament de Ruben*, 2, 1, introduit par cette expression un récit de vision : Et maintenant, écoutez-moi, mes enfants, ce que j'ai vu sur les sept esprits d'erreur. *Hénoch*, 91, 19, commence ainsi une exhortation moralisante, mais c'est une conclusion des visions qu'il a rapportées (2).

Puisque l'épithète : « vous tous qui connaissez la justice » vient d'*Isaïe*, le souvenir des oracles prophétiques a dû jouer dans le choix de ces apostrophes, voire dans la rédaction des monitions elles-mêmes ; il y a aussi une influence des discours sapientiels (3), car la troisième monition, comme souvent dans la *Sagesse*, ajoute le vocatif : fils (4) ; réminiscence peut-être également des discours du *Deutéronome* (5). Par lui-même, le genre de la monition n'est donc pas déterminé, mais le contenu aide à classer celles-ci et les distingue de chacun des genres littéraires mentionnés, même du genre sapientiel. Si les trois monitions se répondent l'une à l'autre et constituent une unité, elles se complètent et s'éclairent mutuellement. La deuxième s'adresse à « vous tous, les entrés de l'alliance », ce qui ne se fait guère dans les livres de la Sagesse. Comme dans la *Sagesse* et souvent chez

---

1 ; 66, 5 ; *Jer.*, 2, 4 ; 5, 21 : Écoutez ceci, peuple insensé et sans cœur, ils ont des yeux et ne voient pas, des oreilles et n'entendent pas ; *Jer.*, 7, 2, etc. ; *Ezech.*, 6, 3 ; 18, 25.

(1) Cfr *Deut.*, 4, 1 : Et maintenant, Israël, écoute les décrets et les décisions que je vous enseigne ; 5, 1 : Écoute, Israël, les décrets et les décisions que je dis à vos oreilles, ce jour : 6, 4 ; 9, 1 ; 12, 28.

(2) Cfr Ch. RABIN, *in Dam* 2, 14.

(3) Cfr la remarque de G. JEREMIAS, p. 314, note 5, sur l'importance de la littérature sapientielle parmi les influences exercées sur la littérature de Qumrân.

(4) Faut-il vraiment supposer qu'un supérieur de la communauté s'adresse aux novices (cfr Ed. COTHENET, *in Dam* 2, 14) ? Cet unique vocatif est peu de chose pour évoquer un cadre institutionnel aussi marqué. Cette interpellation : fils-*bânîm*, sans complément (un complément : fils infidèles, etc., est de règle chez *Is.*, 19, 11 ; 30, 9 ; 57, 3, etc. ; *Jer.*, 3, 14.22, etc.) ne se rencontre guère que dans le Livre des Proverbes, plus de 30 fois, cf. aussi *Ps.* 34, 12 ; cfr *Tob.* avec παιδίον ; *Sap.* avec τέκνον (le plur. est rare). Plus tard, « Père » sera un titre d'honneur des rabbins illustres (cfr G. SCHRENK, art. πατήρ, *Theol. Wört.*, 5 (1954), p. 977, 13-26).

(5) Le premier mot : Et maintenant, ajouté à la première monition qui cite *Is.*, 51, 7, peut venir de *Deut.*, 4, 1, ou de *Prov.*, 5, 7 ; 7, 24 ; 8, 32, ou d'un prophète : *Am.*, 7, 16 ; *Is.*, 44, 1, ou simplement du parallélisme avec les deux monitions suivantes, cfr *supra*, p. 8, note 2.

les prophètes, il est question chaque fois de connaissance, mais celle de *Dam* s'acquiert par révélation. Ceci est dit explicitement dans les deuxième et troisième monitions, et les œuvres de Dieu à pénétrer (verbe *b y n*) dans la première (1, 1) sont pénétrées (verbe *b y n*) grâce à une révélation dans la troisième (2, 14). La première section de *Dam* pourra donc s'intituler : monitions de révélation.

La fin de cette première partie ne sera pas fixée sans discussion. Une hypothèse est pourtant légitime. Comme la première, la troisième monition annonce une révélation des œuvres de Dieu. La première traite de ceux que Dieu a conduits dans le chemin de son cœur (1, 11), opposés à la congrégation des traîtres (1, 12). La seconde révèle la conduite des impies (2, 2-3). La troisième revient aux œuvres de Dieu accomplies au cours de l'histoire, succession d'apostasies du côté des hommes, et de pardons de la part de Dieu. Le dernier pardon est le secret admirable de Dieu (3, 18), qui bâtit une maison définitive en Israël ; suit l'énumération de ceux qui en font partie. Ne peut-on terminer ici, de façon assez naturelle, cette unité littéraire ? Une lacune est certaine, dans le manuscrit, en 4, 6, car on annonce, dirait-on, la liste des membres, elle est omise, et le premier mot qui suit est lacuneux, petit détail qui fait soupçonner une soudure mal faite entre deux documents. De la sorte, la première partie de *Dam* sera fixée provisoirement de 1, 1 à 4, 6 (1). Le contenu doctrinal devra confirmer l'hypothèse de travail et pour cela, une étude lexicographique est indispensable. Quels sont, dans cette section, les termes qui désignent une connaissance et quelle est leur exacte signification ? Comme on le verra, les principaux sont pénétrer (*b y n*), révéler (*g l h*) et connaître (*y d ʿ*). Les autres, plus rares, seront étudiés à partir de ceux-là.

II. Le vocabulaire de la connaissance dans les monitions

Les trois monitions commencent par une interpellation destinée à éveiller l'attention : Écoutez-moi. Le verbe *š m ʿ*, comme tel,

---

(1) Plusieurs fois, mais sans discuter la question des différents documents qu'il ne pose pas, O. Betz termine ici une section de *Dam* (cfr pp. 8, 9, 32).

n'a pas d'autre sens (1). Dans le cas présent, il est complété deux fois par l'annonce d'une révélation, avec le verbe *g l h* (2, 2 ; 2, 14), et deux fois, le but de l'écoute est indiqué en disant qu'il faut pénétrer, avec le verbe *b y n* (1, 1 ; 2, 14). En 1, 1, en effet (« écoutez et pénétrez »), le deuxième impératif peut avoir normalement un sens de finalité : Écoutez afin de pénétrer. La révélation interviendra encore pour établir l'alliance définitive en Israël (3, 13), soit, trois emplois du verbe *g l h* dans la section 1, 1-4, 6. A part les deux interpellations, la pénétration avec le verbe *b y n* servira aux convertis pour pénétrer leurs fautes (1, 8) et à Dieu, pour pénétrer leurs œuvres (1, 10), donc en tout quatre emplois du verbe *b y n* dans la section. Une fois, la pénétration est jointe à l'action de voir, avec le verbe *r ' h*, et toutes deux sont ensemble le but de la révélation (2, 4). La première monition, en citant d'ailleurs *Isaïe*, s'adresse à ceux qui *connaissent* la justice (1, 1). La connaissance, avec le verbe *y d '*, sera notée encore, en tant qu'acte humain, pour dire que les repentants reconnaissent leur culpabilité (1, 8), mais presque partout ailleurs, elle sera une connaissance de Dieu (le verbe : 1, 11 ; 2, 7.9.12 ; le substantif : 2, 3.4), comme sont aussi des attributs divins, la sagesse-*ḥkmh*, la circonspection-*twšyh*, la prudence-*'rmh* (2, 3-4). L'on parlera une fois de secret-*rz* (3, 18) et des choses cachées-*nstrwt* (3, 14), communiquées ou réalisées par Dieu. L'analyse de chacun de ces termes, nécessaire pour en discerner l'exacte signification, entraînera des redites, car elle sera faite séparément, mais elle apportera progressivement les clartés désirables pour les autres et pour l'ensemble.

1. Pénétrer – *b y n*

Le verbe *b y n* se lit quatre fois dans la section, deux fois dans l'interpellation initiale des monitions (1, 1 ; 2, 14), et dans le deuxième cas, il est joint au verbe voir-*r ' h*, dont c'est l'unique apparition dans la section ; une fois *b y n* est l'acte de repentance

---

(1) Cfr *supra*, pp. 8-9. Dans l'Ancien Testament, le verbe *šm'* veut dire souvent obéir (ainsi *Dam* 3, 7, qui cite *Deut.*, 9, 23). Cfr les sens théologiques du verbe, *infra*, pp. 113-118, et 193-194.

du « surgeon » (1, 8), une fois un acte de Dieu après cette repentance (1, 10). Le substantif *bynh* ne se lit nulle part dans ces colonnes.

Dès la première phrase du document, dans l'état où il nous est parvenu, c'est afin que les justes pénètrent les œuvres de Dieu que l'on s'adresse à eux (1, 1) (1). L'énoncé de l'interpellation invite à une connaissance (*b y n*) dépassant celle de la justice, car elle s'y ajoute et la suppose donc déjà acquise : vous tous qui (déjà) connaissez la justice, pénétrez les œuvres de Dieu (2). Les œuvres de Dieu sont à pénétrer, est-il expliqué, car le jugement universel s'accomplit en ce moment : « Dieu est en procès avec toute l'humanité (= chair), il va exécuter son jugement sur les méprisants » (1, 2), méprisants comme le furent les Israélites au désert (3). Il les a visités au temps de la colère (4), colère contemporaine de la proche visite dont on va parler. Ces expressions dessinent déjà le cadre littéraire du passage, et l'objet de la pénétration est à situer dans un milieu eschatologique (5). Que Dieu cache son visage d'Israël et du temple (1, 3) rappelle le passé (cfr *Ezech.*, 39, 23), mais est chose présente et eschatologique, car elle décrit plus loin (2, 8) le châtiment ultime.

L'œuvre de Dieu, cet objet à pénétrer d'une connaissance supérieure en ce temps de la fin (cfr 1, 12), n'est pourtant pas comme telle, le jugement, mais la levée de l'enseignant de justice (cfr *infra*, p. 21) envoyé aux repentants (6). Après avoir invité

---

(1) L'interpellation de la troisième monition se fera également par ce verbe, cfr 2, 14.

(2) Cette expression qui cite *Isaïe* (cfr *infra*, pp. 52) « vous qui connaissez la justice », désigne peut-être simplement les Juifs, ou bien les membres du groupe dont on va parler (cfr 1, 7-10), comme le pense G. JEREMIAS, *Der Lehrer*, p. 314.

(3) Jusques à quand me méprisera-t-il, ce peuple ? (*Nu.*, 14, 11) ; tous ceux qui me méprisent (au partic.) ne verront pas (la terre promise) (*Nu.*, 14, 23) ; vous verrez que (Coré, Datan et Abiron) ont méprisé Yahweh (*Nu.*, 16, 30). Cfr *Jer.*, 23, 17, où ce sont les auditeurs des faux prophètes (au participe).

(4) Le « temps de la colère » est une expression proprement eschatologique, comme d'ailleurs le terme *qeş*, cfr Fr. NÖTSCHER, *Theol. Terminologie*, pp. 167-169.

(5) Cfr G. JEREMIAS, *Der Lehrer*, pp. 81-82, 90.

(6) La « levée », avec ' *m d*, est souvent eschatologique, cfr G. JEREMIAS, p. 282, mais il ne fait pas référence à notre passage, parce que pour lui, qui dit eschatologie, dit avenir.

à pénétrer les œuvres de Dieu en raison de la proximité du jugement, le texte rappelle les événements du passé, faute, repentance et pardon. Il revient aux derniers temps proprement dits
avec l'annonce, par le maître de justice, de ce que Dieu fera à la
dernière génération. L'insistance sur la levée du maître en faveur
des repentants indique l'œuvre de Dieu à saisir. A la troisième
monition, la pénétration (avec *b y n*) est la conséquence d'une
révélation et est parallèle à une visite. Son objet est encore les
œuvres de Dieu, bien que son but (ou sa conséquence) semble
moral (1) : Je vous révèle pour voir et pénétrer ... et choisir ce
(ceux ?) qu'Il aime et rejeter ce (ceux ?) qu'Il hait, et agir en
perfection. Alors commence l'histoire des apostasies et des al-
liances renouvelées, jusqu'à la dernière, définitive, lorsque Dieu
révèle les choses cachées (3, 13-14), et qu'en vertu de son secret
admirable, il pardonne, et bâtit la maison assurée d'Israël
(3, 17-18). Il est permis de déceler le même cadre littéraire dans
la première et la troisième monition. De part et d'autre, l'objet de
la pénétration est l'action eschatologique de Dieu, du moins ses
prodromes (2), dont plusieurs passages vont parler explicitement (1, 14.21 ; 2, 5-7).

Plus loin, dans la même première monition, une autre pénétration intervient. Lorsque Dieu, après le châtiment infligé par
Nabuchodonosor, visite son peuple et fait surgir d'Israël et
d'Aaron un surgeon de végétation, ceux du surgeon commencent
par pénétrer leurs manquements et savent ainsi qu'ils sont coupables (1, 8-9) (3). Cette pénétration est insuffisante, car ils
restent aveugles (4). Elle est néanmoins la conséquence de l'action divine qui a fait germer le surgeon, et sans doute, même,
est-elle suggérée, en opposition, par la pénétration de Dieu,

---

(1) Cfr Fr. Nötscher, *Theol. Terminologie*, p. 55. C'était aussi le cas dans la
première monition, où doit être révélé le « chemin », cfr 1, 11.

(2) Même si le terme ultime n'est pas encore arrivé, le processus eschatologique
est commencé, cfr G. Jeremias, *Der Lehrer*, p. 347.

(3) Cfr la même repentance eschatologique, *4Q pNah* 3, 4.

(4) Cfr G. Jeremias, pp. 161-162, pour qui cette première étape est celle des
Hasidim, précédant celle de la communauté de Qumrân. Cette hypothèse,
néanmoins, doit être nuancée par le parallélisme des trois monitions, cfr *infra*,
pp. 46-50 ; 80-81.

lorsqu'il est dit que Dieu pénètre leurs œuvres (1, 10), qu'ils le recherchent (1) dans la droiture de leur cœur et qu'il leur suscite un enseignant de justice. Il y a référence *ad sensum* au *Ps.* 33, 15 : « Seul, celui qui crée les cœurs pénètre leurs actions » (2). La référence au psaume explique sans doute et la syntaxe, et le choix du verbe *b y n*, dont Dieu est le sujet, alors qu'ailleurs, dans les monitions, ce sont les hommes. De toute manière, cette pénétration de gens aveugles n'est pas exactement la pénétration des apostrophes initiales, qui est supérieure même à la connaissance de la justice (cfr 1, 1 et 2, 14), et elle ne relève pas directement de notre étude (3).

L'équivalence, ou le contact établi, au début de la troisième monition (2, 14), entre la pénétration et la vision des œuvres de Dieu, « que je révèle à vos yeux pour voir et pénétrer », donne une valeur particulière au verbe voir-*r ' h*, dont c'est le seul emploi dans la section. Ce verbe *r ' h* aura une valeur semblable en *Dam* 20, 34, où les tenants ferme (cfr 20, 27), pardonnés par Dieu, surpasseront tous les habitants de la terre et « verront son salut » (cfr *infra*, p. 191), car ils se sont réfugiés en son saint nom (4). La vision du salut de *Dam* 20, 34, est empruntée aux *Ps.* 50, 23 ; 91, 16, mais prend ici un sens d'expérience concrète (5) et termine le manuscrit entier de *Dam* (6). Pareille signification du verbe *r ' h* n'est relevée à Qumrân que dans *Milḥ* 10, 10, où l'un

---

(1) Le verbe *d r š* n'a pas ici, 1, 10, de valeur intellectuelle ; c'est le cas également en 1, 18 : les apostats ont recherché les flatteries. Ailleurs dans *Dam*, le cas sera étudié, cfr *infra*, pp. 118-121 ; 186-191 ; 201.

(2) C'est, dans *Dam*, l'unique emploi du verbe *b y n* avec la préposition *'él*, et non *be* (cfr Ch. RABIN, *in* 8, 12, note 1).

(3) La pénétration des repentants n'est pourtant pas absolument étrangère à celle-ci, cfr *infra*, pp. 184-186.

(4) Les autres passages, 5, 7 ; 9, 17.22, donnent au verbe *r ' h* une valeur de témoignage ou constatation juridique.

(5) Ch. RABIN, *in h. l.*, note 1, propose un sens juridique de témoignage, même pour *Dam* 20, 34, comme faisaient les Juifs médiévaux pour le *Ps.* 91, 16, mais il ne donne pas ses raisons. Un sens approchant du même verbe, mais attribué aux Gentils, est signalé *4Q DibHam* 4, 8, dans le supplément de K. G. KUHN, *Qumran Konk.*, dans *Rev. Qumrân*, 4, 2, n° 14 (1963), p. 225, *s. v. r ' h* : et tous les Gentils ont vu ta gloire.

(6) Ceci, du moins, au point de vue du scribe du ms. B, cfr Ch. RABIN, *in h. l.*, note 3.

des titres d'Israël s'énonce : « Voyants des anges de sainteté »,
après le titre : « auditeurs de la voix glorieuse », et avant cet
autre : « dotés de révélation à l'oreille et auditeurs des profondeurs » (une lacune du ms. interrompt la phrase). La vision a ici
comme objet les anges de sainteté, et il est suggéré probablement
par les événements du Sinaï tels que les présentaient déjà les
LXX (cfr *Deut.*, 33, 2) et surtout les rabbins et scribes du judaïsme, c'est-à-dire qu'ils étaient accomplis par le ministère
des anges, ou du moins en leur présence (1).

A la troisième monition (*Dam* 2, 14), le sens de la vision est
éclairci par le verbe *b y n* qui suit, et celui-ci l'éclaire en retour.
Les deux actions en effet sont le but de la révélation dont l'audition est recommandée : écoutez, je révèle pour que vous voyiez
et pénétriez. D'autre part, la deuxième monition se termine par
l'évocation des voyants (ou du voyant, cfr *infra*, p. 72) de vérité,
par qui Dieu communique la connaissance (2, 12). La vision
recommandée par la troisième monition avec le verbe *r' h* (2, 14)
ne fait-elle pas référence aux visionnaires (au visionnaire ?) de
la deuxième avec le verbe *ḥ z h* (2, 12) ? Le verbe *ḥ z h* est unique
dans *Dam*, *r' h* l'est dans la première section (1, 1-4, 6), et ils se
trouvent dans le texte tout près l'un de l'autre (2, 12 et 2, 14). De
la sorte, on pourrait comprendre la troisième monition comme si
elle disait : Voyez et pénétrez les visions du visionnaire, dont
on vient de parler.

Ce qu'il importe de voir et de pénétrer, ce sont les œuvres de
Dieu (1, 1 ; 2, 14).

Les œuvres de Dieu, à Qumrân, sont souvent la création (ainsi *S* 11,
20 ; *H* 1, 6 ; 4, 20.32 ; 5, 36 ; 7, 32 ? ; 9, 36 ; 10, 8.11.36 ; 13, 8 ;
cf. *Ps.* 8, 4 ; 19, 2 ; 102, 26 ; 111, 2), plus d'une fois représentée par
les hommes, œuvre de Dieu par excellence (*H* 1, 33 ; 3, 23 ; 11, 24.30 ;
14, 16 particulièrement ; 15, 20). Régulièrement, les œuvres de Dieu
sont l'activité même qu'il a manifestée, ainsi dans *M* (10, 8 ; 13, 1.2.9 ;
14, 2) et dans les autres écrits (*S* 1, 19.21 ; 4, 4 ; 10, 17, où elle est sa
fidélité ; *H* 12, 28 ; 13, 19 ; 17, 18). Certaines expressions sont à
souligner, ainsi *H* 7, 32 : l'homme est néant et vanité pour pénétrer
(*b y n* hithpaël) les œuvres merveilleuses de Dieu ; *H* 11, 4 : le psalmiste

---

(1) Cfr STRACK-BILLERBECK, *Komm.* III, pp. 554-556 ; cfr aussi *Gal.*, 3, 19,
avec les commentaires, par ex. H. SCHLIER, *Meyer's Komm.*, 1949, p. 110.

remercie Dieu de lui avoir fait comprendre (*ś k l*) ses œuvres merveilleuses et de pouvoir le louer, et l'idée est reprise en parallèle en 11, 10 : Dieu a fait comprendre ses secrets merveilleux (cf. *H* 12, 20 ; *S* 9, 18, et *infra*, p. 40-46) ; *H* 12, 27 : [comment] pénétrera-t-il (*b y n*) ses œuvres et subsistera-t-il devant celui qui l'accuse [...] ? (1). Ces passages mettent en rapport les œuvres de Dieu et l'intelligence que l'on peut en avoir, et parallèlement les œuvres merveilleuses et les secrets de Dieu. A *Dam*, après 1, 1 et 2, 14, l'expression se lit une troisième fois en 13, 7, où le *Mebaqqer* a comme fonction de faire comprendre (*ś k l*) aux membres de la « Totalité » les œuvres de Dieu et leur faire pénétrer (*b y n*) ses hauts faits merveilleux et leur faire le récit (*s p r*) des événements d'éternité (2). Dans ce cas, le code de *Dam* est apparenté au légalisme du *S* (cf. *infra*, p. 200).

Cette brève revue montre un usage généralisé de l'expression œuvres de Dieu, à Qumrân, mais cela ne prouve pas qu'elle ait partout la même valeur. Le contexte de *Dam* 13, 7 est celui d'un enseignement régulier, hors de l'atmosphère eschatologique qui imprègne les monitions et qui se retrouve peut-être en partie dans *Hod* 12, 27 (mais non ailleurs dans *Hod*), où reparaissent l'accusation en jugement et la colère (cfr 12, 28 et 30). En *Dam* 2, 14, le contexte suggère que les œuvres de Dieu sont l'aboutissement de l'histoire des apostasies que la monition va narrer jusqu'à l'établissement de l'alliance définitive, réalisée par la révélation des choses celées au Sinaï et le pardon (3).

Dès à présent, la pénétration exprimée par le verbe *b y n* ne peut être jugée une connaissance quelconque. La manière d'en

---

(1) Cfr pénétrer ses merveilles (*H* 11, 28 ; *S* 11, 19) ; sa force (*4Q 34* 3, 2, 4) ou sa sagesse (*H* 10, 2).

(2) Le verbe *ś k l* n'apparaît pas ailleurs à *Dam*. Dans le *S*, l'acte qu'il signifie relève d'une activité régulière de formation et d'enseignement (cfr *S* 4, 22 ; 9, 18.20). Le substantif intelligence-*śékél* (*Dam* 13, 11, écrit *śykl*) indique un des objets de l'examen subi par le candidat (comme dans le *S* 5, 21.23.24 ; 6, 14, etc.) et le fonctionnaire dit *mśkyl* est nommé deux fois (*Dam* 12, 21 ; 13, 22, cfr *S* 3, 13 ; 9, 12.21 ; *Sb* 1, 1 ; 3, 22 ; 5, 20). Le code de *Dam* est, dans ce cas, apparenté au légalisme du Manuel de discipline (cfr *infra*, p. 202).

(3) D'aucuns proposent de voir dans la loi, ou dans les révélations à son sujet (cfr G. JEREMIAS, *Der Lehrer*, p. 165), l'objet de cette pénétration (cfr G. JEREMIAS, pp. 90-95, où il expose ce que combattent les apostats de 1, 11-2, 1). Mais la loi qui apparaîtra dans la deuxième partie (*Dam* 4, 8 ; 5, 2.7 ; 6, 4.7.14) et encore ensuite, n'est pas nommée une seule fois dans les trois premières colonnes de *Dam* (cfr *infra*, pp. 58, 77).

parler, les termes de vision, révélation, qui l'accompagnent, le contexte qui la met en valeur, en montrent l'importance. Après un coup d'œil rapide sur ses usages dans *Dam* et à Qumrân, il sera nécessaire de consulter l'Ancien Testament. Alors seulement, il sera possible de déterminer sa valeur exacte.

Dans les autres sections de *Dam*, la pénétration (avec *b y n*) paraît être la première condition de l'alliance. Les fautes les plus graves furent commises au désert parce que ce peuple n'est pas un peuple de pénétration (5, 16-17), comme le disaient *Is.*, 27, 11, et *Deut.*, 32, 28. Le renouvellement définitif de l'alliance consiste, à ce moment, à susciter d'Aaron des hommes pénétrants et d'Israël des sages (6, 2), comme le dit le *Deut.*, 1, 13, ces hommes à qui Dieu a fait une audition, comprenons une révélation (*Dam* 6, 3) (sur ces passages, cf. *infra*, p. 111-118). A l'opposé, les constructeurs du mur branlant ne sont pas des « pénétrants » de leurs fautes (8, 12, parall. 19, 24). Ce passage et cette expression, qui rappellent le début (*Dam* 1, 8), seront étudiés plus loin (cf. *infra*, p. 184-186)· — Le grand code parle plus d'une fois de ceux qui pénètrent le Livre de Hagê (10, 6 ; 13, 2 ; 14, 7). Cette pénétration est requise des juges, et des autorités tant locales que supérieures. On lui donnerait presque le sens d'un titre académique exigé pour certaines fonctions. Ainsi, l'emploi du verbe en 13, 5, donne une indication sur la fonction du surveillant-*Mebaqqer* : s'il est un cas de lèpre, le prêtre doit trancher, mais le surveillant lui fait saisir (*b y n*) le sens précis de la loi. Cela ressemble à une science appliquée à un cas concret. La pénétration est reconnue officiellement, un peu comme un diplôme scientifique, pour dirimer certains cas sur le plan théorique (1). Le code a gardé au terme une valeur particulière et réserve à l'acte qu'il désigne, une place de choix dans la vie des « camps », valeur plus marquée que celle du verbe *ś k l* (sur ce verbe absent des monitions, cfr *infra*, p. 202). Néanmoins, le contexte juridique ou administratif ne permet plus de voir ici le sens d'action eschatologique des premières colonnes, voire de la deuxième partie du Document (2). Le contact

---

(1) Une autre fonction du surveillant-*Mebaqqêr* est de faire comprendre-*ś k l* à tous, les œuvres de Dieu et de faire pénétrer-*b y n* ses hauts faits merveilleux (13, 8). A côté de la part qu'elle doit prendre dans le gouvernement et le judiciaire, la pénétration est aussi suscitée par l'enseignement. D'autres verbes sont utilisés pour dire la même chose, ainsi *y d ʿ* (*Dam* 15, 10 : ne pas faire connaître les usages de la congrégation avant l'examen du candidat) et *ś* (*Dam* 13, 7.11 et *S* 9, 18.20, cfr *infra*, pp. 201-202 : enseigner les grandeurs de Dieu ; *infra*, p. 41 : enseigner les secrets).

(2) Il est aléatoire d'unifier les sens d'un terme à travers une œuvre, voire toute une littérature, sans tenir compte des contextes et de l'évolution des idées. L'étude de Fr. NÖTSCHER, *Theol. Terminologie* (par ex. pp. 54-55) ne fait que déblayer le terrain et ne veut être que provisoire.

de la pénétration-*bynh* avec les révélations eschatologiques est caractéristique des monitions. Même lorsqu'il s'agit, pour le surgeon d'Israël et d'Aaron, de pénétrer leurs fautes et pour Dieu de pénétrer leurs œuvres (cfr *supra*, p. 14), ce sont des actes conséculifs à la visite de Dieu et préparatoires aux derniers temps et à l'ultime révélation, actes de Dieu ou suite de son intervention.

A Qumrân, le verbe *b y n* et son dérivé *bynh* ne sont pas rares. Les *Hod*, la *Milḥ* deux fois et le psaume du *S* les connaissent bien, et presque sans exception, les deux mots indiquent une science que Dieu seul possède par lui-même et dont l'homme, livré à ses seules forces, est irrémédiablement privé (*H* 1, 23.37 ? ; 4, 7, citant *Os*., 4, 14 ; 5, 26 ; 7, 32 ; 10, 2 ; 12, 27 ; cfr *S* 11, 19.22). Dieu cependant consent à la lui communiquer (*H* 1, 21 ; 2, 17.18 ; 11, 4 ?.12.28 ; 12, 33 ; 13, 13 ; 14, 8.12.13 ; 15, 12 ; même 17, 21, cfr 17, 17 ; 18, 11 ; fg 4, 12 ; fg 15, 4 ; cfr *M* 10, 10.16) et parfois par l'intermédiaire d'un homme choisi (*H* 2, 10 ; cfr *S* 11, 1). Le « Livre des mystères » (*1Q* 27) s'en sert pour dire la connaissance (verbe à l'hithpaël) du passé, parallèlement à celle (avec *y d* ‘) de l'avenir (*1Q* 27 1, 1, 3-4) et le fragment *1Q* 34, 3, 2, 3 et 4, pour dire la connaissance de l'héritage ou de la grande force de Dieu. Le *S*, au contraire, dans la doctrine des deux esprits, donne à l'hiphil du verbe le sens d'enseigner (*S* 3, 13, en parallèle avec *l m d* ; 4, 22, en parallèle avec *ś k l*, à l'hiphil) et le substantif désigne une des caractéristiques de l'esprit de lumière (4, 3, avec *ś k l*, *ḥkmh*). Une seule fois ailleurs‚ le *Manuel* énonce que le surveillant doit faire pénétrer (*hbyn*) au candidat les usages de l'Union (6, 15), comme dit le *Sa* 1, 5, pour tous les membres de l'assemblée. Les pénétrants (*Sa* 1, 28), connus par *Dam* 6, 2 (cfr *infra*, p. 112, 116), sont un des groupes délibérants. L'on peut dire que, dans le *S* et *Sa*, le terme a pris une valeur scolaire qu'il n'a nulle part, c'est normal, dans les *Hod* et les autres psaumes de Qumrân. Là, c'est une connaissance supérieure, réservée à Dieu, ou dont la communication est un des grands bienfaits divins. Cet usage est celui des monitions de *Dam*, bien que le contexte des *Hod* ne soit pas nécessairement eschatologique (cfr pourtant, peut-être, *Hod* 2, 17.18.19, contexte de tribulations ; de même 5, 26). L'objet de l'action exprimée par ce verbe *b y n*, quand il est exprimé, sont les œuvres merveilleuses de Dieu (*Hod* 7, 32 ; 11, 28 ; *S* 11, 19), ses œuvres (*H* 12, 27), son conseil (*S* 11, 22), et la communication de cette science par Dieu est la révélation de ses secrets merveilleux (*Hod* 1, 21) (1).

---

(1) L'on notera que le verbe *b y n* n'est pas seul, dans les *Hod*, à désigner une connaissance divine ou communiquée par Dieu aux hommes. Le verbe *ś k l* signifie souvent la même chose, ainsi, parallèlement à la science des secrets, Dieu donne l'intelligence (*H* 7, 26), celle de ses merveilles (10, 4), de ses œuvres merveilleuses, parallèlement au verbe *b y n* (10, 6.7 ; 11, 4, cfr *M* 10, 10), de ses

Dans les livres prophétiques et sapientiels du T. Mass., le verbe *b y n* se lit souvent. L'auteur du Livre de Daniel (1) témoigne d'une prédilection particulière à son endroit.

On y relève le verbe *b y n*, 22 fois, le substantif *bînah*, 3 fois, dont 20 fois et 2 fois, respectivement, dans les chapitres de visions, alors que le verbe *ś k l* est relevé 9 fois (dont 5 fois au participe hiphil, *maśkîl*) dont 7 dans les visions (dont 4 au partic. hiph.), et le substantif *śêkêl*, une seule fois (dans *Dam* le terme *śkl* n'apparaît que dans le grand code, 2 fois au partic. hiph. et deux fois le substantif *śékél*, cfr *infra*, p. 202). Le terme *b y n*, que les LXX traduisent par διανοεῖν et Théodotion par συνιέναι, gère son régime par *be* : c'est le cas plus d'une fois dans *Daniel*, pour les visions (*Dan.*, 1, 17 ; 9, 23 ; 10, 11), à propos des écrits des prophètes (9, 2) (2). Il se trouve en rapport régulier avec les visions du prophète (1, 17 ; 8, 5.15.16.17.27 ; 9, 2.22 *bis*.23 *bis* ; 10, 1 *bis*.11.12. 14 ; 12, 8.10). La vision terminée, il reste à en recevoir l'intelligence -*bînah*, à la pénétrer-*b y n*, et c'est Dieu qui donne leur connaissance à ceux qui connaissent de pénétration (2, 21), de même qu'il révèle les choses profondes et cachées (2, 22). Une fois, c'est Antiochus qui pénètre les énigmes-*ḥîdôt* (8, 23) ; une fois, la pénétration s'exerce sur le Livre de Jérémie (9, 2, cfr *supra*), mais Gabriel doit venir la donner (9, 22 ss.) (3). Ailleurs, c'est toujours Daniel qui cherche à pénétrer une vision (8, 5.15), ou qui en reçoit l'intelligence, alors que les autres ne l'ont pas (8, 27),

---

secrets merveilleux (11, 10 ; 12, 20), pour que l'homme saisisse, avec *b y n* (12, 33), parallèlement à *b y n* (13, 14 ; cfr 15, 21) ; intelligence du plan de Dieu qui sont ses secrets (*S* 11, 18). Le substantif a le même sens, Dieu manifeste son intelligence (*H* 9, 31) ; Dieu la donne pour saisir (*b y n*) ses merveilles (11, 28) ; dans le secret de son intelligence, il donne connaissance (12, 13 ; 13, 13). Mais il s'agit aussi de l'intelligence humaine avec ses limites (*H* 1, 31 ; 11, 25 ; 14, 19 ; fg 10, 4 ; 11, 4). L'expression « selon son intelligence-*śkl* » est fréquente dans le *Manuel* quand il s'agit de juger un candidat (*S* 5, 21.23.24 ; 6, 14.18 ; 9, 15 ; cfr *Sa* 1, 17). L'intelligence découverte au cours des temps est d'ailleurs objet d'enseignement-*lmd* (*S* 9, 13.20 ; cfr *S* 4, 22 et *Sa* 1, 7) et un don de Dieu avec la science (*S* 2, 3) ; elle caractérise l'esprit de lumière, en même temps que la pénétration-*bynh* et la sagesse (*S* 4, 3). La racine *ś k l* semble donc secondaire, dans les *Hod* et les psaumes, pour indiquer un attribut de Dieu. Elle n'apparaît d'ailleurs pas à *Dam*, sinon dans le grand code (cfr *infra*, p. 202).

(1) Les relations entre *Daniel* et le *pHab* ont été étudiées par Mlle E. Osswald, *Zur Hermeneutik des Habakuk-Kommentars*, dans *Z. alt. Wiss.*, 68, 1956, pp. 243-256, mais il s'agit plutôt de contacts d'idées que de terminologie, par ex. pp. 250-253.

(2) Cfr Ch. Rabin, *in Dam* 8, 12, p. 34.

(3) En 1, 4 et 20, la science exigée des quatre jeunes gens et possédée par eux n'est pas expliquée ; le verbe, en 11, 30.37, a le sens profane de « prendre quelqu'un en considération ».

ou bien la reçoivent comme lui (12, 10), voire, finalement, qu'ils la transmettent comme par un enseignement (11, 33).

Le terme, il est vrai, se rapporte régulièrement, dans le Livre de Daniel, aux visions. C'est le genre littéraire du livre.

Pour parler de ses visions, il emploie les verbes *r ' h* et *ẖ z h*, et leurs dérivés. Le vocabulaire des sections araméennes ne possède que le verbe *ẖ z h* qui se lit, avec ses dérivés, pour les visions en songe (chap. 2 et 4 : 22 fois), la vision de Balthasar (5, 5), celle des quatre animaux (chap. 7 : 13 fois). L'hébreu paraît avoir des préférences : le chapitre 10 (vision de l'ange) n'a que le radical *r ' h* (10, 1.5.6.7 *ter*.8 *bis*.16.18) mais avec le substantif *ẖazôn* (10, 14, cfr 12, 5). Les chapitres 8 et 9 (vision du bélier et du bouc, vision des semaines) mêlent les deux radicaux (*ẖ z h* : 8, 1.2 *bis*.13.15.17.26 ; 9, 21.24 ; *r ' h* : 8, 1 *bis*.2 *ter*.3.7.15 *bis*.16.20.26. 27 ; 9, 23, cfr 11, 14). Si *ẖazôn* indique plutôt la vision présentée et *r ' h*, l'acte de la percevoir, les deux sont mis en parallèle en 8, 26 (la vision-*mar'êh* sur le soir et le matin..., c'est la vérité, et toi, cèle la vision-*ẖazôn*), et au chapitre 10, la vision est régulièrement appelée *mar'êh*.

A plus d'une reprise, Daniel met en relation vision et pénétration (cfr *supra*), tout comme le fait l'auteur des monitions (*Dam* 2, 14). La distinction entre les deux est soulignée, la vision, en songe ou autrement, a besoin d'une explication pour être pénétrée (cfr *supra*, p. 19). La vision néanmoins, même si elle n'est pas encore comprise, est déjà une révélation privilégiée (1). Dans les deux derniers chapitres de *Daniel*, où l'on décrit la persécution, la pénétration devient une valeur religieuse à transmettre à autrui (*Dan.*, 11, 33) et qui distingue les bons des méchants (12, 10). Même dans ce cas, elle reste en rapport avec la vision des derniers temps (12, 8). Le Document de Damas, il est vrai, n'est pas une apocalypse au sens littéraire, et l'objet de la pénétration n'est pas, comme chez *Daniel*, une vision, mais une pénétration des œuvres de Dieu (1, 1 ; 2, 14). Pourtant, la troisième monition ajoute qu'il faut d'abord les « voir » (2, 14), et la deuxième, en disant que Dieu faisait une révélation (« il a fait connaître », 2, 12), évoquait, en terminant, le consacré, voyant de vérité (cfr à ce sujet, *infra*, p. 72). Il est permis de voir dans ce point commun et particulier aux deux monitions, un crochet littéraire, emprunté à *Daniel* ou au courant apparenté, et un rappel du genre littéraire apocalyptique. Le contexte eschatologique des monitions explique aisément l'emprunt et le contact.

L'œuvre suprême de Dieu est l'alliance définitive (3, 13). Pour la voir et la comprendre-*b y n* (2, 14) (ce sont les deux actes que

---

(1) Cfr *Dan.*, 2, 28 : Nabuchodonosor a un songe et des visions de la part de Dieu, et n'a pas saisi ; *Dan.*, 10, 7 : lors de la grande vision, Daniel la voit, lui seul, les assistants non.

Daniel devait accomplir, avec l'aide de Dieu, dans ses visions),
il faut une révélation, et celle-ci est annoncée par l'auteur des
monitions : je vous révèle pour voir et pénétrer les œuvres de
Dieu. En réalité, malgré le texte, il n'y a pas de visions proprement dites. Que l'auteur les fasse intervenir provient peut-être
d'un contact avec *Daniel* ou avec l'apocalyptique, et ainsi le
terme de vision, qui manque à la première monition, est ajouté
à l'interpellation de la troisième. Présentées ou connues autrement, les œuvres de Dieu (1, 1 ; 2, 14) sont néanmoins identiques
de part et d'autre. En cette époque du jugement, c'est par la
levée de Maître de justice que Dieu va conduire ceux qui le cherchent avec droiture et faire connaître le châtiment des traîtres
(1, 11-12) (1). Ceux qui connaissent la justice (sur cette expression,
cfr *infra*, p. 52) ont à pénétrer cette action de Dieu, car le jugement va s'accomplir (1, 1-2). La pénétration est la même à la
troisième monition, où l'alliance définitive, terme de l'histoire
des apostasies, va s'établir par une révélation divine (3, 14). C'est
l'œuvre de Dieu à voir et à pénétrer, et c'est l'objet de la révélation qu'apporte la monition (2, 14). Comme dans les *Hod*, la
Milḥ et les psaumes du *S*, lorsqu'elle n'est pas un acte divin
(cfr *supra*, p. 18-19), la pénétration-*b y n* est donc un acte humain,
mais l'homme ne peut l'accomplir que si Dieu intervient : je
révèle pour que vous pénétriez (2), et son objet est une activité
de Dieu : la levée du maître pour les repentants, afin de révéler
aux derniers jours le châtiment (1, 11-12), ou bien l'établissement
de l'alliance définitive, pour les convoqués des derniers jours
(4, 4), par une révélation ultime ; même la pénétration de leurs
manquements par les repentants procède de l'action de Dieu
faisant surgir le surgeon (1, 8). Le thème de la révélation doit
apporter des éléments complémentaires importants, puisqu'elle
fournit l'objet de la pénétration et de la vision.

---

(1) Sur ce passage et sur le sens de connaître *y d* ', cfr *infra*, pp. 52-53.

(2) Cfr A. S. VAN DER WOUDE, *Mess. Vorstellungen*, p. 11 ; il est vraiment
insuffisant de voir dans ce verbe seulement un sens moral « halachique », comme
fait H. BRAUN, *Spätjüdisch-häretischer und frühchristlicher Radikalismus*, I
Das Spätjudentum, Beitr. hist. Theol., 24, 1957, p. 95. Le contexte, dans *Dam*,
est éclairant.

2. Révéler – *g l h*

L'invitation de la deuxième et de la troisième monition, « écoutez-moi », est complétée, et peut-être son but est-il indiqué, par la promesse d'une révélation : « et je révélerai à vos oreilles » (2, 2), « et je révélerai à vos yeux pour voir et pénétrer » (2, 14). Le terme apparaît une troisième fois dans la section : après l'histoire des apostasies se fait l'établissement de l'alliance éternelle avec ceux qui ont tenu ferme, « pour eux, Dieu établit son alliance avec Israël pour l'éternité, leur révélant les choses cachées en lesquelles Israël a erré. » (3, 13).

L'objet de la révélation énoncée par l'auteur des monitions est, la première fois (dans la deuxième monition, 2, 2), d'opposer la conduite de Dieu à l'égard des impies et à l'égard des justes. Contre les impies, apostats et rebelles à ses exigences, il va déchaîner sa colère (2, 2-6) ; à l'opposé, il va susciter un reste et leur communiquer connaissance (« leur faire connaître ») par les consacrés (le consacré ?, cfr *infra*, p. 72) de sainteté (2, 11-13). La deuxième fois (dans la troisième monition, 2, 14), ce sont les « œuvres de Dieu » qui seront révélées pour être pénétrées et faire agir comme il le veut (2, 14-16) ; elles se manifestent dans le cours de l'histoire, résumée en quelques traits généraux. Cette deuxième révélation est plus détaillée que la première, qui en est d'ailleurs éclairée grâce au parallélisme des interpellations. Il est donc légitime de commencer par la révélation des œuvres de Dieu dans l'histoire (troisième monition), son objet, les choses cachées, avec éventuellement l'énumération qui en est donnée, et les secrets de son pardon qui closent l'histoire des hommes, puis de revenir à la révélation sur la conduite de Dieu (deuxième monition).

1. L'histoire (2, 17-3, 13)

L'histoire est narrée selon les cadres traditionnels de la *Genèse* (cfr *Jubilés*, *Hénoch*, etc.). Elle est celle des apostasies, dont le critère est énoncé avec le premier but de la monition : choisir ce (ou ceux) qu'il lui plaît, et rejeter, ou mépriser, ce (ou ceux) qu'il hait (cfr *S* 1, 4, avec les deux verbes transposés), se conduire en perfection dans toutes ses voies (cfr *S* 1, 8), et « ne pas aller en exploration en désirs de volonté coupable et regards forni-cateurs (cfr *S* 1, 6), car beaucoup se sont égarés-*t* '*h* (sur ce verbe cfr *infra*, p. 45, note 4) ainsi. » L'emprunt au vocabulaire de *Nu.*, 15, 39, pour le dernier membre établit le cadre général, c'est celui du désert (1).

Dans le péché d'apostasie sont tombés d'abord les vaillants guerriers (2, 17) (2), ils ont imité la première apostasie, celle des Veilleurs des cieux (2, 18) (3), et puis celle des fils de Noé (3, 1) (4) ; les patriarches Abraham, Isaac et Jacob furent fidèles et « amis de Dieu », possesseurs de l'alliance éternelle (5), mais les fils de

---

(1) Les buts de la communauté sont énoncés de façon semblable par *S* 1, 4.6.8, et par PHILON, *Quod omnis probus liber*, § 83. Cfr aussi Jos., *Bell.*, 2, 8, 7, § 139. Est-ce une formulation ancienne ? Dans *Dam*, ici seulement, choisir-*b ḥ r* et mépriser-*m ' s* sont des actes des hommes (et non de Dieu) en même temps que des actes vertueux ; plaire-*r ṣ h* n'apparaît qu'ici. Sont-ce des indications à approfondir ?

(2) Plutôt que du texte de *Gen.*, 6, 4, sur les géants, « héros » renommés (selon Ed. COTHENET, *in Dam* 2, 17), l'expression vient de *Josué* et des Livres de Samuel et des Rois, avec la saveur d'archaïsme de ces livres (cfr *Milḥ*, 10, 6 ; 11, 1), bien que le verbe tomber-*k š l* ait souvent la valeur métaphorique de pécher, ainsi *Os.*, 14, 2, etc. Sur ses emplois à Qumrân, cfr G. JEREMIAS, *Der Lehrer*, p. 51.

(3) Seule apparition à Qumrân de ces veilleurs célestes qui ont trébuché dans la révolte de leur cœur, selon *Gen.*, 6, 2. L'expression veilleur céleste se lit dans *Dan.*, 4, 10.14.20 (texte en araméen), lors du Songe de l'Arbre : un veillant, un saint, ordonne de couper l'arbre, et le décret émane des veillants, des saints. Un veillant est un ange, de même un saint. Pour ce dernier terme, cfr par ex. *Deut.*, 33, 3 ; *Zach.*, 14, 5 ; *Dan.*, 8, 13, etc.

(4) Seule apparition de Noé à Qumrân.

(5) Isaac également n'est nommé qu'ici à Qumrân, Jacob aussi comme per-sonnage historique, ici seulement dans *Dam*. Cfr la même énumération des patriarches, *Jub.*, 6, 19, pour la fête des semaines. L'alliance d'Abraham est peut-être la circoncision en *Dam* 12, 11 (cfr Ch. RABIN, *in h. l.*) ; le salut d'Abraham, en 16, 6, est un thème supposé connu par ailleurs, et ce sont les seules notations sur Abraham à Qumrân. Le thème d'alliance d'éternité (pour Noé, cfr *Gen.*, 9, 16 ; pour Abraham, *Gen.*, 17, 7.13.19 ; elle est sanctionnée aux derniers temps, cfr *Is.*, 24, 5 ; annoncée par *Jer.*, 32, 40 ; *Ezech.*, 16, 60 ; cfr références P. GUILBERT, *in S* 5, 5 et 4, 22, où apparaît la même expression, de même que *Sb* 1, 2 ; 2, 25 ; *1Q* 30 4, 2) est l'alliance que les patriarches possédaient (*b ' l*, cfr *Gen.*, 14, 13 : l'Amorrhéen possesseur de l'alliance avec Abraham), elle n'est pas développée ici. L'inscription comme

Jacob s'égarèrent, comme firent leurs descendants en Égypte et au désert ; alors que les premiers entrés de l'alliance se rendirent coupables (1) et qu'ils furent exterminés pour abandon d'alliance, au contraire, avec les tenants ferme aux ordonnances de Dieu, qui furent laissés d'entre eux (2), Dieu dressa son alliance pour Israël à jamais (3, 12-13) (3). Les tenants ferme sont donc les bénéficiaires de l'alliance définitive, celle de la révélation ultime.

L'expression « tenants ferme » est empruntée à *Dan.*, 11, 32 : le peuple de ceux qui connaissent leur Dieu, tiendra ferme (4). Elle reviendra dans notre passage en 3, 20, et plusieurs fois dans la troisième section de *Dam* (7, 13 ; aussi : 8, 2 et parall. 19, 14 ; 20, 27) (5). Selon le même passage de *Dan.*,

---

amis de Dieu évoque les registres de la communauté (*S* 5, 23 ; 6, 10.22, etc. ; *Dam* 14, 4, selon Ch. RABIN, *in Dam* 3, 3, note 3), mais plus probablement les tablettes célestes de *Jub.*, 19, 9 (cfr Ed. COTHENET, *in Dam* 3, 3). Le vocabulaire et les thèmes de ce passage sont particuliers dans la littérature de Qumrân. Ils viennent de la *Genèse*, par l'intermédiaire de certaines traditions, par ex. celles des *Jubilés*, cfr R. F. COLLINS, *The Berîth-Notion in the Cairo Dam. Cov.*, in *Eph. Theol. Lov.*, 39, 1963, pp. 559-561.

(1) *ḥ w b*, dans T. Mass. : *Dan.*, 1, 10, au piel, et dans les corrections de *Sir.*, 11, 15, proposées selon le syriaque et *1 Sam.*, 22, 22, selon le grec et le syriaque. Ce verbe est plus fréquent dans l'hébreu du rabbinisme, cfr M. JASTROW, *s. v.*

(2) « Ceux qui furent laissés d'entre eux » ont été nommés plus haut : parmi eux tous (= les rebelles), (Dieu) s'est suscité des convoqués de nom (même expression ici, 4, 4) pour laisser un reste dans le pays. C'est une citation d'*Ezech.*, 14, 22 ; cfr aussi *Ezech.*, 6, 8.

(3) Cfr *Gen.*, 17, 7.19, cfr *supra*, p. 23, note 5 sur l'alliance éternelle de *Dam* 3, 4.

(4) Cfr références Ch. RABIN, *in* 7, 13, où elle est employée sans complément. *Daniel* se sert souvent du verbe au sens profane, être puissant (*Dan.*, 11, 2.5.6.7. 21), au sens moral d'encourager (11, 1), particulièrement le prophète, par Dieu (10, 18.19.21), peut-être en souvenir de la main puissante de Yahweh (*Dan.*, 9, 15 ; cfr *Ex.*, 6, 1, etc.). En 11, 32, seulement, il est question du « peuple de ceux qui connaissent leur Dieu » et qui résistent aux flatteries. Peut-être que *Daniel* reprend l'expression à *Is.*, 56, 4.6 : ceux qui tiennent ferme à mon alliance, mais l'emprunt est alors littéral, car *Isaïe* parle des eunuques et des étrangers, qui « s'attachent à Yahweh » et sont ainsi introduits dans le temple ; les contextes n'ont rien de commun. Cfr *1 Macc.*, 1, 62 : ἐκραταιώθησαν καὶ ὠχυρώθησαν ; *Prov.*, 3, 18 : ceux qui tiennent ferme à la sagesse, en parallèle à saisir-*t m k*.

(5) Cfr avec le sens fort : *Sb* 1, 2 ; peut-être *S* 5, 1.3, selon *Is.*, 56, 4.6 ; *S* 3, 1, a un autre sens, cfr P. WERNBERG-MÖLLER, *in h. l.* ; de même *S* 9, 14 ;

11, 32 (1), les membres de ce groupe des tenants ferme s'opposent
à ceux qui « choisissent les flatteries », ainsi les flatteries d'Antiochus (*Dam* 1, 18), et ils seront livrés au glaive (ici, 3, 10),
comme le seront les égarés, chercheurs de flatteries (1, 17)(2). Le
Livre de Daniel, on devra s'en souvenir, a fourni la dénomination
du groupe qui jouira de l'alliance éternelle.

2. CHOSES CACHÉES — *nstrwt* (3, 14)

A la fin de l'histoire, l'alliance définitive se conclut en ce (3)
que Dieu révèle les choses cachées, et l'on pourra creuser un puits
d'eaux abondantes (3, 16). L'Exode et le désert fournissent les
éléments de la description (cfr *Nu.*, 21, 18), mais les événements
actuels sont visés à travers eux (4). « La colère de Dieu s'est
allumée contre l'assemblée » au désert (ici 3, 8), comme elle le fera
à l'égard de la dernière génération, celle des rebelles (1, 21). De
même que la colère, la révélation évoque le désert et le Sinaï,

---

10, 26 : c'est une bonne œuvre ; *Hod* 2, 28 ; 4, 39 ; 18, 9, possèdent la
forme, mais adaptent le sens au contexte individuel ; *Hod* 4, 39, est lacuneux.
Il n'y a rien sur cette expression chez G. JEREMIAS, *Der Lehrer*, pp. 164-165.
De même, dans la troisième section de *Dam*, le « méprisant » des eaux abondantes
(3, 17) sera la désignation d'un groupe : *Dam* 7, 9, et par. 19, 5 ; 8, 19, et parall.
19, 32 ; 20, 8.11 ; cfr G. JEREMIAS, *Der Lehrer*, p. 116, note 12, avec réf. à Ch.
RABIN, *in* 20, 8. Dans notre passage (3, 17), le mépris des eaux abondantes
évoque pourtant *Is.*, 8, 6 : ce peuple méprise les eaux de Siloé (réf. Ed. COTHENET,
in h. l.). L'emploi sans complément a oublié cette origine.

(1) Plutôt que *Is.*, 30, 10, selon G. JEREMIAS, *Der Lehrer*, pp. 93 et 130.
Ce groupe de chercheurs de flatteries est bien connu de *4Q pNah* 2, 2.4 ; 3, 3.7,
où ils détiennent l'autorité (2, 4), et leurs œuvres mauvaises seront révélées à
Israël à la fin des temps (3, 3), comme l'auteur de *Dam* va le faire pour les voies
des impies (*Dam* 2, 2-3). Ces chercheurs de flatteries sont-ils les Pharisiens entre
74 et 40 av. J.-C. ? (cfr A. DUPONT-SOMMER, *Le Commentaire de Nahum découvert
près de la mer Morte (4Q pNah). Traduction et notes*, dans *Semitica*, 13, 1963,
pp. 55-88, voir pp. 73-74). Parmi d'autres, c'est une hypothèse défendable pour
4Q pNah, mais elle le serait difficilement pour *Dam* 1, 18.

(2) Selon *Lev.*, 26, 25, cfr *Sir.*, 39, 29-30, réf. G. JEREMIAS, *Der Lehrer*, p.
93, note 2.

(3) L'on propose un sens temporel pour la préposition *le*, cfr E. WIESENBERG,
Chronological Data in the Zadokite Fragments, dans *V. Test.*, 5, 1955, p. 291 :
l'alliance définitive se conclut *lorsque* Dieu révèle.

(4) Cfr G. JEREMIAS, *Der Lehrer*, pp. 270-271 ; la révélation n'a donc pas été
réservée aux anciens, selon O. BETZ, *Offenbarung... Qumransekte*, p. 38.

c'est d'ailleurs la seule fois, dans la section, que Dieu fait l'acte de révéler lui-même (1). L'excellence de la révélation du Sinaï n'est pas mise en question, mais on l'apprécie avec des nuances que doit apporter normalement le contenu de la révélation, à savoir « les choses cachées où ont erré tous les Israélites » (3, 14).

Les choses cachées (2) sont un emprunt probable au *Deut.* 29, 28, où Dieu garde pour lui les « choses cachées » et livre à Israël « les choses révélées » (3). Mais elles rappellent également Daniel, à qui le « secret »-*rz* (cfr *infra*, sur *Dam* 3, 18, pp. 40-46) du songe de la statue est révélé (avec *g l '*), et qui loue Dieu, « c'est lui qui révèle les choses profondes et les choses cachées (avec *s t r*) » (*Dan.*, 2, 22, seul emploi du verbe dans *Dan.*) (4).

Dans le T. Mass., ce participe niphal *nistarôt* a valeur concrète et banale en *Deut.*, 7, 20 (ceux qui se cachent pendant une guerre) et *Ps.* 19, 7 (rien ne se cache de la chaleur du soleil) ; il est parallèle à erreur, dans *Ps.* 19, 13, signifiant sans doute péché ignoré dont le psalmiste demande pardon (5). Le sens de péché involontaire et ignoré dont le communauté devient responsable existe dans le rabbinisme (6). Le sens de mystère est également rabbinique (7). Plus d'un passage du T. Mass., mais parfois avec d'autres verbes, parle des péchés, mais précisément que « l'on ne cache pas » (cfr *Ps.* 32, 5, avec *k s h* ; d'une certaine manière *Ps.* 38, 10, avec *s t r* ; 69, 6, avec *k ẖ d*), car Dieu voit tout. Si l'on traduisait le *Ps.* 19, 13 : le péché ignoré du pécheur lui-même (cfr Vulg.,

---

(1) Les autres fois, c'est l'auteur des monitions, 2, 2.14. Il est audacieux de découvrir dans ce texte une révélation par Moïse et Esdras, comme fait O. Betz, *Offenbarung... Qumransekte*, pp. 32, 42.

(2) Le verbe *s t r* en 1, 3 et 2, 8 : Dieu « cache » sa face, n'a pas de portée intellectuelle. Avec 3, 14, ce sont les trois emplois du verbe dans *Dam.* Cfr quelques lignes à ce sujet, O. Betz, *l. c.*, pp. 7-8.

(3) Cfr O. Betz, *l. c.*, p. 18.

(4) Les parallèles rabbiniques apportés par Ch. Rabin, *in h. l.* : « *sithrê torah* » : lois découvertes par déduction, et même « *megillath setharim* » : rouleau avec notes légalistes, ces parallèles seraient difficilement valables dans notre contexte de révélation. Le premier exemple de Rabin est très proche de *Dam* 6, 18, où sabbat, fêtes et jour de jeûne sont observés selon la découverte des membres de l'alliance.

(5) C'est l'explication de Fr. Nötscher, *Theol. Terminologie*, p. 71, pour 3, 14 : révélation des péchés ignorés.

(6) Cfr M. Jastrow, II, *s. v. s t r*, p. 1033. Cependant, les deux exemples donnés par l'auteur déchargent la communauté de sa responsabilité.

(7) Cfr un exemple, M. Jastrow, *l. c.*

Crampon, Calès), le sens du verbe serait unique. L'on traduira peut-être
mieux : péché clandestin, ignoré d'autrui (1). C'est ainsi que l'ont compris les LXX en le rendant par κρύφιος, employé régulièrement en grec,
par exemple pour les unions illégitimes (2). Le terme *šegî'âh*, parallèle, dans
le *Ps.* 19, 13, au péché ignoré, est un *hapax* dans le T. Mass. Le verbe
š g g signifie d'abord s'égarer, pécher (*Ps.* 119, 67 ; *Job*, 12, 16), puis
l'égarement inconscient (*Lev.*, 5, 18, aussi *Nu.*, 15, 28), sans doute principalement dans les questions rituelles (avec le substantif *šegâgâh* :
Lev., 5, 15 ; 22, 14 ; cfr *Nu.*, 15, 24-29, à 5 reprises ; avec le verbe *š g h* :
Lev., 4, 13 ; *Ezech.*, 45, 20) et pour le meurtre involontaire (*Nu.*, 35, 11.15;
cfr *Jos.*, 20, 3.9), mais aussi pour la faute volontaire (*Ps.* 119, 21.118 ;
Job, 6, 24; 19, 4; même *1 S.*, 26, 21). Y a-t-il dans le *Ps.* 119, 13, une progression ? Fautes involontaires et inconscientes (*šegî'âh*), fautes secrètes
et non divulguées (*nistarôt*), fautes d'orgueil (v. 14) ? De toutes manières, dans le *Ps.*, le sens de faute inconsciente ne s'impose pas absolument.

Les choses cachées de *Dam* 3, 14, pourraient à la rigueur
être des fautes, car, ajoute le texte, « Israël s'est égaré en elles »,
et des fautes involontaires et inconscientes, puisqu'elles sont
cachées. Le sens est alors rabbinique (cfr *supra*, p. 26 et note 6) et
non biblique, car dans ce cas, le T. Mass. choisit *šegâgâh* et non
pas *nistarôt*. Le parallélisme d'un terme semblable, au *Ps.* 19,
13, n'est pas décisif, car il peut y avoir progression, non parallélisme, et d'ailleurs *šegâgâh* (puisque *šegî'âh* est un *hapax*) ne signifie pas nécessairement faute inconsciente (cfr *supra*). Malgré
tout, la révélation-*g l h* eschatologique, accompagnée du secret
merveilleux du pardon divin (3, 18), pourrait être celle des fautes
inconscientes, mais elle se réduirait alors à un niveau juridique
étranger à la section 1, 1-4, 6 de *Dam*. La suite de l'étude apportera quelques indications supplémentaires sur la question, et
d'abord l'usage du terme à Qumrân.

A Qumrân, l'on comparera à notre passage, *S* 5, 11-12, qui caractérise
également à l'aide de *Deut.*, 29, 28, les hommes d'iniquité dont on se
sépare en entrant dans la communauté : ils ne seront pas comptés dans
son alliance, car ils ne se sont pas souciés et ils n'ont pas cherché (Dieu)
(phrase qui vient de *Soph.*, 1, 6) en ses décrets pour connaître les choses

---

(1) Cfr A. Oepke, art. κρύπτω, *Theol. Wört.*, 3 (1938), p. 969, 7-9.
(2) Cfr Thesaurus, et par exemple, *Matt.*, 6, 18 ; *Eph.*, 5, 12.

cachées où ils ont erré en culpabilité, et les choses révélées, ils les ont traitées avec orgueil (à main haute). Le contact est possible avec *Dam* 3, 13-14, où il est dit : Dieu a établi l'alliance ... pour révéler les choses cachées où ont erré tous (ceux d') Israël. Néanmoins, dans ce cas, le *S* est plus symétrique, plus clair, et le sens a évolué. Les choses cachées ne sont plus révélées, mais connues par recherche (cfr *infra*, p. 119-120), et elles sont mises en équivalence avec les choses révélées, dont il n'est pas question dans *Dam*. La doctrine est systématisée et complétée. S'il y a contact, il vient de *Dam*, et le *Manuel* l'a reçu, non le contraire, comme si *Dam* avait rendu l'expression plus vague (1). Dans les *Hod*, le verbe *s t r*, comme ici (*Dam* 3, 14), forme l'expression : révélation des choses cachées (*Hod* fg 55, 1), mais au milieu de lacunes qui ne permettent pas d'arriver à un sens complet ; peut-être aussi *Hod* 17, 9, mais ce passage aussi est lacuneux : [...] des choses cachées qui [...] (2). Les passages des *Hod* avec la « révélation des choses cachées » sont trop endommagés dans nos mss pour être discutés, mais l'expression, on le voit, a eu quelque fortune à Qumrân.

Dans la Bible, il est dit parfois que Dieu fait connaître les choses cachées, par ex. *Ps.* 51, 8 (mais n'est-ce pas ici la conscience du pécheur à éclairer ?), tandis que *Sir.* 3, 21-22, semble commenter *Deut.*, 29, 28, en recommandant de ne pas se préoccuper des choses cachées, τὰ κρυπτά, qui dépassent les forces humaines (3), et que le *Ps.* 119, 19, demande à Dieu de ne pas cacher ses ordonnances (4) ; dans ce dernier cas, le plan individuel suppose également une prise de conscience. Le passage de *Dam* 3, 14, ne veut-il pas dire que le moment est venu d'une révélation, au sens fort, de ces choses cachées par Dieu jadis ?

3. LA LISTE DES CHOSES CACHÉES (3, 14-15) ?

L'assertion d'une « révélation des choses cachées où tout Israël a erré » est suivie d'une énumération (3, 14-15). On a souvent prétendu qu'elle contient précisément les choses cachées que Dieu

---

(1) Dans le psaume de *S* 11, 6, la prudence de Dieu est « cachée » à l'homme, parce qu'elle est transcendante. Les autres emplois du *S* 8, 11, 12 ; 9, 17 ; 10, 24, ont trait à l'ésotérisme, s'il faut l'admettre, de la communauté.

(2) Ailleurs dans les *Hod*, c'est l'omniscience de Dieu qui voit les choses cachées : *Hod* 1, 25 ; 5, 26, sens fréquent dans le T. Mass., cfr A. OEPKE, *l. c.*, p. 968. Les autres usages du verbe sont concrets : *Hod* 5, 11 ; 8, 10 ; 11, 19 ; 17, 22.

(3) Cfr A. OEPKE, *l. c.*, p. 969, 25-45.

(4) Cfr A. OEPKE, *l. c.*, p. 970, 5-8.

a révélées, ses saints sabbats, ses fêtes glorieuses, ses justes témoignages, ses voies fidèles, ses désirs de /et sa volonté (1). Pour savoir s'ils peuvent vraiment représenter le contenu de la révélation, il est indispensable d'analyser les six termes énumérés.

a) Les saints sabbats de Dieu sont nommés en premier dans l'énumération. Dans *Dam*, il est encore deux fois question du sabbat. Dans le grand code, *Dam* 10 et 11, sous le titre : « Sur le sabbat, à observer de cette manière » (*Dam* 10, 14), les règles du sabbat sont précisées minutieusement en 26 prescriptions ; néanmoins, la peine de mort n'est plus requise contre le profanateur, mais l'emprisonnement (12, 4). Le petit code (6, 12-7, 4), après les exigences de distinguer le pur et l'impur, et d'enseigner le sacré et le profane (*Dam* 6, 17-18), avant celle d'offrir les offrandes selon les règles (6, 20), ordonne d'observer le jour du sabbat selon sa règle, et les fêtes et le jour de jeûne selon la « trouvaille » des membres de l'alliance nouvelle au pays de Damas (6, 18-19). Dans le *S*, comme en *Dam* 15, 10 (2), la découverte paraît la conséquence de recherches et d'études de la loi (cfr *S* 6, 2 ; 8, 11 ; 9, 13.20). Les contextes sont les mêmes que dans les deux codes de *Dam*, et cette trouvaille par l'étude, en quoi consiste aujourd'hui la révélation (*S* 8, 15 ; 9, 13 ; 9, 19-20), n'est pas la révélation eschatologique suprême de *Dam* 3, 13 (3), parallèle au secret-*rz* merveilleux du pardon divin. Si cette révélation suprême concerne les sabbats (avec les autres membres de l'énumération de *Dam* 3, 14-15), le cas est unique à *Dam* (cfr sur les « trouvailles », *infra*, p. 203-205).

Ailleurs à Qumrân, le sabbat de repos, du *pHab* 11, 8, synonyme qui veut expliquer la fête de repos du Jour de Kippur, est une date historique, non révélée. Dans *M* 2, 4, les sabbats prennent place dans la liste des jours du service au temple, comme dans celle des transgressions en *1Q* 22 1, 8. En *M* 2, 8 et *1Q* 22 3,1, il s'agit de l'année sabbatique. Le Manuel de discipline ne nomme pas le sabbat. Dans le T. Mass., le sabbat est avant tout, objet de l'ordre de le sanctifier et de l'observer (4) en même temps que les autres fêtes (*Ezech.*, 45, 17 ; *Neh.*, 10, 34 ;

(1) Cfr S. SCHECHTER, *in h. l.*, d'après lui, tout le passage se rapporte évidemment à des questions de calendrier. C'est vrai pour les deux premiers termes sabbats et fêtes, mais sûrement pas pour les autres, témoignages, voies, désirs. Cfr aussi G. JEREMIAS, *Der Lehrer*, p. 54 ; O. BETZ, *Offenbarung... Qumransekte*, pp. 9, 15, 38 ; E. WIESENBERG, *Chronological Data...*, dans *Vet. Test.*, 5, 1955, p. 302.
(2) Les autres emplois du verbe en *Dam* 9, 14.15.16, ont un sens concret d'objet trouvé.
(3) La distinction est bien faite par O. BETZ, *Offenbarung... Qumransekte*, pp. 36-37.
(4) Surtout *Ezech.*, 20, 13-24, cfr 22, 8 ; 44, 24, et *Ex.*, 31, 13-17, cfr 16, 23 :

1 Chr., 23, 31 ; *2 Chr.*, 2, 3 ; 8, 13 ; 31, 3). Une fois, dans *Neh.*, 9, 14, une confession dit à Dieu : Vous leur avez fait connaître votre saint sabbat. C'est le rappel de l'Exode et du Sinaï. Avant ceci, la même confession disait : Vous leur avez donné des décisions justes, des lois de vérité, des décrets et des ordonnances excellents (*Neh.*, 9, 13), et après le passage du sabbat : Vous leur avez prescrit par l'organe de Moïse, votre serviteur, des ordonnances, des décrets et une loi (9, 14*b*). Le sabbat est un des commandements donnés par Dieu au Sinaï (1), du moins, il leur est assimilé, mais la révélation comme telle n'est pas en question. De son côté, Daniel ne parle pas du sabbat, dans ses visions ou ailleurs.

Dans le Livre des Jubilés, 2, 20, c'est la même présentation des choses lorsque l'on commente, selon la *Genèse*, le récit de la création et l'institution du sabbat le septième jour. Le sabbat est un signe de l'élection d'Israël, car seul, il l'observe (*Jub.*, 2, 17 ; cfr *Ezech.*, 20, 12.20; *Ex.*, 31, 13.17). Dieu a choisi la descendance de Jacob, il leur *enseignera* le jour du sabbat (*Jub.*, 2, 20). A la fin du livre, Moïse dira de même : Je vous ai *fait connaître* les jours des sabbats, ... je vous ai parlé des sabbats, ... des années de jubilé (*Jub.*, 50, 1-2). Que l'on observe les sabbats selon les commandements sur les sabbats, ... comme il est écrit sur les tables que (Dieu) m'a données en main (*Jub.*, 50, 13). C'est toujours l'énoncé de la volonté de Dieu (2), un enseignement, non une révélation particulière, encore moins une révélation eschatologique, comme on voudrait qu'elle le soit en *Dam* 3, 14.

b) Les fêtes glorieuses (de Dieu) sont à la deuxième place dans l'énumération de *Dam* 3, 14-15, elles sont jointes aux sabbats sacrés. Deux autres fois dans *Dam*, elles sont réunies au sabbat, et chaque fois dans les codes (6, 18 ; 12, 4 : ici, pour la profanation et la sanction) (3). Les fêtes (4) figurent souvent à Qumrân dans les listes de jours à célébrer (*M* 2, 4 ; 10, 15 ; 14, 13 ; *Hod* 12, 6). C'est la manière de parler du T. Mass. dans les énumérations de jours à sanctifier, dont la liste est stéréotypée : sabbats, nouvelles lunes et fêtes (*Neh.*, 10, 34 ; *Ezech.*, 45, 17 ; *1 Chr.*, 23, 31, etc. ; cfr *Milḥ* 2, 4), et qui revient dans les règles de la sanctification (*Lev.*, 23, 4-44 ; *Ezech.*, 44, 24 ; 46, 9-11, etc.). Le terme *mwʿd* a également le sens de moment favorable, καιρός (cfr *Ps.* 104, 19 ; *Gen.*, 1, 14 ; *Jer.*, 8, 7). C'est régulièrement le cas à

---

sanctifiez le saint sabbat de Yahweh, avec le même adjectif que *Dam* 3, 14 ; *Ex.*, 20, 8-11 ; 35, 2 ; cfr *Deut.*, 5, 12 ; *Jer.*, 17, 22.24.27 ; *Neh.*, 13, 22.

(1) Sur le sens de donner un ordre, cfr *Ps.* 25, 4 ; *Ezech.*, 20, 11.

(2) De même *Jub.*, 1, 10.14, malgré O. BETZ, *l. c.* p. 39. Qu'un ange édicte les lois ne transforme pas tout le livre en apocalypse-*g l h*.

(3) Dans *pHab* 11, 6, le terme explique le jour de *Kippur*.

(4) C'est bien le sens du terme, cfr *S* 1, 15 ; *Hod* 4, 12 : ici, fêtes des païens; *pOs b* 2, 16.

Qumrân (1). Mais, à côté des sabbats, ce ne peut être le sens ici, en *Dam*
3, 14. Et si l'on fait de l'énumération l'objet de la révélation, dira-t-on que
Dieu révèle les moments (καιροί) sacrés où il révèle ? — Chez *Daniel*,
le terme *'iddân-καιρός* a valeur d'unité de durée (*Dan.*, 4, 13.20.22.
29 ; cfr 7, 12.25, et l'hébreu *mô'êd*, avec valeur eschatologique : 12, 7),
de temps pour attendre une occasion (2, 8.9), de moment dont Dieu décide (2, 21), de moment précis fixé d'avance (par le roi : 3, 5.15 ; en
hébreu : 8, 19 ; 11, 27.29.35), mais jamais de fête. — Une qualification
comme ici, *Dam* 3, 14 : fêtes « glorieuses », est très rare (2), et jamais il
n'est question de « révéler » les jours de fête, mais uniquement de les observer comme il est prescrit (cfr *Ezech.*, 44, 24 ; *Lev.*, 23 ; *Jub.*, 6, 17.23-24) (3).

c) Les justes témoignages-*'ydwt* de Dieu (*Dam* 3, 15), troisième terme
de l'énumération, sont cités dans la proclamation finale de *Dam* (20, 31) :
ceux qui ne se rebellent pas contre les décrets-*ḥwqym* saints, les justes
décisions-*myšptym*, les fidèles témoignages-*'dwwt*. Ils désignent les lois
dans *1Q* 22 2, 1, où la scène se passe Outre-Jourdain, au moment de
l'entrée en Terre promise (4) et aussi dans le T. Mass. (5), pour les énumérations de transgressions ou d'observances (6). Une fois, *Ps.* 119, 144,
on lui adjoint un qualificatif : Justes sont tes témoignages pour l'éternité,
donne-moi pénétration et je vivrai. Le terme est absent de *Daniel*, et
nulle part, il n'est dit que le témoignage de Dieu a été révélé (7).

---

(1) Moment où Dieu donne ses ordres : *S* 1, 9 ; 3, 10 ; moment du châtiment et
de la visite de Dieu : *S* 3, 18.23 ; 4, 18.20 ; cfr *Hod* 12, 17 ; *M* 1, 8 ; 15, 5.6.12 ;
surtout 18, 10 ; *pPs 37* 2, 10 ; 3, 3 ; du jugement : *Hod* 1, 17 ; ou de la libération :
S 10, 8 ; cfr *Hod* 15, 15, etc.
(2) *Ps.* 81, 4 : jour de fête de pèlerinage ; *Zach.*, 8, 19 : les jours de jeûne deviennent de bonnes fêtes ; cfr *Hen.*, 54, 6 : le grand « jour » du jugement.
(3) Quoi qu'en dise O. BETZ, *Offenbarung*, pp. 10, 39.
(4) Ce passage s'inspire de *Deut.*, 27, 9-10, qu'il complète par notre terme de
témoignages.
(5) *1 Reg.*, 2, 3, comme ici avec les voies de Dieu, en référence à Moïse ;
2 Reg., 17, 15 : ils ont méprisé les décrets, et l'alliance,... et les témoignages
qu'il a testifiés ; 23, 3 : observer les ordonnances, les témoignages, les décrets (de Dieu) ; *2 Chr.*, 34, 31 ; *Jer.*, 44, 23 : sa loi, ses décrets, ses témoignages ; *Ps.* 119, 13.36 ; *Neh.*, 9, 34 : ta loi, tes ordonnances, tes témoignages ; etc. Le terme compose l'expression : arche (ou tente, ou demeure)
du témoignage : *Ex.*, 25, 22, et indique soit les tables de la loi (cfr *Ex.*, 40, 20),
soit la loi elle-même. La forme *'edah*, toujours au pluriel : *'êdôt*, est possible ici,
Dam 3, 15 (non en *Dam* 20, 31, ni *1Q* 22 2, 1), cfr *Deut.*, 4, 45 : énumération des
témoignages, avec les décrets et les décisions-*mišpaṭîm* ; *Deut.*, 6, 17 : avec les
ordonnances-*miṣwôt* et les décrets ; *Deut.*, 6, 20 : avec les décrets et les décisions.
(6) Le témoignage de Dieu (au singulier) est inscrit sur les tables de pierre et
se trouve dans l'arche (cfr *Ex.*, 16, 34 ; 25, 16 ; 31, 18 ; 32, 15 ; etc.).
(7) L'absence de conjonction : sabbats de sainteté *et* fêtes de gloire, témoignages de justice *et* voies *et* désirs, veut-elle apposer les témoignages aux fêtes

d) Les voies véritables (ou fidèles) de Dieu, qui suivent les justes témoignages (3, 15), ne sont pas inconnues de *Dam* (ainsi 1, 11 : voies de son cœur, cfr *Is.*, 57, 17, plus d'une fois à Qumrân : *Hod* 4, 18.21.24, etc. ; le chemin, ou les chemins de Dieu à suivre : *Dam* 2, 16 ; 20, 18) et ailleurs à Qumrân : la perfection de la voie de l'homme, c'est-à-dire sa conduite et même sa destinée, est dans les mains de Dieu (*S* 11, 2.11), et il faut s'y conformer (*S* 1, 13 ; 2, 2 ; 3, 10.20). Les voies de fidélité, comme ici *Dam* 3, 15, se retrouvent deux fois dans la doctrine des deux esprits du *S* (4, 2 : l'esprit de lumière les aplanit pour le juste ; 4, 17 : elle est l'horreur de la perversité). En outre, il est très souvent question de la voie de l'homme (cfr Concordance de Qumrân). — Dans le T. Mass. (1), le terme est devenu synonyme de commandement (cfr *1 Reg.*, 2, 3, avec, entre autres, témoignage), mais non exactement de la Loi (2). Dieu fait connaître (avec *y d* ') ses voies (*Ps.* 16, 11 ; 25, 4 ; 103, 7 ; 143, 8 ; *Prov.*, 3, 6), il les enseigne (avec *l m d* : *Ps.* 25, 4.9 ; *Is.*, 48,

---

qu'ils expliqueraient, comme si les fêtes manifestaient la justice de Dieu, ou « témoignaient » de lui avec exactitude ? Pareille exégèse demande en tout cas d'autres appuis que cette absence de conjonction. Il est d'ailleurs normal d'apparier sabbats et fêtes, et de réunir témoignages, voies et désirs de Dieu. — Le terme proche, *te'udâh*, se trouve trois fois dans le T. Mass. : deux fois dans *Isaïe*, où il signifie sans doute l'« oracle » énoncé par le prophète (*Is.*, 8, 16.20), au sens probable de volonté divine, en parallèle avec une *tôrâh* à apprendre ; une fois dans *Ruth*, 4, 7, où c'est une coutume. A Qumrân, trois fois dans le *S* : agir selon les révélations aux temps des témoignages (*S* 1, 9) ; prescriptions rendues aux temps des témoignages (3, 10) ; Dieu régit tout être par leurs témoignages (3, 16). *M* a un sens banal (2, 8 ; 3, 4 ; 4, 5 ; 15, 1) ; voyants de témoignage (11, 8), c.-à-d. oracles (en interprétant *Is.*, 8, 16.20) ou les volontés de Dieu ? Sur les voyants, cfr *infra*, pp. 68-70. Dans la *M*, sens de volonté divine (14, 4.13 : nous te louons aux moments (fixés par) les témoignages éternels). *Hod*, sens banal (1, 19), volonté divine (2, 37 ? ; 12, 9 : l'évolution du soleil et des astres est « assurée de la bouche de Dieu et le témoignage de ce (Celui ?) qui est ») ; proclamation du psalmiste ? (6, 19) ; Dieu fait comprendre le moment du témoignage (*H* fg 5, 11 ; cfr fg 59, 3). *Sa* 1, 25.26, sens banal. Le sens de volonté divine est donc habituel à Qumrân. Une fois, *S* 1, 9, le contexte parle de révélation, et sans doute de révélations multiples qui se sont succédé au cours des temps, temps de Moïse et des prophètes, temps des témoignages, lorsque Dieu parlait et dictait ses volontés (cfr 1, 3) ; ce ne sont pas les témoignages, directement, qui sont révélés, il y a eu des révélations aux époques où Dieu énonçait ses commandements. Il faut ici tenir compte des conceptions du *Manuel* sur les révélations, bien que la révélation du Sinaï et les volontés de Dieu aillent normalement de pair. Le rapport établi entre révélation et témoignage (cfr O. Betz, *Offenbarung*, pp. 45-46), comme un ordre divin révélé, est donc artificiel.

(1) Cfr W. Michaelis, art. ὅδος, *Theol. Wört.*, 5 (1954), p. 51.
(2) Cfr W. Michaelis, *l. c.*, pp. 51, 43.

17), comme fait le psalmiste lui-même (*Ps.* 51, 15), ou la Sagesse (*Prov.*, 4, 11 ; 22, 19). Dieu est prié d'annoncer sa voie aux fugitifs par Jérémie (avec *n g d* : *Jer.*, 42, 3), il l'apprend (avec *y r h* : *Is.*, 2, 3, et parall. *Mic.*, 4, 2), comme devra faire Samuel (*1 Sam.*, 12, 23). Le terme ne se lit pas dans le Livre de Daniel. — Ni à Qumrân, ni dans le T. Mass. (1), il n'est dit exactement que Dieu « révèle » ses voies, bien qu'en soi, la chose pourrait se comprendre.

e) Les désirs-*ḥ p ṣ* (θέλημα) de la volonté de Dieu ne sont clairement exprimés par ce terme qu'ici seulement à Qumrân. Partout ailleurs, il désigne les désirs de l'homme, tant à *Dam* (10, 20 et 11, 2 ; 14, 12), que dans le *S* (3, 17 ; 6, 11) et dans les *Hod* (1, 13, au sens d'usage « utile » d'une chose ; 13, 20) (2). Seul, *Hod* fg 3, 7, présente un passage d'ailleurs lacuneux, où les «secrets-*rzy* de bienveillance-*ḥpṣ*» doivent être ceux de Dieu, sans que l'on puisse en dire plus. Pour le verbe, l'usage est identique : volonté de l'homme (*S* 9, 24 ; *1Q* 27 1, 1, 10 et 11) mais aussi celle de Dieu (*Hod* 10, 5 : que projetterai-je sans que tu le veuilles-*ḥpṣ* et que calculerai-je sans ta volonté-*rṣwn* ? ; et *1Q* 34 3, 2, 4 : Dieu n'aime pas l'iniquité, il s'est choisi un peuple au temps de son bon plaisir-*rṣwn*). Ces deux passages sont intéressants, puisque les termes *ḥ p ṣ* et *rṣwn* sont réunis en parallèle au sujet de Dieu, comme ici, *Dam* 3, 15. — Dans le T. Mass., le substantif pluriel, comme ici, *Dam* 3, 15, est rare (3) et indique une chose précieuse (cfr *supra*, note 2), dans *Milḥ* ; *Prov.*, 8, 11 ; *Is.*, 58, 13), ou les préférences de l'homme (*Prov.*, 3, 15 ; *Ps.* 111, 2). Le singulier signifie le plus souvent le souhait proféré par un homme (*1 S.*, 18, 25 ; *1 Reg.*, 5, 22.23.24 ; 9, 11 ; 10, 13 ; *Is.*, 58, 3 ; *Ps.* 1, 2 ; 16, 3 ; 107, 30 ; *Prov.*, 31, 13 ; *Job.* 31, 16), mais aussi la bienveillance divine pour des personnes (*Is.*, 53, 10, pour le Serviteur ; *Mal.*, 1, 10, pour les fidèles ; *Eccle.*, 5, 3 : refusée aux insensés), pour les sacrifices (*1 S.*, 15, 22), pour quelque chose en général (*Job*, 22, 3). Le psaume de *2 S.*, 23, 5 (et parall. *Is.*, 46, 10) parle de la volonté de Dieu qui se réalisera certainement, *Is.*, 44, 28, de la volonté de Dieu que Cyrus accomplira (cfr 48, 14 : l'« aimé » de Dieu). Le verbe est employé de la même manière, acte divin (*Mic.*, 7, 18 ; *Ezech.*, 18, 23.32 ; *Ps.* 51, 18 : où les deux verbes *ḥ p ṣ* et *r ṣ h* sont appliqués à Dieu ; 51, 21), acte humain (*Job*, 33, 32 ; *Ps.* 35, 27 ; 40, 9 : j'ai décidé de faire ta volonté, avec *raṣôn* ; etc.). Le Livre de Daniel ne possède pas ce terme. — L'expression de *Dam* 3, 15, qui est au pluriel, n'a donc de correspondance, ni à Qumrân, ni dans le T. Mass., bien que parfois l'on y parle, avec le verbe ou le substantif

---

(1) Le cas de *Jérémie* avec *n g d* (*Jer.*, 42, 3) est un peu spécial.
(2) Dans *Milḥ*, quatre fois, le sens de « pierre précieuse » vient d'*Is.*, 54, 12.
(3) Cfr G. SCHRENK, art. θέλω, *Theol. Wört.*, 3 (1938), pp. 53, 23 ; les LXX ont tendance à mettre au pluriel le terme au singulier du T. Mass.

au singulier, de la volonté de Dieu à accomplir, ou de sa volonté qui se réalisera (1).

f) La volonté ou bon plaisir de Dieu, *rṣwn-εὐδοκία*, qui porte sur ces désirs ou préférences (les désirs de sa « volonté ») n'est pas exprimée ainsi à *Dam*, où *rṣwn* indique la volonté humaine (*Dam* 2, 21 ; 3, 3.11.12 ; 11, 4), sauf peut-être en 11, 21, qui s'inspire de *Prov.*, 15, 8 : « offrande de bienveillance », et de même le verbe, en *Dam* 2, 15 : « choisir ce que (Dieu) veut ». Dans le reste de Qumrân, hormis *Dam*, le terme est très fréquent au sens de bon plaisir divin (*S* 5, 1.9.10 ; 8, 6.10, etc. ; *M* 18, 14 ; *H* 1, 8.15 ; 4, 33, etc.). — Le T. Mass. possède le même usage (2), et *Daniel* connaît le substantif, mais en hébreu au sens de bon plaisir humain (cfr *Dan.*, 8, 4 ; 11, 3.16.36), et en araméen, au sens de pensée, réflexion (*Dan.*, 2, 29.30 ; 4, 16 ; 5, 6.10 ; 7, 28). Jamais, il n'est dit que Dieu révèle sa volonté. Quant à l'expression complète « désirs de la volonté (de Dieu) », elle n'est présente ni dans le T. Mass., ni ailleurs à Qumrân. Les deux termes, néanmoins (cfr *supra*), se lisent à plus d'une reprise dans un même contexte du T. Mass., en vertu du parallélisme. Ils ont un sens voisin, et peut-être leur réunion ici s'explique-t-elle par les termes doubles (substantif et adjectif) de l'énumération.

g) La liste de *Dam* 3, 14-15, ne vient pas des listes de transgressions (cfr *2 Reg.*, 17, 15 ; *Deut.*, 8, 11), ou d'obligations (*1 Reg.*, 2, 3 ; *2 Reg.*, 23, 3 ; *2 Chr.*, 34, 31 ; *Deut.*, 6, 17.20 ; 11, 1 ; 26, 17 ; 30, 16 ; *Neh.*, 9, 13). Les deux premiers termes, sabbats et fêtes, sont souvent réunis (cfr *supra*, pp. 29-31), mais rarement comme ici pour constituer une paire séparée (3), et les trois suivants, qui ne se rapportent pas au calendrier, ne forment jamais un groupe homogène (4). La liste se termine par une conclusion.

---

(1) L'hébreu rabbinique ne paraît pas faire usage de ce terme pour parler des volontés divines, cfr M. JASTROW, *s. v.*

(2) Cfr G. SCHRENK, art. εὐδοκέω, etc., *Theol. Wört.*, 2 (1935), pp. 741-742.

(3) Cependant *Ezech.*, 44, 23-24 : les prêtres instruiront..., seront juges..., ils garderont mes lois *(twrh)* et mes décrets *(ḥwq)* dans toutes mes fêtes et sanctifieront mes sabbats. Cfr *Lev.*, 23, 2 : Voici mes fêtes, v. 3 : ... le sabbat, convocation de sainteté..., v. 4 : Voici les fêtes de Yahweh : ... Pâque, etc. : et v. 37-38 : Voilà les fêtes..., sans compter les sabbats. Cfr aussi *Dam* 12, 4, sur la profanation, et *Jub.*, 6, 34 : ils ont oublié nouvelles lunes, saisons (= fêtes-*mw'dm*), sabbats. C'est l'énumération traditionnelle.

(4) *Jub.*, 1, 10, énumère les transgressions : elles sont faites aux ordonnances, commandements, fêtes de l'alliance, sabbats, temple, tabernacle et sanctuaire. C'est emprunté au T. Mass., avec des additions.

La conclusion de l'énumération, à savoir « que l'homme (les) accomplira et vivra par elles », reprend, non *Lev.*, 18, 5 (1), mais plutôt *Ezech.*, 20, 11 : « Je leur ai donné mes décrets..., je leur ai fait connaître (*y d '*) mes décisions, par lesquelles l'homme qui les pratique vivra ; v. 12 : Je leur donnai aussi mes sabbats pour servir de signe... ; v. 13 : mais ils rejetèrent mes décrets ... et mes décisions par lesquelles l'homme qui les pratique vivra ; v. 20 : sanctifiez mes sabbats... ; v. 21 : mais ils n'observèrent pas mes décrets..., ni mes décisions par lesquelles l'homme qui les pratique vivra ». La citation, en *Dam* 3, 15-16, est dans un même contexte avec les sabbats, mais les autres termes d'*Ezech.*, 20 (ou de *Lev.*, 18, 5) manquent : décrets-*ḥuqôt* et *mišpaṭîm*, qui reviennent régulièrement dans le récitatif rythmé d'*Ezech.*, 20. Que Dieu ait « fait connaître » ses décisions (*Ezech.*, 20, 11) se rapporte à l'introduction du chapitre, où les anciens viennent consulter-*d r š* Dieu ; Ézéchiel rappelle l'histoire passée : Dieu s'est fait connaître en Égypte (20, 5, 9), il leur a donné ses décrets et fait connaître ses décisions (20, 11), c'est le souvenir du Sinaï. D'autre part, aucun des termes-clefs de *Dam* 3, 14-15, ne se lit dans *Ezech.*, 20 : tenants ferme, le restant, dresser l'alliance, révéler, cacher, égarer, et puis, dans la liste : fêtes, témoignages, voies de Dieu (les voies, en *Ezech.*, 20, 43, sont les voies mauvaise de l'homme), désir et volonté. De sorte que la citation de *Dam* 3, 14-15 : l'homme accomplira et vivra par elles, n'est que matériellement extraite d'*Ezech.*, 20, peut-être en antithèse à *Dam* 3, 17 : ceux qui méprisent les eaux du puits ne vivront pas, et 3, 20 : les tenants ferme sont (destinés) à la vie éternelle.

L'énumération de *Dam* 3, 14-15 pose donc un problème. Elle est originale dans sa constitution ; il n'est pas suffisant, en effet, de ne considérer que les deux premiers termes, sabbats et fêtes (2), dont la réunion est peut-être due à *Ezech.* 44, 24, et *Lev.* 23, mais qui ne s'alignent, ni là, ni ailleurs, avec les trois autres, témoignages, voies fidèles, désirs de volonté. L'origine de cette liste n'est pas élucidée non plus. D'autre part, jamais aucun de ses éléments n'est normalement objet de révélation (*g l h*, *nstrh*), ni dans le T. Mass., ni à Qumrân.

Le calendrier a pu se présenter comme objet de révélation à certaines époques de l'histoire juive (3), mais il n'est pas évident que ce soit le cas

---

(1) Vous observerez mes décrets et mes décisions, par lesquelles l'homme qui les pratique vivra. Et encore moins *Deut.*, 32, 44-49, avec le seul terme commun de vie, et encore, le substantif, non le verbe comme dans *Dam* (référence de O. BETZ, *Offenbarung*, p. 42).

(2) Ainsi fait G. JEREMIAS, *Der Lehrer*, p. 54, mais cfr *ib.*, p. 165.

(3) Cfr G. JEREMIAS, *ib.*, p. 54, note 4.

à Qumrân (1). En *Dam* 6, 18, sabbat, fêtes et jour de jeûne sont à observer selon la trouvaille des entrés dans l'alliance nouvelle au pays de Damas. Il y a une nuance (cfr *supra*, p. 29 et *infra*, p. 203-205), car si la trouvaille a pu dans la suite prendre la place ou la succession des révélations, son objet ne peut pas être qualifié d'objet de révélation proprement dite dans un autre contexte, et surtout dans un contexte eschatologique comme le nôtre. Dans *S* 1, 13-15, les « voués » observeront soigneusement le calendrier des fêtes (2). Certes l'on vient de parler des révélations anciennes (1, 9), mais il n'est pas dit qu'elles portaient sur le calendrier. *S* 10, 1-17, célèbre les heures et les temps liturgiques, sans évoquer le moins du monde leur révélation.

h) L'énumération des choses cachées, si Dieu vraiment les révèle, constitue une énigme, tant par la réunion de ses éléments, que par son origine littéraire, outre le fait que cet ensemble doit être objet de révélation, ce qui serait exceptionnel. Après la difficile apposition de la liste aux « choses cachées » révélées par Dieu, une deuxième hypothèse consiste à proposer, pour résoudre la question, de faire dépendre l'énumération du verbe qui suit : (Dieu) a ouvert (ces éléments) devant eux, et ils ont creusé le puits d'eaux abondantes (3, 15-16) (3). Le verbe ouvrir-*p t ḥ* admet-il cette construction et le sens de révéler ?

Le T. Mass. n'emploie pas le verbe *p t ḥ*-ouvrir pour dire creuser un puits (4), ni donner la connaissance (5). L'hébreu rabbinique au contraire utilisera le verbe pour dire : expliquer, introduire un sujet, suggérer (6). Dans la littérature de Qumrân, il est dit une fois qu'une parole a été

---

(1) Malgré O. Betz, *Offenbarung*, pp. 15, 38.

(2) Pourtant P. Wernberg-Möller, *in S* 1, 15, note 36, p. 49 : pour lui, il n'est pas question ici de calendrier, mais de moralité, déterminée entre autres par les circonstances de temps.

(3) C'est l'interprétation de Ch. Rabin selon sa ponctuation et sa traduction : « ces choses, il les a ouvertes devant eux ».

(4) Le terme propre est *ḥ q q* ou *ḥ p r* ; cfr *Ex.*, 21, 33 : « ouvrir une citerne » signifie plutôt en enlever le couvercle ; *Zach.*, 13, 1 : il y aura source ouverte à la maison de David et à Jérusalem, ce n'est pas creuser pour « ouvrir » la source ; *Ps.* 105, 41 : ouvrir le rocher pour que l'eau jaillisse, rappel de l'action de Moïse (*Nu.*, 20, 8-11), mais c'est approximatif pour notre cas.

(5) *Is.*, 50, 5 : ouvrir l'oreille, pour apprendre ; *Ps.* 49, 5 : j'ouvre (= j'explique) mon énigme, considérée comme close et scellée. Pourtant le substantif : *Ps.* 119, 130 : l'ouverture de tes paroles illumine, elle fait comprendre les humbles ; la vocalisation, cependant, et le sens sont contestés.

(6) Cfr M. Jastrow, *s. v.*

ouverte à l'oreille incirconcise (*H* 18, 20) (1). « Ouvrir une fontaine » existe, sans métaphore mais en allégorie (*H* 8, 21) et le plus souvent en relation avec la métaphore de la source (2). La métaphore de la fontaine de connaissance, relevée dans *Prov.*, 18, 4 (la source de sagesse est un torrent qui déborde), est d'ailleurs fréquente à Qumrân (*S* 10, 12 ; 11, 3 ; *H* 2, 18 ; 12, 29) (3). D'après l'usage de Qumrân, l'on pourrait donc interpréter le passage comme si Dieu « ouvrait » d'avance le puits à creuser, les deux verbes se correspondant par le parallélisme. Rappelons que l'idée d'ouvrir l'intelligence se rencontre plusieurs fois à Qumrân (cfr *S* 11, 15 : Dieu ouvre à la connaissance le cœur de son serviteur ; *H* 12, 13 : Tu as ouvert en moi la connaissance dans (de ?) ton secret d'intelligence).

L'« ouverture » ici est-elle celle des sabbats et des autres éléments de l'énumération précédente, comme s'ils étaient révélés ? (4). Ce sens du verbe *p t ḥ* serait unique à Qumrân comme dans le T.Mass., car il n'est pas question dans le passage, du cœur, ou de l'intelligence, ou des oreilles, ni de la fontaine de connaissance à ouvrir, ni même de paroles à expliquer (cfr *Ps.* 119, 130), ou d'une énigme à résoudre (*Ps.* 49, 5). D'après cela, il vaut mieux joindre le verbe ouvrir à ce qui suit : Dieu ouvre d'avance (par la révélation), c'est-à-dire qu'il dégage le puits que l'on va creuser et qui va fournir les eaux abondantes, donneuses de vie (5).

Le midrash du même passage des *Nu.*, en *Dam* 6, 3, s'exprime à peu près de même : Il leur fit une audition (= révélation) et ils creusèrent.

---

(1) Le cas est particulier. N'y a-t-il pas un transfert de l'oreille à ouvrir, métaphore habituelle, à la parole prononcée devant l'oreille fermée ?

(2) *S* 11, 3 : de la fontaine de connaissance, il a ouvert (= donné) sa lumière et ses hauts faits, il a fait contempler mes yeux ; *H* 2, 18 : Tu as mis en mon cœur la pénétration pour ouvrir la fontaine de connaissance à tous les pénétrants ; cfr encore *H* 10, 31 ; 11, 19 ; 18, 10.12.

(3) Cfr G. JEREMIAS, *Der Lehrer*, p. 195, note 1 ; cfr fontaine de justice, fontaine de sagesse : *Hen.*, 48, 1 ; cité G. JEREMIAS, *ib.*, pp. 256-257, à propos de *Hod* 8, 4-40.

(4) Cfr K. G. KUHN, *Konkordanz Qumran, s. v.* ; Ch. RABIN, *in h. l.* ; Ed. COTHENET, *in h. l.*, avec référence à *Lc.*, 24, 32, où en réalité les Écritures « ouvertes » par le Christ ressuscité sont considérées comme un livre d'abord fermé.

(5) Le *Ps.* 105, 41, dit que Dieu, par Moïse, ouvrit le rocher d'où jaillirent les eaux (cfr *supra*, p. 36, note 4) ; *Is.*, 41, 18 : J'ouvrirai des fleuves sur les monts dénudés, et dans les plaines, des sources.

L'audition, sans régime explicatif, correspond bien à l'ouverture du puits, qui peut donc signifier la révélation des choses cachées ou son corollaire, le don de l'eau abondante (3, 13-16), avec néanmoins un autre sens qu'en 6, 3, où l'on insiste sur le labeur, sur son objet, à savoir la loi, et sur les principes de recherche, plutôt que sur le don de l'eau vive qui n'est même pas citée, alors qu'elle est seule visée en 3, 16-17. Ici, le forage n'apparaît qu'en raison de la citation de *Nu.*, 21, 18, et il semble déjà accompli par Dieu lui-même qui a « ouvert » (le puits) d'avance (cfr *infra*, p. 118-121) (1).

En conclusion, il est préférable de ne pas faire dépendre du verbe ouvrir-*p t ḥ*, l'énumération en question. L'hébreu de Qumrân parle d'ouvrir une parole, d'ouvrir la connaissance ou la fontaine de connaissance, mais jamais d'ouvrir des réalités au sens de les faire connaître. La révélation des choses cachées (3, 13-14) est reprise sous la forme d'une métaphore, à savoir le don de l'eau abondante, mais la métaphore ne se rapporte pas à l'énumération. L'hypothèse n'est donc pas à retenir, et la question posée par la liste qui veut expliquer les choses cachées, reste entière. Ajoutons, pour terminer, que la syntaxe du passage est dure : après l'infinitif *lglwt*, il en faudrait un second, ou au moins un imparfait consécutif (2), et non un parfait simple.

Il reste une hypothèse à proposer, celle de l'insertion postérieure, dans le texte, de la liste de 3, 14-15. Sa présence suscite par trop de problèmes, et son insertion peut s'expliquer par le besoin de rendre concrète la révélation eschatologique, laissée au sens absolu sans complément. C'était le cas de la notification de 2, 12, et de la manifestation de 1, 11 : « ce que (Dieu) fera connaître à la génération ultime ». Ici, quelqu'un l'aura glosée, et l'insertion elle-même a pu bouleverser le texte, l'aura peut-être

---

(1) Cfr O. Betz, *Offenbarung*, pp. 114-116, mais avec des conclusions souvent forcées. Une équivalence ne peut être considérée comme établie une fois pour toutes, par ex. : puits = révélation = loi. Étant donné la multiplicité des documents, elle est à prouver chaque fois.

(2) On pourrait imaginer à la rigueur que *p t ḥ* est un substantif, car *Os.*, 2, 17, cité par *M* 11, 9, parle de la Vallée d'Achor, porte-*pétaḥ* d'espérance, lors de l'entrée en Terre promise, ou bien un infinitif destiné à préciser la pensée. Mais est-ce un apposé à la liste des choses cachées ? La formulation serait vraiment fort elliptique et devrait se défendre par des parallèles moins obscurs. Ou bien, c'est un apposé au verbe *lglwt*, mais dans ce cas, la préposition serait normalement répétée.

même rendu lacuneux (1), et de toute manière, le laisse difficile à comprendre dans le détail (2).

En réunissant les conclusions de ce qui précède, nous pouvons dire que l'établissement de l'alliance définitive se fait par une révélation, la révélation intégrale, révélant même ce que, au Sinaï, Dieu avait celé. A la suite de cette révélation, un puits est creusé, un puits d'eaux abondantes. Le puits est identique à celui du désert (cfr *Nu.*, 21, 18, d'où vient le verbe creuser-*ḥ p r*), mais le rapprochement n'est pas développé comme il le sera dans la deuxième section (6, 3-9), où le puits est la loi. Si c'est la loi ici (3), cela n'est pas dit, et la loi n'est pas nommée dans toute la section. La révélation des choses cachées est peut-être précisée, s'il n'y a pas eu insertion ou glose, dans l'énumération des lignes 14 et 15, même alors il n'est pas dit que les éléments énumérés sont des équivalences de la loi, et que la révélation a la loi comme objet (4). La révélation des choses cachées, que Dieu avait gardées secrètes au Sinaï, se passe en ce moment de l'histoire en faveur de ceux qui ont tenu ferme, comme la prophétie de Daniel le disait (*Dan.*, 11, 32). Il n'est pas dit, si l'on admet

---

(1) Le ms. le fait précéder et suivre d'un blanc. Est-ce une indication dans le sens d'un dérangement du texte ?

(2) Cfr S. SCHECHTER, note de pp. 15-16 ; il propose de corriger : il ouvrit leurs yeux. G. JEREMIAS, *Der Lehrer*, pp. 54, 165, n'envisage pas la syntaxe, pourtant difficile, mais il souligne seulement le calendrier selon les parallèles à Qumrân. L'insistance sur le calendrier à Qumrân est vraisemblable, mais a-t-elle partout la même force, et dès l'origine ? C'est une question à poser ; cfr *supra*, p. 35, et note 2.

(3) Selon O. BETZ, *Offenbarung*, p. 29 ; la référence de Ch. RABIN à *Dam* 15, 13, le laisse croire, car on y lit : celui qui a fait le serment de conversion et tout ce qui a été révélé de la loi en contestation [...]. Mais ceci n'éclaire pas nécessairement cela.

(4) Les équivalences établies ailleurs à Qumrân et dans le rabbinisme entre telle métaphore et la loi, ne prouvent pas que c'est le sens ici, cfr G. JEREMIAS, *Der Lehrer*, pp. 90-95. La loi n'apparaît qu'une fois dans le Livre de Daniel, 9, 10-13, lors de la confession par Daniel des fautes du passé : toutes les révélations du Livre portent-elles en conséquence sur la loi ? Cfr O. BETZ, *Offenbarung*, p. 6 : la loi n'est nulle part à Qumrân explicitement objet de « révélation »-*g l h* ; l'est-elle équivalemment dans la section *Dam* 1, 1-4, 6 ? cfr *ib.*, p. 13 : avec raison, l'auteur souligne que dans *Dam* la loi n'est pas le seul objet de révélation. Il reste à distinguer les endroits divers des diverses révélations. Celui-ci en est-il un pour la loi ? Le texte ne le dit pas.

40

l'hypothèse d'une glose, en quoi elle consiste. Cependant, le même passage, un peu plus loin, va parler du secret merveilleux qui s'est réalisé. Cela peut nous apporter des précisions que le texte nous a refusées jusqu'ici.

4. LE SECRET MERVEILLEUX (3, 18)

Après l'histoire des apostasies, l'auteur en est arrivé à parler des tenants ferme, laissés en survivance. Dieu a établi pour eux l'alliance d'éternité en leur révélant les choses cachées et en leur donnant de creuser le puits d'eaux abondantes par quoi l'on peut trouver la vie (*Dam* 3, 12-16). En outre (1), dans son secret-*rz* merveilleux (2), il leur a opéré l'expiation de leurs manquements et pardonné leurs transgressions (3) ; et il leur a

---

(1) Le sens adversatif de la conjonction *we* (ainsi S. SCHECHTER, Ch. RABIN) ne s'impose pas.

(2) Le pluriel indique moins, ici, la pluralité que la composition ou l'ensemble des manifestations concrètes d'une action, cfr P. JOÜON, *Grammaire*, § 136, *b* et *i* (p. 415 et 418).

(3) Dans la Bible, les deux verbes *k p r* et *n ś '* ont valeur rituelle ou morale, et sont à peu près équivalents. Les LXX traduisent souvent l'un et l'autre par ἀφιέναι, cfr R. BULTMANN, art. ἀφίημι, *Theol. Wört.*, 1 (1933), p. 507. Le sens est rituel, par ex. *Lev.*, 10, 17, seul passage où les deux verbes sont réunis : le sacrifice pour le péché a pour but d'*enlever* la faute de l'assemblée pour faire sur elle l'*expiation* ; le sens rituel, d'après le contexte, n'est pas celui de *Dam* ; pour le sens moral de *n ś '*, voir *Gen.*, 50, 17 ; *Ex.*, 23, 21 ; *Ps.* 32, 5 ; pour *k p r*, sens rituel avec Dieu pour sujet : *Deut.*, 21, 8 ; sens moral : *Ps.* 65, 4 ; 78, 38 ; *Jer.*, 18, 23 ; etc. ; *Dan.*, 9, 24, et dans ce cas, le contexte est eschatologique (cfr J. HERRMANN, art. ἱλάσκομαι, *Theol. Wört.*, 3 (1938), p. 304, mais l'auteur (cfr *ib.*, note 19) refuse d'envisager le cas de *Dan.*, 9, 24, parce que le sujet du verbe ne lui paraît pas assuré ; l'article du *Wört.* ne parle pas non plus de la valeur eschatologique que le terme peut revêtir en vertu du contexte). L'on notera que la préposition *be'ad* régissant la faute, comme ici dans *Dam* 3, 18, ne se lit que dans *Ex.*, 32, 30, lorsque Moïse va tenter d'expier la faute du veau d'or : Peut-être Dieu vous pardonnera-t-il à propos du péché (référence Ch. RABIN, *in Dam* 3, 18, note 3), et le verbe *n ś '*-enlever le péché se lit au verset 32, avec Dieu pour sujet. Y a-t-il ici, après la révélation des choses cachées, un rappel du pardon accordé après le péché du veau d'or ? Le contact littéraire est assez mince, mais il est possible, bien que d'autres parallèles seraient bienvenus pour l'appuyer. Le pardon, dans *Dam*, est accordé selon le secret divin et prend ainsi une valeur particulière, et non seulement rituelle, ce que le contexte ne suggère en aucune façon. — A Qumrân, le contexte de l'expiation-*k p r* n'est eschatologique qu'à *Dam* 2, 5 ; peut-être 4, 19, et 20, 34 ; ce n'est pas le cas ailleurs : *S* 2, 8; 3, 6.8; 5, 6; 8, 6.10; 9, 4; (11, 14) ;

bâti une maison assurée en Israël, telle qu'il ne s'en est pas levé auparavant et jusqu'ici ; les tenants ferme auront la vie éternelle (*Dam* 3, 18-20) (1). L'établissement de l'alliance consiste simultanément dans la révélation de vie et dans le secret du pardon, ainsi est bâtie la maison d'Israël (2). Les deux paires de termes se répondent en zeugma : alliance-maison, révélation-secret, et le secret merveilleux, symétrique à la révélation, a une place importante dans les événements des derniers jours.

L'apparition du terme secret-*rz* est unique à *Dam*, et il se trouve dans un contexte eschatologique : maison définitive, vie éternelle. Ce terme est fréquent à Qumrân et aussi dans la littérature apocalyptique (3). A Qumrân, il signifie les mystères de la nature (*H* 1, 11.13.29 ; *1Q* 27 13, 3), de l'histoire humaine (*H* 1, 21), celui du péché et du mal (*S* 3,23 ; *M* 14, 9 ; *H* 5, 36 ; fg 50, 5 ; *1Q* 27 1, 1, 2). Plus souvent, il indique les secrets personnels de Dieu qu'il est seul à connaître (*S* 11, 19 ; *M* 14, 14 ; 16, 11 ; 17, 9 ; *H* 8, 11 ; 9, 23 ; 13, 13 ; fg 17, 3 ; *1Q* 27 1, 1, 3.4) et en particulier ceux qui regardent la fin des temps (*pHab* 7, 5.8.14, seuls emplois dans le *pHab* ; *S* 4, 18, dans la doctrine des deux esprits, seul emploi eschatologique dans le *S*), Dieu les révèle et c'est de sa part un acte important pour les hommes (*S* 4, 6 : il faut les tenir cachés ; 9, 18 : ils sont objet d'enseignement ; 11, 3.5; *M* 16, 16 ; *H* 2, 13; 4, 27 ; 5, 25 ; 8, 6.11 ; 11, 10 ; 12, 13.20 ; 13, 2 ?.3. 13 ? ; fg 6, 5 ; *1Q* 26 1.1) (4). La valeur eschatologique du terme est donc limitée au *pHab*, dans le *S* à la doctrine des deux esprits, et à *Dam*.

Sa 1, 3 : elle s'accomplit dans la communauté : *H* 4, 37 ; 17, 22 : Dieu l'accorde ; *1Q* 22 3, 11 ; 4, 3 : elle est rituelle.

(1) La destinée ultime des tenants ferme est la vie éternelle, *ḥyy nṣḥ* (comme dans *S* 4, 7, que les commentateurs en général ne commentent pas). *Dan.*, 12, 2, dit *ḥayyêy 'ôlâm*. N'y a-t-il aucun contact (cfr Ed. COTHENET, *in Dam* 4, 20) ? Il est vrai que la résurrection n'est pas exprimée ici comme elle l'est dans *Dan.*, 12, 2 (cfr P. GRELOT, *Rev. Qumrân*, 1, 1, n° 1 (1958), p. 121 et note 17). Autre élément de la destinée, la gloire de l'univers (l'humanité), ou peut-être d'Adam (*'dm*) : est-ce un rétablissement dans l'état d'Adam au paradis terrestre ? cfr M. BLACK, *The Scrolls and christian Origins*, 1961, p. 139, et P. GUILBERT, *in S* 4, 23, note 83, p. 38, bien que le texte hébreu du *Sir.*, 49, 16, à quoi il est fait référence, ne contienne pas l'expression et n'ait pas le même sens. C'est en tout cas une hypothèse à défendre.

(2) L'image est empruntée à *1 Sam.*, 2, 35, pour la famille sacerdotale remplaçant celle d'Héli, mais appliquée à la communauté de Qumrân ; le texte est cité encore sans doute *S* 8, 9.

(3) Cfr G. BORNKAMM, art. μυστήριον, *Theol. Wört.*, 4 (1942), pp. 821-823.

(4) « Ceux qui connaissent les secrets » de *4Q Sl 39* 1, 1, 19, est une reconstitution de l'éditeur (cfr éd. p. 325).

Dans l'apocalyptique (1), le secret-μυστήριον, qui traduit vraisemblablement *raz*, a tous les sens de Qumrân : secrets de la nature, de l'histoire
des hommes, avec la loi, le mal et la justice, le passé et l'avenir, particulièrement le jugement et les événements des derniers jours (cfr par
ex. *Hen.*, 38, 3 ; 41, 1 ; 83, 7 ; 103, 2-9 ; 107, 1) (2). Toutes ces réalités
existent déjà cachées dans les cieux, et le voyant est admis à venir les
contempler avant le moment où elles descendront sur la terre.

Dans le T. Mass., le terme *raz*, d'origine perse, est limité à *Daniel*
(cfr *Dan.*, 2, 18.19.27.28.29.30.47 *bis* ; 4, 6 c.-à-d. pour le songe de la
la statue et, une fois, celui de l'arbre), avec le sens de clef (secret) des
songes. Ces derniers sont une première notification divine à Nabuchodonosor, en vision, sur ce qui doit arriver aux derniers jours (*Dan.*, 2, 28)
mais le Dieu du ciel est « celui qui révèle les secrets » (2, 29.47) contenus
dans le songe, il les a révélés à Daniel en vision nocturne (2, 19), car c'est
lui qui révèle les choses profondes et cachées (*Dan.*, 2, 22). Le genre
littéraire est celui de la vision apocalyptique, mais l'objet de celle-ci
sont bien les derniers jours.

Le contenu du secret admirable (3) est ici l'expiation des manquements
et le pardon des transgressions (*Dam* 3, 18). Le pardon se trouve ainsi
dans un contexte de secret, et ceci se retrouve également dans *Hod*
11, 10 : le psalmiste a connaissance de la vérité de Dieu, de sa justice,
sa science, sa puissance, sa gloire, les peines de sa justice, l'abondance
de ses pardons (*slḥh*) et miséricorde, « car tu leur as donné connaissance
dans la confidence (*swd*) de la vérité et de tes secrets merveilleux, tu leur
as donné l'intelligence. » Expressément, le pardon fait partie des grandeurs
divines qui sont, toutes ensemble, secrets personnels et confidences de
Dieu, objet de la connaissance et de l'intelligence qu'il en a données. Le
pardon n'est donc pas le contenu propre du secret. Une phrase toute
pareille (4) se lit, ligne 4 : Qui suis-je que tu m'aies fait [pénétrer] la
confidence de ta vérité et comprendre tes œuvres admirables ? — ; et
encore une fois, ligne 16 : [...] tu m'as fait connaître les confidences de
ta vérité [...] ; ligne 17 : [...] tu m'as révélé et j'ai discerné [...]. L'on
peut donc supposer, dans ce passage des *Hod*, une unité de l'ensemble,
où aucune allusion n'est clairement faite à l'eschatologie, alors que c'est
le cas, nettement, dans *Dam* 3, 18, où le secret du pardon constitue,
avec la révélation, l'alliance de vie éternelle.

---

(1) Cfr G. BORNKAMM, *l. c.*
(2) Cfr G. BORNKAMM, *l. c.*
(3) Voir la même qualification « admirable » : *pH* 7, 8 ; *S* 9, 18 ; 11, 5 ; *H* 1,
21 ; 2, 13 ; 4, 28 ; 7, 27 ; 11, 10 ; 13, 2 ; fg 6, 5 ; *M* 14, 14 ; *1Q* 27 1, 1, 7 ; elle
est donc devenue traditionnelle à Qumrân.
(4) Cfr J. CARMIGNAC, *in h. l.*

Le thème du pardon aux derniers temps se trouve lié, dans la deuxième monition (*Dam* 2, 4-5), à la révélation ultime et à la communauté eschatologique. Cette monition est une révélation des voies des impies (2, 2-3). Le Dieu qui aime la science (de la révélation, cfr 2, 2 et 3) établit son tribunal où, avec la sagesse, la circonspection, la prudence et la science, siègent la longaminité et l'abondance de pardons (1), pour réconcilier (*lkpr*) les convertis de transgression (2, 3-5). Alors que les rebelles seront châtiés (2, 5-9), Dieu va susciter des convoqués de nom... ; et il va leur faire notification par le consacré d'esprit saint et voyant fidèle (2, 11-12). Le pardon de réconciliation et la révélation font partie des événements eschatologiques, selon la deuxième monition. La troisième explicite la révélation faite aux tenants ferme (3, 12-20), en ceci que son contenu sont les choses cachées, et elle donne une précision sur le pardon, à savoir qu'il est le secret de Dieu, et comme tel il est l'objet de la révélation. Les deux passages sont parallèles.

Le Livre de Daniel, qui a introduit le terme de secret-*raz* dans la Bible, l'a réservé au domaine de l'onirocritique. Mais il a parlé du pardon-*k p r* (2) du manquement, accordé par Dieu à la fin des 70 semaines, avec le terme mis à l'iniquité et l'achèvement du péché, quand viendra la justice éternelle, quand s'accomplira (que sera scellée) la vision et la prophétie, que sera oint le saint des saints (*Dan.*, 9, 24). Que le voyant le sache et comprenne (v. 22), l'ange est d'ailleurs venu lui faire comprendre de pénétration (cfr *Dan.*, 2, 14), l'ordre est sorti que soit bâtie à nouveau Jérusalem (9, 25). Les contacts répétés (pardon, péché, iniquité, vision, oint, savoir, bâtir, pénétrer) entre les monitions 2 et 3 de *Dam* et le passage de *Dan.*, 9, 24-25, ne permettent pas de conclure à l'inspiration directe des premières par le second, mais ils soulignent la communauté d'idées autant que de vocabulaire (3).

---

(1) Le substantif *slḥh* est rare dans le T. Mass. : au singulier : *Ps.* 130, 4 ; au pluriel, comme ici : *Neh.*, 9, 17, à propos de l'Exode, et *Dan.*, 9, 9, dans la prière de Daniel. A Qumrân, il est fréquent dans *Hod* (10 fois) ; *S* 2, 15 ; *Dam* ici.

(2) Seul usage du terme dans *Dan.*, de même que de pardon-*seliḥah* ; *Dan.*, 9, 9, et le verbe : *Dan.*, 9, 19, seul emploi dans *Dan.*

(3) Il y a pourtant des différences notables ; ainsi, pour *Daniel*, l'alliance

Le milieu de *Dam* et de *Daniel* est identique et les textes s'éclairent l'un l'autre (1). Le secret de Dieu, dans le Livre de Daniel, concerne l'histoire de la fin des temps (*Dan.*, 2, 29). Il y a révélation par Dieu d'abord à Nabuchodonosor de façon incomplète en songe, puis révélation complète à Daniel, en vision nocturne, de l'explication sollicitée par le bénéficiaire du songe et par le voyant lui-même. Selon un processus semblable, le *pHab* attribue au Maître de justice la connaissance des secrets (au pluriel) déjà contenus dans les paroles des prophètes à qui Dieu a révélé les événements de la dernière génération, mais non leur moment (*pHab* 7, 5). Parmi ces secrets de Dieu, dignes d'admiration (cfr *Dam* 3, 18), se trouvent la prolongation de l'attente des temps ultimes (*pHab* 7, 8), et aussi l'ordre fixé par Dieu pour la venue de chaque moment en son temps (*pHab* 7, 13). Le plan divin concernant le moment précis des derniers jours est donc le contenu de ces secrets cachés dans les prophéties et révélés au Maître de justice. Le sens est tout proche de *Daniel*, avec une réduction au « moment », non plus toute l'histoire ultime (*Dan.*, 2, 29.45), mais cela est peut-être dû au cadre littéraire du *pHab*. De même, que les secrets se trouvent dans les paroles prophétiques au lieu d'être contenus dans un songe, relève peut-être aussi seulement du genre du pésher, qui traite ici d'un livre prophétique.

Le secret merveilleux de *Dam* est celui d'un acte divin concret et réalisé dans le cas de certains hommes, les tenants ferme, rescapés de l'apostasie. Il n'est sans doute pas à séparer de l'établissement de l'alliance en faveur des tenants ferme par la révélation des choses cachées, qui donne de trouver l'eau vivifiante, tout comme le pardon et la maison bâtie destinent à la vie éternelle les tenants ferme (2). Ce pardon correspond à la fin de l'iniquité, de *Daniel*, avec l'avènement de la justice, l'accomplissement des prophéties et visions (*Dan.*, 9, 24), et la construction

---

sainte est intacte (cfr *Dan.*, 9, 4 ; 11, 22.28.30.32), alors que pour *Dam*, Dieu en établit une nouvelle, définitive (*Dam* 3, 13), après l'abrogation des autres par les apostasies, ou du moins, il fait revivre l'alliance primitive qui avait été abandonnée.

(1) Cfr M. BLACK, *The Scrolls and christian Origins*, p. 130, sur *Qumran Apocalyptic*.

(2) Cfr M. BLACK, *ib.*, p. 139, note 4.

de Jérusalem (*ib.*, 9, 25). Un transfert s'est opéré pour rendre, dans *Dam*, le sens plus concret que dans le *pHab* et le Livre de Daniel, mais il n'est pas hétérogène, et s'il paraît réduit, en fait, à un groupe d'hommes assez limité, c'est peut-être l'indice d'un rétrécissement de l'horizon doctrinal entre *Daniel* et la littérature de Qumrân (1).

L'auteur conclut que la fermeté des tenants ferme est, avec la révélation ultime et le secret du pardon, la réalisation de la prophétie d'*Ezech.*, 44, 15 : lors de l'apostasie d'Israël, les restés fidèles accomplirent le service du culte, prêtres, lévites, élus convoqués de nom, levés (' *m d*) (2) aux derniers jours (3), dont on va donner la « précision » des noms, générations, etc. La prophétie d'*Ézéchiel*, citée 3, 21-4, 1, commande tout le passage (4). A l'exception des trois patriarches, l'apostasie a été la règle de l'histoire, et a été sanctionnée par la déclaration de culpabilité pour abandon d'alliance et la condamnation au glaive

---

(1) Cela est le cas même dans le *pHab*, où les fidèles du Maître de justice sont seuls à l'avoir suivi en adhérant à sa parole, cfr *pHab* 8, 1-3.

(2) Cfr *infra*, p. 75 ; certains comprennent « *'ômedim* » : « faisant leur service » (cfr G. JEREMIAS, *Der Lehrer*, p. 282 ; *id.* Ed. COTHENET, *in Dam* 4, 4). Cependant ' *m d* a souvent valeur eschatologique (cfr *infra*, p. 75, note 2), et les convoqués de nom qui se lèvent ici (' *m d*, 4, 4) sont suscités par Dieu (*q w m*, 2, 11) comme le Maître de Justice (*q w m*, 1, 11). Les réalités actuelles peuvent être vues sous une lumière eschatologique, et le temps grammatical des verbes n'a pas de valeur fixe. G. JEREMIAS, p. 282, hésite donc à tort. Est-il vraiment possible d'apercevoir dans ce verbe une allusion à la résurrection ? Cfr I. RABINOWITZ, *A Reconsideration of « Damascus »...*, dans *J. Bibl. Lit.*, 73, 1954, p. 17, note 23 : *Dan.*, 12, 2, cité ici, donne le verbe *qyṣ*, pour dire ressusciter.

(3) J. CARMIGNAC, dans *Rev. Q.*, 3, 4, n° 12 (1962), pp. 527-529, remarque avec raison que l'expression ne signifie pas la période ultime, mais celle qui la précède. Mais ne peut-on pas dire que le processus de la période ultime est commencé, qu'ainsi elle est déjà en quelque manière présente et que le présent est donc eschatologique ? D'autre part, il omet de parler des passages caractéristiques de *Dan.*, 2, 28.29.45, où l'expression indique sûrement la fin du monde en même temps que sa préparation. Or *Daniel* a une pensée et un vocabulaire apparentés aux monitions de *Dam*.

(4) Le verbe *t ' h*, errer, sur les 9 emplois de *Dam*, se lit 5 fois dans la troisième monition, plus une 6ᵉ dans la deuxième (2, 13), qui sert à introduire la troisième (cfr *supra*, p. 15). Ailleurs, à *Dam*, le verbe apparaît deux fois par le truchement de citations, *Dam* 1, 15 = *Ps.* 107, 40 : Dieu égare au désert ; *Dam* 5, 20 = *Jer.*, 23, 13 : les faux prophètes égarent Israël ; plus un emploi juridique, *Dam* 12, 3. *Ézéchiel* le reprend, comme ici au sens d'apostasie, 3 fois : 44, 10 *bis*. 15, et 2 fois dans le parallèle 48, 11, une autre fois 14, 11.

(3, 10-12). Seuls, les tenants ferme (de *Dan.*, 11, 32), qui sont le restant (d'*Ezech.*, 14, 22, pour le terme, d'*Is.*, 10, 20-21, etc. pour l'idée), auront le privilège de l'alliance définitive, établie par la révélation des choses cachées (selon *Deut.*, 29, 28), équivalant (?) à creuser le puits au désert (ou permettant de le faire), et par le secret merveilleux du pardon divin. Révélation et pardon, de cette manière Dieu établit l'alliance et bâtit la maison affermie d'Israël. Les tenants ferme y jouiront de la vie d'éternité et de la gloire de l'univers et, selon *Ézéchiel*, le culte leur sera confié. L'histoire s'achève comme dans une liturgie des convoqués aux derniers jours, ou du moins dans l'accomplissement eschatologique de la liturgie annoncée par le prophète. La révélation annoncée par la troisième monition (2, 14) voulait faire voir et pénétrer les œuvres de Dieu. Elles viennent d'être décrites : l'alliance a été dressée, la maison d'Israël a été bâtie, les choses cachées, révélées, le merveilleux pardon divin, accordé, et le culte de la vie éternelle se célèbre (1). L'énumération des membres de l'alliance rappelle en conclusion le cadre eschatologique où elle s'établit, ce sont les hommes, convoqués de nom, levés aux derniers jours.

5. LA RÉVÉLATION DANS LES MONITIONS

La révélation de la deuxième monition (2, 2-13, cfr *supra*, p. 22) n'est pas étrangère à celle de la troisième (2, 14-4, 6). La deuxième consistait à révéler l'élection et la manifestation divines au milieu et en face des impies, bientôt atteints par le châtiment de damnation ; au tribunal divin siègent, parmi les assesseurs (cfr *infra*, p. 61 sq.), longanimité et abondance de pardons pour pardonner aux convertis d'iniquité (2, 4-5) ; Dieu établit (met debout-*q w m*, 2, 11), les convoqués de nom, afin de laisser (*y t r*, 2, 11) un reste et repeupler le pays ; il leur fait notification par son oint d'esprit saint et voyant fidèle (cfr *infra*, pp. 71-72,

---

(1) Si l'on veut donner au paragraphe une construction rigide, et à la vision et à la pénétration du début, leur sens fort, on dira que l'objet de la vision apocalyptique est l'alliance, la maison et le culte en Israël, l'objet de la pénétration, le secret du pardon, car le propre d'un secret est d'être pénétré.

sur 2, 12-13) ; il établit avec exactitude (*bprwš*) leurs noms, et à l'opposé, il fait s'égarer (*t' h*, 2, 13) ceux qu'il hait (*š n '*). La troisième monition fait voir et pénétrer les œuvres de Dieu, pour choisir ce, ou ceux qui lui plaisent, et rejeter ce (ceux ?) qu'il hait (*š n '*), au milieu de ceux qui se sont égarés au cours des âges (*t' h* : 2, 17 ; 3, 1.14 ; 4, 1) (1) ; il établit (met debout-*q w m*, 3, 13) son alliance pour Israël, celle des convoqués de nom (4, 4), les tenants ferme qui ont été laissés (*y t r*, 3, 13) d'entre les révoltés ; il leur révèle les choses cachées (3, 13-14) et dans son merveilleux secret, pardonne leurs fautes (3, 18). Et au moment où le document s'interrompt, l'on va énoncer l'exactitude (*prwš*) (2) de leurs noms, générations, temps de vie, nombre de persécutions, années de séjour et précision de travaux (4, 4-6).

Sans se répéter, la deuxième et la troisième monition sont parallèles. A l'aide du même vocabulaire, elles traitent de sujets semblables, mais avec des insistances différentes. La deuxième insiste plutôt sur le jugement des impies dont sont préservés les convoqués de nom, convertis et pardonnés, favorisés de la connaissance communiquée par Dieu. La troisième donne des précisions sur les apostasies successives au cours de l'« histoire sainte » et sur les privilèges des convoqués, les tenants ferme : la révélation et le pardon, merveilleux secret de Dieu. C'est d'ailleurs le seul cas, dans la présente section de *Dam*, où l'on parle d'une « révélation » faite par Dieu (cfr *supra*, p. 26 et note 1). Le contexte pour la révélation de la deuxième monition, est plus explicitement eschatologique que celui de la troisième. Je révèle, dit l'auteur, car il est important aux yeux de Dieu de recevoir cette connaissance (« Dieu aime la connaissance », 2, 3, cfr *infra*, pp. 59-60) ; il siège à son tribunal (2, 3, cfr *infra*, pp. 61-62), il va pardonner et punir par le feu et les anges de deuil (2, 5-6). Osera-t-on

---

(1) Ces deux verbes, *š n '* et *t' h*, celui-ci verbe-clef de la troisième monition, servent de charnière avec la deuxième.

(2) En 2, 9, Dieu connaît la précision des temps de tous les êtres ; en 2, 13, il établit celle des noms des convoqués ; ici en 4, 4, on donne celle des noms de ces mêmes convoqués, car l'élection est accomplie. Il n'y a pas de raison suffisante pour considérer chaque fois ce terme comme une addition, il s'insère parfaitement dans le contexte, malgré ce que dit O. BETZ, *Offenbarung*, p. 40, note 1. Sur *prwš*, cfr *infra*, pp. 95-98.

dire que son horizon théologique est plus large ? La décision
eschatologique de Dieu s'appuie en effet sur sa volonté éternelle
de damnation et d'élection (2, 7-10). La volonté divine est mise en
évidence par la décision.

La première monition était énoncée dans le même esprit. Elle
veut faire pénétrer les œuvres de Dieu et annonce le jugement
(1, 1-2), comme fait la seconde (2, 3-6). Dieu se souvient de l'alliance des anciens (1, 4, cfr la troisième, 3, 10) ; il fait subsister un
reste (1, 4, cfr la deuxième, 2, 11, et la troisième, 3, 13) qui se livre
au repentir (1, 8-10), idées reprises peut-être équivalemment dans
le midrash d'*Ezech.*, 44, 15, à propos des prêtres cités dans la
prophétie : ce sont « les convertis d'Israël, sortis du pays de
Juda » (4, 2-3) ; il leur suscite (1, 11 : $q\,w\,m$, cfr les convoqués de
nom de la deuxième monition, 2, 11 ; l'alliance pour Israël, de la
troisième, 3, 13) un enseignant de justice (1, 11, cfr le(s) consacré(s)
d'esprit saint et voyant(s) fidèle(s) de la deuxième, 2, 12, cfr *infra*,
pp. 71-72), pour faire connaître (1, 11, cfr la deuxième monition,
2, 12 ; la troisième, 3, 13) aux dernières générations (1, 13, cfr la
troisième, 4, 4) ce qu'il fera à la génération ultime, celle des
traîtres révoltés (1, 12-13, cfr l'idée et le verbe dans la deuxième,
2, 6). Bien que le terme de révélation soit absent du titre comme du
développement de cette première monition, le vocabulaire et les
idées sont ceux de la deuxième et de la troisième. Elle détaille
mieux l'origine des cœurs droits, puis les crimes des révoltés
(1, 14-2, 1), dont la deuxième soulignera la condamnation et
auxquels la troisième opposera les tenants ferme et leurs privilèges. Elle met en scène un (l'?) initiateur de justice (1, 11), peut-
être comme fait la deuxième, des (un ?) consacrés d'esprit saint
et voyants de vérité (2, 12-13, cfr *infra*, p. 71-72), alors que la
troisième ne parle pas d'intermédiaire de révélation (3, 13-14).

Le but de chaque monition est moral. L'enseignant de justice
doit conduire (ou bien, Dieu le suscite pour conduire) dans le
chemin du cœur de Dieu (1, 11) ; l'on révèle les voies des impies
(2, 1-2) (1) qui ont quitté la voie et abandonné le décret (2, 6) ;

---

(1) N'est-ce pas exagérément diminuer la force de l'expression que de lui
faire signifier une simple information, comme dans *1 Sam.*, 20, 2 ; 22, 8 ?
selon A. S. VAN DER WOUDE, *Die mess. Vorstellungen*, p. 10.

Dieu fait révélation des choses celées, dans lesquelles s'est égaré
Israël (3, 14). Mais le contexte eschatologique colore partout cette
moralité. Elle est celle des derniers temps et elle est révélée (1. 11 :
par l'intermédiaire de l'enseignant de justice ; 2, 12 : par celui du
consacré et voyant ; 3, 13 : par Dieu lui-même) ; elle correspond
aux réalités célestes connues de Dieu seul (1). La conduite des
impies fait partie du processus eschatologique, objet du jugement (1, 2), du châtiment (1, 12.17 ; 2, 6.9 ; 3, 17), et aussi du mystère de la volonté divine (2, 9-10) ; ce mystère sera manifesté au
jugement (cfr 2, 5-6 et 2, 2 : je révèle les voies des impies), comme
celui de sa volonté qui dirige l'histoire (2, 14-15), ou qui exige des
hommes, telle conduite particulière (3, 15-16), par quoi est assurée
la vie éternelle (3, 20) de ceux qui se lèvent à la fin des jours (4, 4).
Ici, non plus que pour la pénétration-*b y n*, remarquons-le, ce
n'est encore la loi qui est expressément l'objet des révélations (2).

Le Livre de Daniel (ou le courant doctrinal qu'il représente
dans la Bible), mis à contribution par *Dam* pour les termes de
pénétration-*b y n*, de vision, de tenants ferme, de choses cachées,
de secret, de pardon, se sert du verbe *g l h* au chap. 2, 22-47,
7 fois, pour l'explication du songe eschatologique de la statue,
et ailleurs une fois seulement, *Dan.*, 10, 1, dans l'introduction à
la deuxième partie des visions, à savoir la grande vision sur les
souffrances et la délivrance finales : « Une parole fut révélée à
Daniel », Daniel pénètre (*bîn*) la parole et a la pénétration
(*bînâh*) de la vision qui va suivre ; après cette introduction qui
est comme un titre, le récit se poursuit à la première personne et
ne parle plus que de visions, et non de révélations. Le genre littéraire du livre est en effet la vision (3). Le prophète pénètre dans

---

(1) Cfr A. OEPKE, art. καλύπτω, dans *Theol. Wört.*, 3 (1938) p. 581, 10-20 ;
G. JEREMIAS, *Der Lehrer*, p. 198, à propos de *Hod* 2, 10.

(2) Malgré O. BETZ, *Offenbarung*, p. 14 et G. JEREMIAS, *Der Lehrer*, pp. 165-
166, cfr *supra*, p. 39 et note 4.

(3) Cfr A. OEPKE, art. ἔκστασις dans *Theol. Wört.*, 2 (1935), p. 452, 43
et les statistiques : ὄραμα : 43 fois dans les LXX, dont 25 dans *Daniel* ; ὄρασις :
110 fois dans les LXX, dont 49 dans *Daniel* (Théodotion), cfr W. MICHAELIS,
art. ὁράω, dans *Theol. Wört.*, 5 (1954), pp. 371 et 372, et note 2. Les termes
correspondants, *ḥazôn* et *ḥalôm*, sont pratiquement absents de Qumrân : cfr
Dam 2, 12, le « voyant » fidèle, et 5 fois dans les *Hod*.

le monde céleste et y contemple les réalités futures encore cachées. Plus tard, Dieu lui-même révélera comme il fait déjà en vision la nuit (*Dan.*, 2, 19), pour livrer au prophète les secrets (*Dan.*, 2, 28.29.47). D'autre part, dans *Daniel*, le vocabulaire apocalyptique ne paraît pas encore fixé (1), et peut-être le verset *Dan.*, 10, 1, représente-t-il une conception plus avancée.

Le vocabulaire des monitions de *Dam* présente trop de contacts avec celui de *Daniel* pour lui être étranger, mais il est plus précis. La révélation ne se fait plus par visions où « se dévoile » le monde transcendant, elle est un énoncé des volontés de Dieu pour les derniers temps. Elle est faite par Dieu (3, 13), ou par un intermédiaire, ici, celui qui énonce les monitions (2, 2.14). Elle est destinée à la pénétration (2, 14, cfr *supra*, par ex. p. 47, et sur *b y n*, p. 12-21) et elle est exprimée parfois, comme une communication de connaissance, par le verbe connaître-*y d* '. Il reste à étudier ce terme, et ainsi s'achèvera notre enquête sur la question, dans cette partie de *Dam*.

Dans le reste de *Dam*, le verbe *g l h* exprime une action, notée *Dam* 5, 5. Son objet est le Livre de la loi, fermé, scellé et caché en Israël, en raison de l'idolâtrie, depuis Éléazar, Josué et les anciens et « découvert » par la suite (5, 2-5). Cette découverte du livre n'est pourtant pas une révélation, malgré le verbe *g l h*. Le terme indique seulement un livre ou un document « ouvert », par opposition à un document scellé (cfr *Jer.*, 32, 11.14 ; *Esther*, 3, 14 ; 8, 13) (2). Révélation sur la loi, au contraire, en *Dam* 15, 13, dans un contexte juridique destiné à déterminer l'importance du délit. Enfin, la révélation du salut et de la justice (*Dam* 20, 20) rappelle *Is.*, 56, 1, avec un sens concret et eschatologique, mais non apocalyptique (cfr *infra*, p. 191-192, 194) (3).

Dans les *Hod.*, la révélation, avec le verbe *g l h*, est exclusivement un acte de Dieu. Dieu révèle ses secrets (*H* 1, 21, en parallèle avec la connaissance reçue de sa pénétration ; fg 6, 5 ; cfr *1Q* 26 1, 4), ses merveilles (*H* 11, 17, pour que le psalmiste contemple ; cfr 18, 19), les choses cachées (*H* fg 55, 1, cfr *supra* p. 28), son salut (*H* 5, 12), sa main (? *Hod.*, 13, 3), sa justice (*H* 14, 16) ; il révèle pour enseigner... (? *H* 6, 4 ;

---

(1) Cfr A. Oepke, art. καλύπτω, *Th. W.*, 3, p. 579, 42-44.

(2) Sur les livres scellés et cachés dans *Ass. Mos.*,1, 16-18, cfr O. Betz, *Offenbarung*, pp. 10-11. En *Dam* 5, 10, la forme au piel de *g l h* indique les relations conjugales ; en 7, 14, le verbe signifie la déportation.

(3) Cfr *Hen.*, 91, 14, et *Test. Jud.*, 22, 2 : ἕως τῆς παρουσίας [τοῦ θεοῦ] τῆς δικαιοσύνης ; cfr A. Oepke, art. καλύπτω, *Th. W.*, 3, p. 579, 46-51.

cfr *infra*, p. 94), pour que le psalmiste puisse parler (*H* 12, 34, en parallèle à *hśkyl*), ou garder... (? *H* 18, 24 ; cfr encore *H* 17, 2 ; 18, 4 ; fg 4, 12 ; fg 5, 10, aux textes lacuneux). Cette révélation des *Hod* est parfois eschatologique, annonçant les événements des derniers jours (*H* 5, 12, contexte de persécution, avec révélation de la loi par le psalmiste ; cfr peut-être 11, 17), mais ce n'est pas nécessairement le cas, et les secrets de Dieu sont plutôt ceux de la nature et de l'histoire (*H* 1, 21, même 12, 34).

Le seul usage du verbe dans *Milḥ* est une référence à la révélation du Sinaï : (Israël) bénéficiaire de révélation, auditeurs des profondeurs (*M* 10, 11). C'est apparenté aux *Hod*. — Commentant *Hab.*, 2, 14 (« La terre sera remplie de la connaissance de la gloire de Yahweh »), le *pHab* 11, 1, explique : la connaissance leur sera « révélée » aussi abondante que les eaux de la mer. De même, *1Q* 27 1, 1, 6, dit que la justice sera « révélée » comme le soleil, et ensuite : la connaissance remplira le monde. Ces usages du verbe sont concrets plutôt qu'intellectuels. — Le Manuel de discipline donne régulièrement à la révélation la valeur d'une règle de conduite : agir selon tout ce qui a été révélé aux temps des témoignages (*S* 1, 9) ; serment d'agir selon le révélé de la loi aux fils de Sadoq et à la Totalité (*S* 5, 9) ; ou mépriser les choses révélées, comme font les hommes d'iniquité (*S* 5, 12) ; les autres sont parfaits en tout ce qui a été révélé de la loi pour agir en toute vertu (*S* 8, 1) ; Dieu a donné ses ordres selon tout ce qui a été révélé au cours des temps et par les prophètes (*S* 8, 15-16) ; accomplir la volonté de Dieu selon tout ce qui a été révélé au cours des temps et étudier l'intelligence (*śkl*) découverte (*S* 9, 13) ; les membres parfaits en tout ce qui leur a été révélé (*S* 9, 19). Ici aussi, la révélation a été faite par Dieu, mais elle constitue désormais, dans la communauté, un dépôt doctrinal et législatif, règle de conduite et objet d'étude (cfr *S* 8, 15). Même « le temps de frayer la voie au désert » (*S* 9, 19) n'est plus contemporain de la fin, c'est le temps de la communauté où enseigne le *Maśkîl* (cfr *S* 9, 12).

3. Connaître – *y d ʿ*

Le verbe *y d ʿ* fait partie du vocabulaire de la connaissance déjà étudié et le précise plus d'une fois. Cet acte en effet est accompli grâce à l'intervention d'un doué de vision (*ḥ z h*, 2, 11), et la vision (*r' h*, 2, 14, cfr *supra*, p. 14-15), parallèlement à la pénétration, est la conséquence de la révélation (2, 14).

Le verbe *y d ʿ* se lit six fois dans la section, une fois pour l'interpellation de la première monition (1, 1) et une fois pour la repentance du « surgeon » (1, 8) ; deux fois, il indique une révélation, ou communication de connaissance, faite sans doute par Dieu (1, 11 ; 2, 12), et deux fois l'omniscience divine (2, 7.9). Les deux emplois du substantif *d't* ont trait probablement à la science de Dieu (2, 3.4).

Tous les passages où se rencontre le verbe *y d ʿ* se trouvent dans la première (1, 1.8.11) ou dans la deuxième monition (2, 3.4.7.9.12). Nous les envisagerons successivement dans cet ordre (1).

1. LE VERBE *y d ʿ* DANS LA PREMIÈRE MONITION

Au début de la première monition, l'expression : vous tous qui connaissez la justice (1, 1) est empruntée à *Is.*, 51, 7 (2). Elle correspond à : vous tous qui êtes (entrés) dans l'alliance (2, 2), de la deuxième monition, expression qui signifie, dans *Dam*, soit les Israélites au désert (3, 10), soit les membres devenus apostats (6, 11 ; 8, 1 et parall. 19, 13.14 ; 20, 25) ou restés fidèles (6, 19) dans l'alliance, ou simplement, dans le code, ceux de la communauté (9, 3 ; 13, 14 ; 15, 5, comme dans le *S* 2, 21.18 ; 5, 8.20 ; 6, 15) (3). Ceux « qui connaissent la justice » ne sont plus nommés ainsi à Qumrân. L'expression n'a donc pas de sens arrêté et l'idée n'est pas mise en valeur dans le contexte, sinon pour signifier une justice déjà possédée, peut-être grâce au Maître de justice (cfr 1, 11), et rendant capable ensuite de pénétrer les œuvres de Dieu (1, 1-2). L'usage et le sens du verbe dans ce passage n'importent donc pas à notre recherche.

---

(1) Le verbe *y d ʿ* et le substantif correspondant sont absents de la deuxième section de *Dam* (4, 6-7, 4), sauf dans le petit code, 4, 6, 17, repris littéralement dans le grand code, 12, 20 : il faut faire connaître la différence entre le sacré et le profane, comme il faut distinguer (verbe *b d l*) le pur de l'impur. C'est une citation d'*Ezech.*, 22, 26, où le prophète reproche aux prêtres de ne pas l'avoir fait. Le parallélisme des deux membres de phrase montre la part minime de la connaissance dans ces paragraphes des codes. Cfr cette citation d'*Ezech.*, peut-être, *Hod* fg 24, 3, avec *ṭwb*.

(2) Dans *Is.*, 51, 7, elle est parallèle au « peuple qui as ma loi dans son cœur ». Justice est donc équivalent à la conduite conforme à la loi. Cfr A. DESCAMPS, art. *Justice*, dans *Dict. Bible, Suppl.*, 4 (1949), c. 1427-1428. Mais la loi n'est pas nommée en *Dam* 1, 1, et ce sont les œuvres eschatologiques de Dieu qu'il faut « pénétrer ».

(3) Cfr A. S. VAN DER WOUDE, *Mess. Vorstellungen*, pp. 9-10, et Ch. RABIN *in* 2, 2, note 3. Le sens est donc plutôt statique, et non actif comme s'il désignait l'entrée dans la communauté, selon G. JEREMIAS, *Der Lehrer*, p. 227, note 6; p. 248.

Après le châtiment, Dieu visite son peuple et fait surgir un surgeon, ou une racine-*šwrš*, de végétation ; ceux qui le constituent pénètrent leurs manquements et connaissent (*wyd'w*) qu'ils sont des hommes coupables (1, 8). Le parallélisme suggère de donner une valeur semblable, dans ce cas-ci, aux verbes connaître-*y d '* et pénétrer-*b y n*, celle d'une conscience approfondie. Elle est la première conséquence de l'intervention de Dieu, une connaissance préparatoire qui est déjà un don, mais un don incomplet, puisque ses bénéficiaires restent aveugles et tâtonnants (selon *Is.*, 59, 10) pendant encore vingt années (1), et que la fondation se fait en deux temps, celui du surgeon et celui du Maître de justice (2). Ici non plus, le sens du verbe connaître-*y d '* n'est très éclairant pour notre enquête. Il n'y a pas, dans cette connaissance et pénétration de gens aveugles, un sens fort de connaissance supérieure (pour *b y n*, cfr *supra*, p. 14).

La période de préparation achevée, celle du surgeon de végétation, la seconde période commence. Dieu pénètre leurs actions (cfr *Ps.* 33, 15, et *supra*, p. 14), la perfection de leur cœur et de leur recherche de Dieu (comme Salomon, *1 Chr.*, 28, 9) ; pour les conduire dans le chemin de son cœur, il leur suscite (3) un maître ou moniteur de justice et il fait connaître-*wywd'* (1, 11) aux dernières générations ce qu'il fait à la génération ultime (4), la génération des traîtres (5), qui va être décrite longuement (1, 13-21), avec ses chefs et ses crimes, avec l'annonce du châtiment par l'expression traditionnelle : et la colère de Dieu s'allumera contre eux, empruntée à *Ex.*, 4, 14, etc., *Nu.*, 11, 1.10, etc. La levée du Maître de justice est le sommet de la période

---

(1) Sur les dates dans ce passage : 20 ans, 390 ans, cfr par ex. G. JEREMIAS, *Der Lehrer*, pp. 152-162.

(2) Cfr G. JEREMIAS, p. 162 : en conclusion, il identifie le premier temps à celui des Hasidim, le second à celui de la communauté de Qumrân ; de même sur les relations mutuelles, cfr déjà R. H. CHARLES, II *Pseudep.* (1913), p. 800, note 5 ; M. BLACK, *The Scrolls and christian Origins*, p. 17, 164.

(3) Le verbe *q w m*, en *Deut.*, 18, 15-18, sert à indiquer la levée d'un prophète « comme Moïse », mais rien ne suggère ici une allusion au *Deut.*

(4) Sur la valeur eschatologique de cette expression, cfr G. JEREMIAS, *Der Lehrer*, pp. 81-82.

(5) Le sens de ce terme, qui se lit encore *Dam* 8, 5, parall. 19, 17 ; 19, 34, est surtout frappée dans *pHab* 2, 1.3.5 ; 8, 10.

1, 1-12 (1). En même temps, c'est le dernier acte et l'achèvement de la visite de Dieu, dans l'état actuel des choses. Au surgeon de repentants, en raison de leur droiture, Dieu concède le guide des derniers temps, Or. qu'une connaissance soit communiquée paraît lié à la levée de ce guide, et les deux actes ont une importance semblable et presque identique.

Le titre de *mwrh* (2) n'est pas habituel pour désigner les scribes ou rabbins, le terme est alors *swpr*. La forme est le participe hiphil du verbe *y r h*, d'où dérive la *Tôrah* (cfr *Ex.*, 24, 12 : Dieu mande Moïse sur la montagne pour lui donner les tables de pierre, et la loi, et l'ordonnance, qu'il a écrite(s ?) lui-même pour les instruire-*lehôrôtâm*). Dans *2 Chr.*, 15, 3, le prophète Azarias rappelle au roi Asa que longtemps Israël a été sans un Dieu de vérité et sans prêtre qui enseigne (*môréh*) et sans loi (*tôrah*), et ceci est proche de *2 Reg.*, 17, 27-28, où un prêtre déporté en Assyrie revient pour enseigner (*weyôrêm*) aux colons installés en Samarie comment honorer Yahweh, et pour leur être un *môréh*. Cet enseignement sacerdotal est donc surtout cultuel. Les fils d'Aaron seront purs pour discerner le sacré et le profane et pour enseigner (*lehôrôt*) aux enfants d'Israël toutes les lois (ou décrets-*ḥuqqîm*) que Yahweh leur a données par Moïse (*Lev.*, 10, 11 ; cfr *Deut.*, 33, 10), ainsi la loi de la lèpre (*Deut.*, 24, 8), les règles des affaires criminelles (*Deut.*, 17, 10-11), à discerner le sacré et le profane (*Ezech.*, 44, 23), à faire connaître cette distinction (*Ezech.*, 22, 26, cité dans les codes de *Dam* 6, 17 ; 12, 20), ou pour enseigner en général (*Mic.*, 3, 11 ; cfr Joïada à Joas, *2 Reg.*, 12, 3). Le prophète prétend le faire également (*Is.*, 28, 9), et de leur côté, les maîtres (*môrây*, mes maîtres) enseignent aussi la sagesse (*Prov.*, 4, 11 ; 5, 13) (3). Le même terme *môréh* indique parfois les faux prophètes, « enseignants de mensonge » (*Is.*, 9, 14 ; cfr *Hab.*, 2, 18 : le prophète de l'idole). Dans *Job*, 36, 22, on cherche un « maître » semblable à Dieu, décrit dans sa puissance de créateur et sa justice ; l'image taillée, elle, ne peut enseigner que le mensonge (*Hab.*, 2, 19 : est-ce une glose ?) ; *Is.*, 30, 20, annonce qu'après l'épreuve, les « maîtres » d'Israël ne se cacheront plus et que ses yeux verront ses « maîtres », ses oreilles entendront une parole, derrière lui, disant : voici le chemin, suivez-le.

---

(1) Et plus nettement encore si l'on y retrouve un rythme poétique, cfr G. JEREMIAS, *Der Lehrer*, pp. 151-152.

(2) Cfr G. JEREMIAS, *Der Lehrer*, pp. 308-318, avec surtout la littérature sur Qumrân ; les remarques de J. CARMIGNAC, *Rev. Q.*, 3, 4, n° 12 (1962), pp. 529-533 ; et les notes rapides de O. BETZ, *Offenbarung*, pp. 56-57.

(3) Dans *Ex.*, 35, 34, le don d'enseigner s'applique à l'artisanat ; dans *Jud.*, 13, 8, l'Ange de Dieu enseigne ce qu'il faut faire pour que Manoé et sa femme aient un enfant ; dans *Is.*, 28, 26, Dieu enseigne comment labourer.

De rituel et juridique, l'enseignement est devenu moral et religieux. Ainsi Samuel se proposait d'enseigner au peuple le bon et droit chemin (*1 Sam.*, 12, 23). Les psaumes demandent plus d'une fois à Dieu d'enseigner le chemin (*Ps.* 25, 8.12 ; 27, 11 ; 32, 8 ; 86, 11 ; 119, 33 ; cfr *1 Reg.*, 8, 36 et parall. *2 Chr.*, 6, 27 ; *Is.*, 2, 3 : enseignement mis en parallèle avec la loi et la parole de Yahweh ; cfr de même avec ce parallèle, *Mic.*, 4, 2). Un peu de la même façon, Dieu enseignait à Moïse ce qu'il devrait faire et dire chez le Pharaon (*Ex.*, 4, 12.15) (1).

Os., 10, 12, est intéressant à plus d'un titre. Le prophète engage à semer en justice et à chercher (*derêš*) Yahweh (comme ont fait les contrits, *Dam* 1, 10), « jusqu'à ce qu'il vienne et fasse pleuvoir (ou enseigner : *yôrêh*) pour vous la justice ». Le jeu de mots se base sur les deux sens de la racine *y r h* (ou les deux racines semblables : *y r h* = indiquer, *r w h* = boire). C'est le seul passage du T. Mass. où, avec la recherche de Yahweh, sont réunis les deux termes de justice et d'enseigner / pleuvoir (2). La venue de Yahweh, selon *Os.*, 10, 12, est liée au don (qui est aussi enseignement) de la justice (3). L'« enseignement de la voie », dans les psaumes et ailleurs, est le fait de Dieu, et l'enseignement comme tel, le fait du sacerdoce, au moins à une certaine époque rappelée dans le Pentateuque et parfois ailleurs (4). L'origine sacerdotale du Maître de justice n'est pas soulignée ici comme elle l'est explicitement dans *pHab* 2, 8 et *4QpPs 37* 3, 15, mais le titre de Maître ne la suggère-t-il pas ? (5). Le T. Mass. d'*Osée* engage à trouver dans ce titre un enseignement eschatologique : « C'est le temps de chercher Yahweh, car lorsqu'il viendra, il fera pleuvoir (ou enseignera) la justice ». (*Os.*, 10, 12) (6). Il l'est encore plus nettement

---

(1) Dans le contexte de l'Exode, *Dam* 3, 8, dira : ils n'ont pas entendu la voix de leur créateur (celui qui les a faits), les ordonnances de celui qui les enseignait *(ywrh)*.

(2) Peut-être *Joel*, 2, 23, fait-il le même jeu de mots quand il donne à Jérusalem les motifs de sa joie : car (Dieu) vous a donné la pluie hâtive (*mwrh* : signifie aussi professeur) pour la justice et il fait descendre sur vous l'ondée, pluie hâtive *(môréh*, mais plusieurs mss portent *yôréh*, cfr éd. Kittel, *in h. l.)*, pluie tardive (comme) autrefois.

(3) Cfr G. Jeremias, *Der Lehrer*, p. 312.

(4) Cfr G. Jeremias, p. 316, avec références bibliographiques.

(5) Il est difficile d'apercevoir, dans ces passages ou les autres qui, à Qumrân, parlent du Maître de justice, une fonction judiciaire, même si le terme aura cette valeur dans le Talmud (cfr M. R. Lehmann, *Talmudic Material relating to the Dead Sea Scrolls*, dans *Rev. Q.*, 1, 3, n° 3 (1959), p. 400), ou chez les Qaraïtes, depuis le 8e s., et dans le judaïsme actuel (cfr J. Weingreen, *The Title Môrēh Ṣedeḳ*, dans *J. Sem. Stud.*, 6, 1961, pp. 162-174). Les différences de temps rendent douteux pareils rapprochements. En outre, dans ces cas-là, il ne s'agit pas d'un titre, mais d'une activité transitoire (cfr G. Jeremias, *Der Lehrer*, p. 315, note 3).

(6) Scribe de justice est un titre d'Hénoch, chargé d'un message pour les

dans le contexte de *Dam* 1, 11 : Dieu suscite au bénéfice de ceux qui le cherchent, un personnage pour les conduire et faire connaître ce qu'il va faire à l'ultime génération (1).

En raison de l'usage biblique, l'expression *mwrh ṣdq* évoque un enseignement peut-être sacerdotal, sans doute moral et prophétique, et en outre eschatologique, toutes nuances exigées par l'origine du terme et le contexte de *Dam* 1, 11. D'autre part (cfr *infra*, p. 74 et note 1), le titre de Maître de justice ne semble pas encore figé à ce moment de l'évolution des idées (2). Y voir dès maintenant toutes les harmoniques à venir serait anachronique. Pour éviter l'anachronisme d'un titre fixé plus tard, n'est-il pas légitime de différencier l'expression ? La traduction par initiateur est proposée pour *Dam* 1, 11, afin de garder une nuance religieuse à cette annonce sur les derniers temps (3).

Celui qui communique la connaissance eschatologique, selon la tournure de la phrase 1, 11-12, est peut-être Dieu : Dieu pénètre la conduite..., Dieu suscite l'initiateur..., Dieu fait connaître aux dernières générations... Mais c'est peut-être aussi l'initiateur de justice : Dieu suscite l'initiateur de justice pour les conduire dans le chemin de son cœur, et (l'initiateur) fera connaître aux dernières générations...

Renforcé encore par un changement de régime (: conduire les repentants, d'une part, faire connaître aux dernières générations, de l'autre), le changement de sujet est possible (4). Il serait confirmé par le passage du style poétique à la prose, et il y aurait donc transition à un autre développement par les mots : et il fait connaître aux dernières générations (5). Un argument stylistique, néanmoins, est d'un maniement délicat. Que l'Initiateur de justice soit sujet du verbe connaître serait confirmé aussi

---

Veilleurs apostats (*Hen.*, 12, 4 ; 13, 10 ; 14, 1.3 ; 15, 1). Avec la paix, la justice est sa récompense (*Hen.*, 71, 14-16), bien qu'elle soit propriété du Fils de l'homme (46, 3).

(1) Cfr G. JEREMIAS, *Der Lehrer*, p. 315, qui explique le titre : celui qui enseigne la justice, celle qui donne le salut.

(2) Les variantes orthographiques sont propres à *Dam* ; *ywrh* (19, 35 avec correction, et 20, 14) et *mwrh* (1, 11 ; 20, 1. 28.32) seul usité dans *pHab* et ailleurs (cfr *Concordance*). Le titre n'est peut-être pas encore fixé dans *Dam* et reste proche des origines, alors que dans *pHab* et ailleurs, il n'y a plus d'hésitation sur son libellé. C'est du moins une hypothèse défendable ; cfr *infra*, p. 74, note 2.

(3) Ce n'est évidemment pas pour rappeler le mystagogue des cultes à mystères.

(4) Cfr Ch. RABIN, *in* 1, 11, note 4, et *in* 3, 2, note 3 : une forme personnelle peut suivre un infinitif.

(5) Cfr G. JEREMIAS, *Der Lehrer*, p. 152, note 1.

par le fait que dans *pHab* 2, 7-8, les révélations eschatologiques sont énoncées par le prêtre chargé par Dieu d'expliquer les paroles des prophètes par qui Dieu avait annoncé les événements des derniers temps (1). Ici également, le rapprochement est à faire avec précaution, car le parallélisme n'est pas parfait. Le Maître du *pHab* ne « fait pas connaître », ni donc ne révèle, il explique seulement les prophéties par lesquelles Dieu expose, et de cette manière, il dit ce qui arrivera. C'est une révélation par pésher (2, 8), la pointe n'est donc pas la même.

Dans la phrase de *Dam* 1, 11-12, on peut aussi expliquer les deux verbes comme deux actions de Dieu, qui conduit (2) et qui révèle, comme en *Is.*, 42, 16, où Yahweh conduit les aveugles par les chemins qu'ils ne connaissent pas..., il changera pour eux les ténèbres en lumière. Même sans influence directe, le contexte d'*Isaïe* est pareil au nôtre, sauf que *Dam* est eschatologique de façon plus nette. De cette manière, si même l'initiateur de justice agit, c'est en vertu des pouvoirs reçus, et ses actes sont ceux de Dieu (3).

La connaissance-*y d '* de *Dam* 1, 11, est une révélation, ou pour parler plus exactement, une notification (*y d '*) eschatologique de ce que Dieu fera à la dernière génération (4). C'est encore le cas à la fin de la deuxième monition. Là, à deux reprises au cours de la description de la colère divine, on relève la connaissance (*yd'*) que Dieu a des fautes des impies (2, 7) et des détails de leur existence (2, 9). Ensuite, dans un passage parallèle à la première monition, Dieu se suscite d'entre les impies, des convoqués de noms (cfr *infra*, p. 64 et note 2) (5), pour que subsiste un reste..., et il leur fait connaître par son oint d'esprit

---

(1) Cfr G. Jeremias, *ib.*

(2) Cfr la conduite par Dieu, *Is.*, 48, 17 : Je te conduirai dans le chemin ; *Ps.* 107, 7 ; de même *Ps.* 119, 35, avec le terme « sentier ».

(3) C'est la conclusion de G. Jeremias, p. 152, note 1. Une précision peut être apportée par le parallélisme avec 2, 11-13, cfr *infra*, p. 64-65.

(4) Voir une révélation sur la loi dans le passage 1, 6-12, parce qu'en raison de ses données chronologiques, il y a référence à *Esdras* et à la lecture de la loi (cfr O. Betz, *Offenbarung*, pp. 12, 23, 26, etc.) est un raisonnement où entre trop d'hypothèse. Il est vrai que *Dam* 6, 2-10, traitera de cette façon le même sujet, mais dans un autre contexte, caractérisé entre autres par un vocabulaire différent. Ailleurs (O. Betz, pp. 76-77), la distinction est mieux faite mais obscurcie par une confusion avec le *pHab*, où la fonction du Maître de justice est différente (cfr *supra*). Sur la chronologie, cfr G. Jeremias, *Der Lehrer*, pp. 153-159.

(5) L'expression vient de *Nu.*, 16, 2, où ce sont les membres de la sainte convocation au désert.

saint et voyant fidèle (cfr *infra*, pp. 71-74), et avec exactitude, il établit leurs noms (2, 11-13) (1). La révélation ou notification est exprimée de façon absolue en 1, 11, comme en 2, 12 ; elle se fait sans que son contenu soit précisé (2), et elle est jointe, ou est équivalente, à l'établissement des noms des élus. Pour établir la portée exacte de cette notification, l'on tiendra compte de tous les emplois du même verbe dans notre document, car ils sont semblables.

2. Deuxième monition (2, 2-13)

La deuxième monition est d'abord une présentation des principes et usages établis par Dieu pour le jugement ; elle en montre ensuite l'application tant à l'égard de ceux que Dieu « n'a pas choisis », que des convoqués de nom préservés par lui.

I. *Les principes de jugement*

La deuxième monition s'ouvre par une sorte de prologue : Je vais vous faire révélation sur la conduite des impies, dit l'auteur ; Dieu aime la connaissance ; sagesse et circonspection siègent devant lui, prudence et connaissance le servent, longanimité est avec lui et nombre de pardons pour pardonner aux convertis de transgression, et puissance et majesté et grande colère en flammes de feu contre les révoltés (*Dam* 2, 2-5). On notera les qualités de bienveillance, énumérées en trois paires, et le châtiment décrit par un trinôme. La connaissance apparaît deux fois : Dieu aime la connaissance ; vigilance et connaissance le servent.

---

(1) Sur ce passage, cfr plutôt que P. Wernberg-Möller, *Some Passages in the Zadokite Fragments...*, *J. Sem. Stud.*, 1, 1956, pp. 115-118, mieux Y. Yadin, dans *Isr. Explor. Journ.*, 6, 1956, pp. 158-162 (cfr *infra*, p. 65, note 2).

(2) Le contenu de la révélation n'est sans doute pas les noms eux-mêmes, selon H. Braun, *Spätjüdisch-häretischer u. frühchristlicher Radikalismus*, 1957, I, p. 94, note 8. Si l'on accepte la lecture de Y. Yadin (cfr note 1), il y a pourtant parallélisme entre la révélation et l'établissement des noms.

a) Que Dieu *aime* la connaissance est une affirmation quelque peu inattendue (1).

L'amour exprimé par la racine ' *h b* est d'habitude, à Qumrân, celui de l'homme pour Dieu (*Dam* 3, 2.3, de la part des patriarches, seuls emplois dans la section avec notre passage ; 19, 2 et 20, 21, citant *Deut.*, 7, 9 ; *Hod* 14, 26 ; 15, 9.10 ; 16, 13 ; 17, 28), ou pour le prochain (*S* 1, 9 ; 2, 24, etc. ; 9, 16.21 ; *H* 14, 19 ; *Dam* 6, 20), ou pour les préceptes et la vertu (*S* 1, 3 ; *H* 2, 14 ; *Dam* 13, 18). Mais ce peut être aussi l'amour de Dieu pour les anciens Israélites (*Dam* 8, 15.16, parall.19, 28.29), ou pour leurs imitateurs actuels (*Dam* 8, 17, parall. 19, 30), pour l'Esprit de lumière (*S* 3, 26), voire, deux fois sans doute, pour la vertu opposée à ce qu'il hait (*H* 14, 10 : en complétant la lacune selon le parallélisme : [...] ce que tu aimes et pour détester tout ce que [...] ; plus clairement : 17, 24).

Dans le T. Mass., l'amour de Dieu est exprimé 32 fois par le verbe ' *h b*, dont 7 fois pour une vertu et 23 fois pour des individus ou Israël, et 2 fois pour Jérusalem, et par le substantif : 4 fois, alors que l'amour de l'homme pour Dieu l'est 22 fois (2). Les vertus que Dieu aime sont la justice et le droit (*Ps.* 11, 7 : Dieu hait le violent, il aime les actes justes ; *Ps.* 33, 5 : on invite les justes et les droits à louer Dieu (v. 1), il aime la justice et le droit (v. 5) : c'est Dieu qui façonne leur cœur à tous (v. 15) ; *Ps.* 37, 28 : Dieu aime la justice et n'abandonne pas ses fidèles ; *Ps.* 45, 8 : Dieu (le roi ?) aime la justice et hait l'iniquité ; *Ps.* 99, 4 : Dieu (est) le roi qui aime la justice et hait l'iniquité ; *Is.*, 61, 8 : Dieu aime la justice... et fera alliance avec (Israël) ; *Sir.*, 4, 14 : ceux qui aiment la sagesse sont aimés de Dieu ; *Sap.*, 7, 28 : Dieu n'aime que celui qui habite avec la sagesse ; *Sap.*, 8, 3 : le Maître de l'univers aime la sagesse, car elle révèle la science de Dieu et fait choisir ses œuvres ; comme on le voit ici, la sagesse est celle de la conduite vertueuse). Dans

---

(1) Les autres emplois du terme *da'at*-science dans *Dam* se trouvent dans un contexte juridique : « hommes de connaissance » (*Dam* 15, 15 ; 20, 5, et aussi 10, 10 : la science nécessaire aux juges). Son usage ici, 2, 3-4, est donc unique dans *Dam*. Le terme est plus fréquent, avec un sens plus net, dans *S* et *Hod*, où Dieu donne la science (*H* 2, 13, cfr G. JEREMIAS, *Der Lehrer*, p. 200 : il commente pour y retrouver la personnalité du Maître de justice ; 12, 13.29 ; *S* 10, 12 ; 11, 3), où la science est un élément important de la vie en communauté (*S* 1, 11.12 ; 2, 22 ; 3, 1.2). L'évolution n'en est pas là au début de *Dam*. Si l'on divise la phrase de *Dam* 2, 2-5 en ajoutant à la science, la sagesse et la circonspection, le problème reste à peu près le même, en se compliquant un peu, cfr A. S. VAN DER WOUDE, *Die mess. Vorstellungen*, p. 10.

(2) Cfr N. H. SNAITH, *The Distinctive Ideas of the O. T.*, Londres, 1944, pp. 132-133. (Nous n'avons pas pu consulter la 3e édition, 1947, dont parle C. WIÉNER, *Recherches sur l'amour de Dieu dans l'A. T.*, 1957, p. 13, note 12).

l'Ancien Testament, la caractéristique de l'amour de Dieu est d'être personnel (1), c'est une dilection, contenant un choix de pure spontanéité (2). Le transfert de cet amour de dilection à des vertus le dirige en réalité sur ceux qui les pratiquent ; le contexte ou le parallélisme le disent plus d'une fois de façon claire, ainsi le texte tout proche du nôtre, *Sap.*, 8, 3 : Dieu aime la sagesse en ce qu'elle confère la science de la conduite morale et, en quelque sorte, son application. L'amour de Dieu, en effet, est efficace, c'est lui qui établit l'élection d'Israël ou des justes (3), et lorsqu'il s'adresse à des individus, il leur conférera leurs vertus en opérant leur conversion (4). Si Dieu aime la science (*Dam* 2, 3), c'est d'un amour personnel, comme pour ceux qui pratiquent une vertu, ainsi la justice, dans les psaumes, ou l'ensemble des vertus, dans *Hod* 14, 10 ; 17, 24 : se conduire selon tout ce que tu aimes (5).

Sauf plus ample informé, par exemple un thème relevé quelque part, nous pouvons conclure que l'expression : Dieu aime la science, signifie : Dieu aime ceux qui possèdent la science. La première monition, on se le rappellera, leur était adressée : écoutez, vous tous qui *connaissez* la justice (1, 1). Le contexte présent exprime mieux la science dont il s'agit : je vais vous révéler, dit l'interpellateur, écoutez cette révélation, car Dieu aime ceux qui (la) connaissent. La révélation est celle du jugement des impies (2, 9-10), puis celle que Dieu fera aux convoqués de nom et au petit reste par le (cfr *infra*, p. 71-74) consacré et voyant fidèle (2, 11-12). Dieu aime ceux qui *savent* se conduire dans les circonstances actuelles, en recevant la révélation annoncée. La science aimée de Dieu est donc celle de la conduite aux derniers temps (6).

---

(1) Cfr C. E. B. CRANFIELD, art. *Love*, dans *A Theological Word Book of the Bible*, ed. by A. RICHARDSON, Londres, 1950, p. 132.

(2) Cfr N. H. SNAITH, *l. c.*, pp. 133-137.

(3) Cfr P. HEINISCH, *Theologie des Alten Testaments*, Bonn, 1940, pp. 66-69.

(4) Cfr P. HEINISCH, *ib.*, pp. 69-71.

(5) Il serait forcé de comprendre ici comme en *S* 3, 26, où Dieu aime l'un (des deux esprits) et déteste l'autre. La doctrine des deux esprits est une pièce distincte dans la littérature de Qumrân. Pour retrouver cette doctrine ici, il faudrait d'autres preuves littéraires. De même, il ne peut s'agir de la science que Dieu possède, comme dans l'expression : Dieu des connaissances (cfr *1 Sam.*, 2, 3 ; *S* 3, 15 ; *H* 1, 26 ; 12, 10 ; fg 4, 15 ; cfr *2 Macc.*, 6, 30). Le verbe ' h b ne comporte pas ce sens.

(6) Cfr la même idée : *Hen.*, 82, 2-3 : le voyant communique cette sagesse ; et 99, 10 : un macarisme pour ceux qui la reçoivent et agissent en conséquence.

b) Il est vrai qu'après l'affirmation de l'amour de Dieu pour la science, l'idée paraît rebondir par l'énumération des membres de la cour (1), ou mieux du tribunal, céleste (2) : Sagesse et circonspection sont devant lui (: elles siègent en sa présence) ; prudence et science le servent ; longanimité est avec lui et multitude de pardons pour pardonner aux convertis de transgression ; et puissance, et majesté, et grande colère en flammes de feu par les anges de deuil (3) pour les révoltés (2, 3-6) (4).

α. Parmi les assesseurs au tribunal est d'abord nommée la sagesse.

C'est un thème connu par ailleurs que la sagesse ne peut habiter que dans les cieux (cfr *Hen.*, 42 et 94, 5 ; *Bar.*, 3, 29 ; *Sir.*, 1, 1 ; 24, 4), que les habitants des cieux sont pénétrés de l'esprit de fidélité, de sagesse, de patience... (*Hen.*, 61, 11). L'Élu chargé du jugement possède l'esprit de sagesse, de science, de force (*Hen.*, 49, 3). Ce sont probablement des adaptations des vertus du Messie, énumérées par *Is.*, 11, 2, où sur le rameau sorti du tronc de Jessé repose l'esprit de Dieu, esprit de sagesse, de pénétration, de conseil, de puissance, de science, de crainte de Dieu. Ces vertus et dons messianiques ont été récupérés par la Sagesse (cfr *Sap.*, 9, 4 : la sagesse est proche du trône de Dieu ; de même *Hen.*, 84, 3 et cfr *supra*, *Sir.*, 1, 1 ; 24, 4). Le contact avec le Livre des Proverbes est évident (*Prov.*, 8, 12-13 : Moi, la sagesse, j'habite avec la prudence-'*ormâh*, et j'ai trouvé (= je possède) la science de la réflexion-*da'at mezummôt*, la crainte de Dieu est la haine du mal ; 8, 14 : le conseil-'*êsâh* et la circonspection-*tûšiyyâh* sont à moi, la pénétration-*bînâh* et la puissance ; 8, 15 : par moi, les rois règnent ; 8, 17 : j'aime ceux qui m'aiment) (5). Contact probable avec le Livre de Job, où les attributs de la Sagesse (selon *Prov.*), ou des anges (*Hen.*, 69, 8) sont des dons divins (*Job*, 26, 3 : Comme tu conseilles le privé de sagesse, et la circonspection, tu la fais connaître à l'inculte ; avec correction pour le dernier mot, cfr Kittel, *in h. l.* ; cfr *Hen.*, 101, 8, et avec un vocabulaire

---

(1) Cfr J. MAIER, *in h. l.*
(2) Cfr Ch. RABIN, *in 12, 3, note 1.*
(3) Les anges de deuil exécutent le châtiment eschatologique, dans *S 4, 12* (doctrine des deux esprits) ; cfr *M 13, 12*, où ce sont les anges de Bélial, comme dans *Hen.*, 53, 3 ; cfr *ib.*, 56, 1 ; 62, 11 ; 63, 1 ; 66, 1, et dans le rabbinisme, cfr P. WERNBERG-MÖLLER, *in S 4, 12*, p. 81, note 45.
(4) Ce sont les seules apparitions, dans *Dam*, de la sagesse-*ḥkmh*, de la circonspection-*twšyh*, de la prudence-'*rmh*, de la longanimité-'*rk 'pym*, des pardons-*slḥwt* et de la science-*d't* (dans ce sens, cfr *supra*, p. 59, note 1).
(5) Cfr A. S. VAN DER WOUDE, *Mess. Vorstellungen*, pp. 10-11.

semblable, *S* 10, 24-25). Dans *Hénoch*, ce sont des dons eschatologiques célestes (*Hen.*, 5, 8 ; 61, 11 ; 91, 10), ou accordés en vue des visions apocalyptiques (*Hen.*, 37, 4).

Les dons messianiques de l'Emmanuel, les attributs de la Sagesse, selon le Livre des Proverbes, ou de l'Élu, juge eschatologique d'*Hénoch* (49, 3 ; 51, 3), les dons divins de *Job* et d'*Hénoch*, sont ici en quelque sorte, personnifiés (1). Sagesse, circonspection, prudence, connaissance, ce sont les assesseurs du Juge, en compagnie des pardons (2) et de la colère ; comme dans *Sap.*, 9, 4, etc., ils sont les ministres du roi céleste (3). Le contexte fournit chaque fois le sens du remploi des mêmes éléments. L'eschatologie les caractérise dans ce passage (4), passage d'ailleurs unique dans *Dam* par son vocabulaire (cfr *supra*, 61, note 4) et qui n'est donc pas à surévaluer.

D'après ce qui précède, l'amour de Dieu pour la science (2, 3) n'introduit pas le développement sur le jugement, avec la présentation des membres du tribunal. Il conclut, au contraire, l'invitation du début à recevoir la révélation : recevez-la, car Dieu aime (ceux qui ont) la science (5). Néanmoins, la révélation promise, avec son corollaire la science aimée de Dieu dans la conduite des hommes, est en relation avec l'omniscience divine, communication d'un bien personnel de Dieu, à savoir, les choses cachées qu'il s'était réservées jusqu'ici (3, 14). A supposer que le texte ne soit pas lacuneux à cet endroit, on peut interpréter la science révélée et pratiquée par ceux qui l'ont reçue, comme une introduction au conseil privé du Juge, où siège la science céleste

---

(1) Sont-ce des hypostases, selon A. S. VAN DER WOUDE, *l. c.*, p. 10 ? Cette hypothèse paraît inutile.

(2) Les pardons sont-ils vraiment non eschatologiques ?, comme le dit H. BRAUN, *Spätjüd. frühchr. Radikalismus*, I, p. 136, note 1.

(3) Une assimilation avec les deux esprits du *S* serait une contradiction dans les termes, l'esprit des ténèbres n'est pas un assesseur du juge, et l'esprit des lumières est plutôt apparenté à la sagesse qui mène les hommes.

(4) Même si le cadre a des éléments sapientiels (cf. A. S. VAN DER WOUDE, *Mess. Vorstellungen*, pp. 10-11), l'eschatologie les a assumés, par ex. la colère et le feu.

(5) Il faudrait donc reviser le lemme de la citation dans la concordance de Qumrân, de K. G. KUHN et collaborateurs, *s. v. da'at, in Dam* 2, 3, qui unit : connaissance et sagesse.

elle-même, et une communication de ses principes de jugement. La conduite morale qui, grâce à la science de révélation, applique ces préceptes, correspond aux volontés du tribunal et à ses façons de voir et de juger (1). Le contexte fort précis de jugement donne donc une valeur particulière à cette science, corollaire de révélation.

β. Dans la description du jugement et de la condamnation des impies par le tribunal de Dieu, où la science siège parmi les assesseurs, la monition explique le jugement comme l'application de la volonté éternelle de Dieu : Car Dieu ne les a pas élus (= il les a rejetés) dès avant l'éternité et, avant qu'ils soient établis, il sait (*yd'*) leurs œuvres et déteste leurs générations depuis lors, et il détourne sa face du pays jusqu'à leur disparition, et il sait (*wyd'*) les années de leur faction (comme de militaires, ou = existence) et le nombre et la précision (= le nombre exact) de leurs temps pour tous ceux (tous les êtres ?) (2) qui sont ou qui seront (2, 7-10). L'action de savoir-*y d '* est ici, les deux fois, un acte de Dieu.

C'est une doctrine fréquemment exposée dans le judaïsme que Dieu connaît toutes choses avant même qu'elles n'existent (cfr *Sir.*, 23, 20 ; *Dan.* (*Suz.*), 13, 42 ; cfr *Hen.*, 9, 11 ; 39, 11 ; *Ass. Mos.*, 12, 4 ; *Bar. syr.*, 48, 2-3, et très souvent ; *4 Esd.*, 9, 5-6, et à Qumrân, *S* 3, 15-4, 1, dans la doctrine des deux esprits, et ailleurs). Les événements sont décidés, écrits dans les livres (ou tablettes) célestes, et c'est parfois en les lisant que les voyants d'apocalypse en ont la révélation (*Dan.*, 10, 21 ; *Hen.*, 81, 1-2 ; 93, 1-3 ; 103, 2 ; 104, 10-13 ; *Test. L.*, 5, 4 ; pour le jugement, cfr *Jub.*, 5, 13 ; aussi 30, 21-22) (3). L'omniscience divine s'étend à tous les êtres et à toutes leurs actions, et l'idée n'en est pas absente de Qumrân (cfr *H* 1, 7.28 ; peut-être *4Q Sl 39*, 1, 1, 18 ; sans doute *ib.*, 24 ; *ib.*, 40 24, 2 est lacuneux ; *S* 4, 25 : pour celle des deux esprits).

---

(1) Cette science est-elle dans la ligne « dualiste » ? comme le veut H. BRAUN, *Spät. jüd. frühchr. Radikalismus*, p. 95 ; mais elle a tant de parallèles dans la Bible !...

(2) Cfr A. S. VAN DER WOUDE, *Mess. Vorstellungen*, p. 14, et P. WERNBERG-MÖLLER, *Some passages in the « Zadokite » Fragments and their Parallels in the Manual of Discipline*, dans *J. Sem. Stud.*, 1, 1956, pp. 114-115 : il compare à *S* 3, 15, et traduit : de tout ce qui arrivera, répété en trois expressions à peu près équivalentes.

(3) Cfr M. TESTUZ, *Les idées religieuses du Livre des Jubilés*, Genève-Paris, 1960, pp. 52-55.

II. *Dieu et ses élus*

Dans le cas présent, la connaissance de Dieu porte sur l'élection ou sur son antithèse, le rejet et la condamnation. Elle est en outre agissante, car elle établit la destinée humaine, ou elle accompagne son établissement (1). En contrepartie de cette connaissance divine de damnation (il sait leurs œuvres), l'on s'attendrait à une connaissance d'élection, comme fait la doctrine des deux esprits (S 4, 22). Mais le parallélisme des connaissances divines n'est pas exprimé et l'auteur envisage directement la réalisation concrète de l'élection : D'entre (les réprouvés, ou les créatures, cfr 2, 9), (Dieu) se suscite des « convoqués de nom » (2) pour faire subsister (*htyr*) (3) un reste dans le pays (4), et remplir le monde de leur

---

(1) La connaissance de Dieu n'est donc pas synonyme d'élection, selon R. BULTMANN, art. γινώσκω, dans *Theol. Wört.*, 1 (1933), p. 705, 33-36 ; et elle est plus qu'une simple possession, selon J. DUPONT, *Gnosis*, 1949, pp. 75-81.

(2) Cfr les convoqués d'assemblée-*mô'êd*, hommes de nom, *Nu.*, 16, 2 ; convoqués de réunion-*ha'êdâh*, *Nu.*, 1, 16 ; 26, 9. Plus loin (*Dam* 4, 4), les convoqués de nom sont, à côté des prêtres et des lévites (selon *Ezech.*, 44, 15, cfr A. S. VAN DER WOUDE, *Mess. Vorstellungen*, pp. 14-15), les fils de Sadoq, élus d'Israël ; c'est l'introduction au « recensement », d'ailleurs omis par le scribe du ms., et c'est aussi la prophétie du désert réalisée. Sur l'origine de l'expression paulinienne « les convoqués-κλητοί » pour dire les chrétiens, cfr L. CERFAUX, *La théologie de l'Église suivant Saint Paul*, 3e éd., 1965, pp. 153-161.

(3) La possibilité, énoncée par K. G. KUHN, *Konkordanz Qumran, s. v.*, de comprendre dénouer (avec *n t r*) est fort problématique. A *Dam*, le verbe *y t r*, seulement employé ici, 2, 11 : Dieu fait subsister un surplus, et 3, 13 : les tenants ferme qui ont subsisté des (rebelles, ou des créatures), autre rapprochement entre les deuxième et troisième monitions.

(4) Cfr *Jer.*, 8, 3 : tout ce qui restera (verbe *š ' r*), ceux qui resteront (*id.*) ; surtout *Is.*, 37, 31 : le sauvé *(pelêtâh)* de la maison de Juda, le restant (verbe *š ' r*) poussera un surgeon par dessous *(šôrêš lemâttâh*, cfr *Dam* 1, 7 : *šwrš mt't*) ; v. 32 : car de Jérusalem sortira « du restant » *(še'êrît)* et « du sauvé » *(pelêtâh)* de la montagne de Sion. Cfr aussi *Is.*, 4, 2 : En ce jour, il y aura germination (*sémah*, cfr *Dam* 1, 7) de Yahweh…, parure des sauvés *(pelêtâh)* d'Israël ; v. 3 : Il y aura un restant (verbe *š ' r*) en Sion et un surplus (verbe *y t r*, cfr *Dam* 2, 11) à Jérusalem, …ils seront appelés saints de (Yahweh). Cfr aussi *Gen.*, 45, 7 : vous établir en reste *(še'êrît)* et vous faire vivre en délivrance *(pelêtâh)* ; *Ezech.*, 14, 22, etc. — En *Dam* 2, 6-7, lors du châtiment, il ne subsistera des rebelles ni *š'yryt*, ni *plyth*. De même *Esd.*, 9, 8, réunit les deux racines en disant : il y a eu grâce de par Yahweh, notre Dieu, à nous laisser *(lehaše'îr)* un reste *(pelêtâh)*, et régulièrement dans le T. Mass. : *Jos.*, 8, 22 ; 2 *Reg.*, 19, 30.31 ; 1 *Chr.*, 4, 43 ; 2 *Chr.*, 30, 6 ; *Neh.*, 1, 2 ; *Is.* encore : 10, 20 ; 15, 9. A *Dam*, *š'yryt*, seulement 1, 4 et 2, 6, autre rapprochement entre les

descendance ; et il leur fait notification (*wywdy'm*) par les oints (1) d'esprit saint et voyants (2) fidèles ; et avec précision, il établit leurs noms (3) ; et ceux qu'il hait, il les égare (2, 11-13). Trois actions de Dieu sont énumérées à propos des élus : il suscite les convoqués, il « fait connaître » (sans plus), il établit les noms. Elles doivent être parallèles et s'expliquer l'une par l'autre, car l'établissement des noms est synonyme de susciter ou d'élire (4). La révélation prophétique et apocalyptique, celle des voyants, est donc aussi l'un des aspects de l'élection par Dieu (cfr *Dam* 6, 3, l'audition permet la conduite parfaite, *infra*, pp. 113-118), osera-t-on dire qu'elle introduit les élus dans « le pays » que Dieu leur réserve ? « Il suscite..., afin de laisser une survivance dans le pays » (2, 11).

Dernière apparition du verbe *y d* '-savoir dans les monitions, la révélation (*wywdy'm*) est sans contredit une action de Dieu : il leur fit notification par ses oints d'esprit saint et voyants fidèles (2, 12).

En raison de la similitude des passages, la notification de la première monition, exprimée par la même forme du verbe, doit être aussi un acte divin (cfr *supra*, p. 56-57). En 1, 11-12, après avoir fait surgir, du reste (*š'yryt*) préservé jadis, un surgeon de végétation pour habiter dans le pays et croître dans son sol, Dieu suscite (*q w m*) l'initiateur de justice pour conduire les repentants et leur révéler (*wywd'*) son intervention

---

première et deuxième monitions ; en *Dam* 1, 4, le reste-*š'yryt* est cité d'*Esd.*, 9, 14, où Esdras demande à Dieu d'écarter le châtiment qui ne laisserait ni reste ni rescapés, *Dam* parle des rescapés au temps de Nabuchodonosor, quand Dieu a caché sa face.

(1) En corrigeant en pluriel le singulier *(mšyḥw)* du ms., cfr par ex. K. G. KUHN, *Konkordanz Qumran, s. v.* ; dans sa première édition, Ch. RABIN, *in* 2, 12, note 4, explique que le suffixe est écrit sans yod ; dans la deuxième, cette explication n'est plus donnée, mais la traduction suppose le pluriel. Cfr *infra*, pp. 71-72.

(2) Avec le verbe *ḥ z h* au participe ; c'est la lecture la plus vraisemblable, proposée par Y. YADIN, *Three Notes on the Dead Sea Scrolls*, dans *Isr. Explor. Journ.*, 6, 1956, p. 158.

(3) En corrigeant le ms., *šm* au lieu de *šmw*, qui se traduirait : « on établit » ce qui est possible, cfr A. S. VAN DER WOUDE, *Mess. Vorstellungen*, p. 19. Y. YADIN, *l. c.*, note 4, propose de supprimer *šmw* comme une dittographie de *šmwtyhm* qui suit et dépend alors de : Il fait connaître (à savoir, leurs noms). Sur cette correction, cfr *infra*, p. 70, note 4 ; Ch. RABIN, éd. *h. l.*, la propose aussi.

(4) Cfr A. S. VAN DER WOUDE, *Mess. Vorstellungen*, pp. 19-20.

eschatologique de châtiment. Ici, 2, 11-13, il suscite ($q\ w\ m$) des convoqués de nom pour ménager un reste (*plyṭ*, cfr p. 64, note 4), (peupler) le pays et remplir le monde, il fait révélation (*wywdy'm*) par ses oints et voyants (cfr *infra*), il établit avec précision (1) leurs noms. Il constitue donc le peuple nouveau des élus, mis à part des rejetés (ou choisi parmi toutes les créatures). Le schéma de la première monition est pourtant plus développé, les étapes sont indiquées (2), le contenu de la révélation est donné (sur la révélation de 2, 12, cfr *infra*, p. 70), c'est l'intervention de Dieu lors de la dernière génération ; le porteur de la révélation est nommé, c'est l'Initiateur de justice. A sa place, l'on nous parle ici des oints d'esprit saint et voyants fidèles, au moins selon la lecture, au pluriel, des éditeurs (cfr *supra*, p. 65, note 1).

a) Qui sont donc ces oints d'esprit saint et voyants fidèles, par qui Dieu, dans la deuxième monition, communique connaissance ? Il est bon de le savoir avant de déterminer ce que Dieu a fait connaître par eux, et pour ne pas juger *a priori*, l'on consultera le dossier complet de l'usage de ces termes.

L'expression complète, oint d'esprit saint, n'est pas biblique, mais ne détonne pas à Qumrân. L'expression apparentée, messies (oints) d'Aaron et d'Israël, se lit *S* 9, 11 (3). Si l'on veut, on la retrouve en corrigeant chaque fois en pluriel le singulier des mss médiévaux de

---

(1) De même que plus haut, 2, 9, Dieu connaît la précision de leurs temps, ici, 2, 11, il établit celle de leur existence (leurs noms). Sauf par *a priori*, il, n'y a pas de raison de supprimer de ces deux passages, la « précision », comme fait O. Betz, *Offenbarung*, p. 40, note 1.

(2) Peut-être en distinguant l'étape des Hasidim et celle du groupe de Qumrân ? Cfr *supra*, p. 13, note 4.

(3) Ce passage *S* 9, 11, manque, avec toute la péricope *S* 8, 16-9, 11, dans le ms. *4Q Se*, qui est le ms. le plus ancien, selon J. T. Milik, *Ten Years of Discovery in the Wilderness of Judaea*, Stud. Bibl. Theol., 26, Londres (1959), p. 123. Sur l'expression : oints d'Aaron et d'Israël, qui indiquerait les prêtres et les laïcs, cfr W. S. LaSor, *Vet. Test.*, 6, 1956, pp. 425-429 ; aussi J. F. Priest, *Mebaqqer, Paqid and the Messiah*, dans *Journ. Bibl. Lit.*, 81 (1962), pp. 55-61 : les deux autorités de l'Union, un prêtre et un laïc, qui ont préfiguré à un moment donné les deux « messies » futurs, se fusionneront plus tard en une seule personne, hypothèse reposant sur une chronologie hypothétique ; au contraire met en doute la théorie des deux Messies à Qumrân : R. B. Laurin, *The Problem of the two Messiahs in the Qumran Scrolls*, dans *Rev. Q.*, 4, 1, n° 13 (1963), pp. 39-52 ; sur l'attente d'un Grand Prêtre aux derniers jours, cfr J. Gnilka, *Die Erwartung des messianischen Hohenpriesters in den Schriften von Qumran und im Neuen Testament*, dans *Rev. Q.*, 2, 3, n° 7 (1960), pp. 395-426.

Dam 12, 23 ; 14, 19 (1) ; 19, 10 ; 20, 1 (2). En parlant à nouveau du
renouvellement de l'alliance et de l'apostasie qui l'a précédé, l'auteur
parlera de la rébellion contre les commandements de Dieu (donnés) par
Moïse et son oint de sainteté (6, 1)(3), mais cela regarde le passé. Dans un
cas semblable, le *S* 1, 3, dira : ce que (Dieu) a ordonné par Moïse et ses
serviteurs, ses prophètes, et encore : La loi que (Dieu) a ordonnée par
Moïse pour agir comme il a été révélé au cours des temps, et comme l'ont
révélé les prophètes par son esprit saint (*S* 8, 15-16). L'on se gardera
néanmoins d'expliquer trop vite *Dam* par le *S*, en disant : oints (en mettant
le pluriel) d'esprit saint (2, 12) = oints (en mettant encore le pluriel)
de sainteté (6, 1) = prophètes (*S* 1, 3) qui révèlent par l'esprit saint de
Dieu (*S* 8, 15-16). Une synthèse n'est recevable qu'après une stricte
analyse de chaque passage.

Dans le T. Mass., un psaume historique énonce : Ne touchez pas à mes
oints et à mes prophètes ne faites pas de mal (*Ps.* 105, 15, et parall.
1 Chr., 16, 22), mais, nous dit clairement le contexte, ce sont les patriarches encore nomades en Chanaan et « protégés » (oints) par Dieu (4).
Dans la Bible, l'oint est le prince (*1 Sam.*, 2, 10, etc. ; *Ps.* 2, 2, etc. ;
même Cyrus : *Is.*, 45, 1) (5), dans la suite le grand prêtre et pour finir
tous les prêtres (6).

---

(1) Le fg. *4Q Db* porte néanmoins ici le singulier, cfr J. T. MILIK, *Ten Years*,
p. 125 ; or il s'agit de l'expression parallèle à *S* 9, 11 ; cet unique passage avec
le pluriel (bien que yod et waw soient semblables !) ne serait-il pas, lui, à corriger ? Cfr *supra*, p. 66, note 3 : R. B. LAURIN, *Rev. Q.*, n° 13 ; cfr *infra*, p. 82, N.B.

(2) Voir de même : messie de justice, fils de David, de *4Q PB 3*, et messie
d'Israël de *Sa* 2, 12.14.20. Ces expressions viennent probablement, en ligne
directe, d'*Isaïe* ou de *Zacharie*, cfr W. S. LASOR, *The Messianic Ideas*, dans
Studies and Essays... A. A. Neumann, Leyde-Philadelphie, 1962, pp. 357-363.
Ces messies (oints) royaux sont étrangers à ceux (celui ?) de *Dam* 2, 12, qui
sont des voyants.

(3) Mais l'on corrige en pluriel le singulier du ms. médiéval, comme on fait en
2, 12 : cfr K. G. KUHN, *Konk. Qumran*, *s. v.* ; et *The Two Messiahs of Aaron
and Israel*, dans *The Scrolls and the New Testament*, ed. K. STENDAHL, 1957,
p. 59 ; A. S. VAN DER WOUDE, *Mess. Vorstellungen*, p. 25. En tout cas, le yod du
pluriel n'est pas certain dans le texte du fg *6Q* 3, 4, cfr *Konk. Q.*, note 2, et
M. BAILLET, etc., *Les « Petites Grottes » de Qumrân*, p. 310, *in h. l.*

(4) La référence au *Ps.* 105, 15 (parall. *1 Chr.*, 16, 22), faite par Ch RABIN, *in*
2, 12, et A. S. VAN DER WOUDE, *Mess. Vorstellungen*, p. 17, cette référence est
donc sans valeur ; cfr Ed. COTHENET, art. *onction*, dans *Dict. B.*, *Suppl.*, 6 (1959),
c. 721 ; sur la qualification parallèle de prophètes, cfr *infra*, p. 68, note 4.

(5) Cfr Ed. COTHENET, *ib.*, *Dict. B.*, *Suppl.*, 6, col. 717-721.

(6) Le prêtre, l'oint, cfr *Lev.*, 4, 3, etc. ; *Nu.*, 35, 25 ; sans doute *Dan.*, 9,
25-26 ; cfr Ed. COTHENET, art. *onction*, *ib.*, c. 722-725 ; W. S. LASOR, *The
Messianic Ideas*, dans *Stud. Ess. A. A. Neumann*, 1962, pp. 344-346 ; sur le
« messie d'Israël » de *Sa* 2, 12, cfr Y. YADIN, *A Crucial Passage in DSS.*, *1Q Sa*
II, 11-17, dans *J. Bibl. Lit.*, 78 (1959), pp. 239-241. — D'après cet usage biblique

L'esprit saint, de l'expression « oints d'esprit saint » (1) peut signifier à Qumrân simplement la pureté légale (cfr 7, 4, dans le deuxième code), ou la vertu (cfr dans le petit code, 5, 11 : ils ont rendu impur leur esprit saint ; sans doute aussi *S* 3, 7 ; 9, 3) (2), ou bien l'action sanctifiante de Dieu (*S* 4, 21 ; *Hod* 7, 6 ; 9, 32 ; 12, 12 ; 14, 13 ; 16, 2.3.7.12 ; 17, 26; *Sb* 2, 24; *1 Q 39* 1, 1, 24; *4 Q DibHam* 5, 15) ; mais parfois ce sont les anges (*Hod* 8, 12 ; *4Q Sl 40* 24, 5.6). Dans l'Ancien Testament, l'esprit saint est la volonté ou l'action sanctifiante de Dieu (*Is.*, 63, 10.11 ; *Ps.* 51, 13 ; *Sap.*, 9, 17), ou la vertu que donne la sagesse (*Sap.*, 1, 5 ; 7, 22). Plus particulièrement, l'expression remplace « l'Esprit de Dieu » qui inspire les prophètes. Ainsi, dans *Dan.*, on dit : l'Esprit du Dieu saint (*Dan.*, 4, 5.6 ; 5, 11), et puis l'esprit saint, de l'inspiré (*Dan.* (*Suz.*), 13, 45). Plus tard, en souvenir d'*Is.*, 11, 2-5, mais retouché, ce sera une des vertus du Messie à venir (*Ps. Sal.*, 17, 37, numérotation de O. von Gebhardt) : Dieu le rendra puissant en esprit-saint et sage en décision prudente. — Dans notre passage de *Dam* 2, 12, l'expression esprit saint ne fait donc qu'insister sur la sainteté (vertu) des consacrés par l'onction — dirons-nous les prêtres ? — peut-être avec une allusion à leur charisme d'inspiration, comme c'est le cas dans *Daniel* (cfr *supra*). Il faudra y revenir, mais avant cela, le terme parallèle de voyant doit nous apprendre normalement quelque chose.

b) Que ces consacrés (en gardant toujours la correction en pluriel) par l'onction soient des voyants (*ḥwzy* du texte) fidèles, peut indiquer que ce sont des prophètes (3).

L'identité des oints et des prophètes peut à la rigueur être suggérée par le T. Mass. (4) et à Qumrân (cfr *Dam* 6, 1, avec le parallèle *S* 1, 3,

---

(*Lev.*, 4, 3, etc.), si l'on garde en *Dam* 6, 1, le singulier du ms., l'oint de sainteté qui se trouve à côté de Moïse, ne peut-il être Aaron ? Certes, « le Messie » est un titre réservé à un davidide (cfr J. GNILKA, *Die Erwartung des messianischen Hohenprieters...*, dans *Rev. Q.*, 2, 3, n° 7 (1960), p. 408), mais avec un qualificatif « oint de sainteté », le sens est infléchi. — L'onction des fils Aaron, c.-à-d. tous les prêtres, cfr *Ex.*, 29, 21 ; 30, 30 ; 40, 15 ; *Lev.*, 7, 35-36 ; 8, 30 ; 10, 7 ; *Nu.*, 3, 3 ; cfr aussi *Milḥ* 9, 8 : l'huile de l'onction du sacerdoce, souvenir de *Lev.*, 21, 12, mais appliqué à tous les prêtres. Cette onction paraît tardive par rapport à celle du grand prêtre, cfr Ed. COTHENET, *l. c.*, col. 723.

(1) Cfr art. πνεῦμα, dans *Theol. Wört.*, 6 (1959), par 4 auteurs.

(2) Cfr G. JEREMIAS, *Der Lehrer*, p. 105, sur *Dam* 5, 11.

(3) Ainsi propose Ch. RABIN, *in* 2, 12, note 4 ; le terme *ḥ z h* avait perdu depuis longtemps son sens premier de voir, il peut être synonyme d'audition, cfr W. MICHAELIS, art. ὁράω, dans *Theol. Wört.*, 5 (1954), pp. 330, 9-26.

(4) Cfr A. S. VAN DER WOUDE, *Mess. Vorstellungen*, p. 17 ; cfr peut-être *Is.*, 61, 1 (et non 61, 6, selon A. S. VAN DER WOUDE, p. 17), mais qui est l'oint de Yahweh dans ce passage ? ; cfr mieux *1 Reg.*, 19, 16, où Élisée est oint pour

cfr *supra*, p. 66-68). Le cas n'est pas le même pour identifier aux prophètes les voyants de Dieu. N'oublions pas que c'est ici, 2, 12, la seule apparition du verbe *ḥ z h* dans *Dam* (cfr *supra*, p. 14-15).

A Qumrân, *M* 11, 7-8, décrit la puissance de Dieu, en particulier : par la main de tes oints voyants de témoignage (*ḥwzy t'wdwt*, sur ce terme, cfr *supra*, p. 31, note 7), tu nous as fait connaître les guerres à venir ; *Hod* 2, 15, oppose aux interprètes d'égarement, les « voyants de rectitudes (choses droites, ou certaines-*nkwḥwt*) », selon le texte d'*Is.*, 30, 10 (ils disent aux voyants : ne voyez pas, et aux visionnaires : n'ayez pas pour nous des visions de rectitude). Dans ce passage d'*Is.*, les deux verbes veulent apporter une variation (*r' h* et *ḥ z h*) (1). *Hod* 4, 10, s'en prend aux interprètes de mensonge et aux voyants de fraude ; *Hod* 4, 20, annonce la disparition des hommes de fraude et des voyants d'égarement, c'est le sens d'*Ezech.*, 13, 16 (2). — D'après les statistiques, deux fois à Qumrân, les voyants-*ḥwzym* sont véridiques, comme ici (3), mais ce ne sont pas les anciens prophètes, ce sont des voyants actuels, comme la vision-*ḥzwn* est aussi actuelle. Deux fois, ce sont des voyants mensongers (4).

Dans le T.Mass. (sur les verbes *r' h* et *ḥ z h*, cfr *supra*, p. 14-15), le voyant-*ḥôzêh* (un substantif) est d'ordinaire un fonctionnaire royal (*2 Sam.*, 24, 11 ; surtout : *1 Chr.*, 21, 9 ; 25, 5 ; 29, 29 ; *2 Chr.*, 9, 29 ; 12, 15 ; même *Am.*, 7, 12, où un fonctionnaire interpelle ainsi le prophète ; *Ezech.*, 13, 9, indique un acte) (5). L'action prophétique proprement dite est au contraire souvent exprimée par ce verbe (6). Parfois, pro-

---

(être) prophète à la place d'Élie ; ces emplois sont sans doute métaphoriques, cfr Ed. COTHENET, art. *onction*, dans *D. B.*, *Suppl.*, 6, c. 721 ; cfr aussi *Ps.* 105, 15 (*supra*, p. 67, note 4), Abraham est dit prophète *Gen.*, 20, 7 ; l'onction métaphorique qui lui est attribuée, vient-elle de là ?

(1) Dans le contexte des *Hod*, les voyants de rectitude correspondent aux élus de justice (cfr 2, 13), ceux qui aiment l'instruction (2, 14). Serait-ce une énumération des justes, où les voyants d'aujourd'hui ont la place des prophètes de jadis ?

(2) La vision-*ḥzwn* se lit une fois dans le même passage : Ils disent de la vision de science, elle ne tient pas (*Hod* 4, 18) : c'est une vision actuelle. L'autre usage du substantif à Qumrân : tes hommes de vision (*Hod* 14, 7) est isolé entre deux lacunes.

(3) Comme également, les deux fois, la vision-*ḥzwn*.

(4) L'activité des faux prophètes est exprimée par le verbe *n ṭ p*, dans *Dam* 1, 14 ; 4, 19.20 ; 8, 13, parall. 19, 25 ; de même *pHab* 10, 9, et *1Q* 14 (= *pMic*) 10, 2.

(5) Cfr W. MICHAELIS, art. ὁράω, *Theol. Wört.*, 5 (1954), p. 329, 10-13 ; sur le « voyant », surtout dans les livres anciens de la Bible, cfr H. M. ORLINSKY, *The Seer in Ancient Israel*, dans *Oriens Antiquus* (Rome), 4, 2, 1965, pp. 153-174.

(6) Cfr A. S. VAN DER WOUDE, *Mess. Vorstellungen*, p. 16 ; W. MICHAELIS, *art. cit.*, p. 329.

phète et voyant sont assimilés l'un à l'autre (cfr *2 Reg.*, 17, 13 ; *Is.*, 29, 10 ; 30, 10 ; *Mic.*, 3, 7) et le titre de voyant est sans doute usité pour un genre particulier de prophétie par vision (1).

Vu l'usage habituel de Qumrân, il y a probabilité que les voyants sont des voyants actuels (2). Si, d'autre part, le parallélisme avec la première monition est admis, pourquoi l'initiateur de justice ne serait-il pas, — avec d'autres, si c'est le pluriel, —, cet oint et ce voyant qui annonce ce que Dieu fera à l'ultime génération (1, 12) ? Si l'onction (*mšyḥ*) est sacerdotale (cfr *supra*, p. 67), elle rappelle que le Maître de justice est prêtre, comme le dit explicitement le *pHab* 2, 8 ; *4Q pPs 37* 3, 15, et aaronide (3). *Dam* ne fait pas mention du sacerdoce du Maître de justice autrement que par cette allusion à l'onction, avec peut-être aussi le titre de *mwrh* (cfr *supra*, pp. 54-56).

c) Après un détour par l'action (*wywdy'm*) attribuée à ce sujet, nous reviendrons par après à ce dernier.

Ce que Dieu fait connaître (et ceci est l'objet propre de notre recherche) à ceux qu'il suscite, n'est pas précisé. Le verbe *y d '*, en effet, est employé absolument, comme dans le cas de l'audition, en *Dam* 6, 3 (cfr *2 Chr.*, 23, 13, le verbe *y d '*, employé absolument à l'hiphil : donner des instructions, à savoir pour le chant) (4). Comprendre que Dieu révèle la loi, ou sur la loi, est arbitraire, car rien ne le suggère dans le contexte (5).

---

(1) Cfr W. MICHAELIS, *l. c.*

(2) Le cas d'un fonctionnaire royal ne peut être le nôtre ici.

(3) Cette qualité a-t-elle un rapport avec les affirmations, sans doute postérieures, qu'Élie, prophète des derniers jours, était prêtre ? (cfr STRACK-BILLER-BECK, *Komm.*, IV, *Exk.* 28, pp. 789-798).

(4) Cette interprétation rend inutiles les corrections textuelles proposées, cfr A. S. VAN DER WOUDE, *Mess. Vorstellungen*, pp. 18-19 ; cfr *ib.*, sur l'hypothèse de Ch. RABIN, *On a Puzzling Passage in the Damascus Fragments*, dans *Journ. Jew. Stud.*, 6, 1955, pp. 53-54, qui traduit : « (Dieu) les fit connaître, c.-à-d. les convoqués de nom », qui forment ainsi le contenu de la révélation, avec suppression comme dittographie de : « il établit (leurs noms) », *šmw* (cfr *supra*, p. 65, note 3). — Pour une étrange interprétation judéo-chrétienne du passage, cfr J. L. TEICHER, *Puzzling Passages in the Damascus Fragments*, dans *J. Jew. Stud.*, 5, 1954, pp. 139-143, et 6, pp. 54-55.

(5) Ainsi O. BETZ, *Offenbarung*, p. 14 ; il comprend : Dieu révèle sur la loi et puis fait connaître (encore *y d '*) l'histoire à venir ; c'est une distinction que le texte ne souligne en aucune manière. Ailleurs, l'on parlera de la révélation de la loi (ou révélation à son sujet), mais dans tout ce passage, elle n'est pas même citée.

Pour déterminer la portée de cette transmission de connaissance, rappelons que dans le T. Mass., Dieu fait connaître ($y\ d$ ', hiphil) le « chemin » (*Ex.*, 18, 20 ; 33, 13 ; *Ps.* 16, 11 ; 25, 4 ; 103, 7 ; 143, 8), ses commandements (*Neh.*, 9, 14 ; *Ex.*, 18, 16 ; *Ps.* 78, 5), parfois la sagesse (*Ps.* 51, 8), ou le salut (*Ps.* 98, 2 ; cfr 25, 14 : l'alliance), ou d'autres de ses attributs (*Ps.* 77, 15 ; *Is.*, 64, 1 ; *Jer.*, 16, 21 ; *Ezech.*, 39, 7, etc.), occasionnellement son œuvre passée (*Hab.*, 3, 2), ou un oracle par ordalie (*Nu.*, 16, 5), le terme de la vie du psalmiste (*Ps.* 39, 5) ou ses fautes (*Ps.* 32, 5, etc.). L'usage de cette forme est particulièrement fréquente chez *Daniel*, où le verbe à cette forme énonce que le voyant fait connaître l'interprétation d'un songe (*Dan.*, 2, 5.9.25.26 ; 4, 3.15), de l'écriture mystérieuse (5, 15.16.17) ou l'affaire du roi (c'est le songe : 2, 23) grâce à la révélation du secret (2, 30). Un être céleste fait également connaître le sens des visions (7, 16), Gabriel fait connaître ce qui arrivera au temps de la colère (8, 19), et Dieu, qui donne sagesse aux sages et connaissance à ceux qui connaissent de pénétration (2, 21), est révélateur des secrets (*galê' razîn*), il fait connaître (*hoda'*) au roi ce qui doit arriver à la fin des jours (2, 28.29.45).

A Qumrân, le sens de la même forme que chez *Daniel*, faire connaître = révéler, se trouve dans *pHab* 7, 2.4 (Dieu ne fait pas connaître la fin des temps, mais, exactement, les secrets des paroles prophétiques : *hwdy'w... rzy dbry... hnb'ym*) et dans les *Hod* (les secrets de ses œuvres : *Hod* 4, 27 ; 7, 27 ; 10, 5.14 ; 11, 9.16) (1). Dans les *Hod*, l'expression « faire connaître » paraît stéréotypée, elle ne l'est pas dans *Dam*. Les deux seuls cas de $y\ d$ ' à l'hiphil où Dieu est sujet, sont 1, 11 : il fait connaître ce qu'il fera à la dernière génération, et 2, 12 : et il leur fait connaître par ses oints et voyants (si l'on y voit le pluriel).

d) L'analogie de l'usage de $y\ d$ ' à l'hiphil chez *Daniel* est éclairante et légitime à côté des autres similitudes relevées entre *Dam* et ce livre (2). D'autre part, la révélation est eschatologique aussi bien à *Dam* 1, 11, que 2, 12, et de part et d'autre, elle se fait par le truchement de personnages actuels. L'un d'eux est nommé, c'est le Maître, ou initiateur de justice (1, 11) ; ne peut-il pas être présent en 2, 12, lorsque l'on parle d'oint et de voyant ?

En 2, 12, le texte du ms. a été corrigé (ou lu) et interprété par les éditeurs récents ; l'oint et le voyant par qui Dieu fait connaître, devient les oints

---

(1) En *Hod* 4, 28 : Dieu fait connaître ses hauts faits, le sens de $y\ d$ ' est banal.
(2) Cfr *supra*, sur $b\ y\ n$ (pp. 19-20), $r\ '\ h$ et $h\ z\ h$ (p. 20), $r\ z$ (p. 42).

et les voyants (1). Cette lecture peut s'appuyer sur *M* 11, 7-8 : par tes oints et voyants de témoignage, tu nous as annoncé les temps de guerre (2). Mais la date de la *Milḥ* est sûrement tardive, postérieure à *Dam*, et le texte est fort général. On citera aussi *Hod* 2, 15, où l'expression est empruntée à *Is.*, 30, 10, et oppose les voyants de vérité aux interprètes de fausseté, dans une séquence de groupes antithétiques. Ces parallèles ne sont pas contraignants pour faire adopter le pluriel ici. L'audace d'émettre une nouvelle hypothèse (ou mieux de reprendre l'hypothèse ancienne) (3) est-elle impardonnable ? Ce serait de lire quand même le singulier pour les deux participes : (Dieu) leur a fait connaître par son oint d'esprit saint et son voyant fidèle, en d'autres termes par le Maître ou initiateur de justice. C'est lui, au moment où Dieu suscite les convoqués et fixe leurs noms, qui est l'instrument (*byd*) par quoi il confère la connaissance. Ainsi, par son intermédiaire de révélateur, s'accomplit l'élection.

Appuyée par le parallèle de 1, 11, cette hypothèse pose néanmoins de nombreux problèmes, ne serait-ce qu'en attribuant le titre d'oint au Maître

---

(1) Cfr Ch. RABIN, *in* 2, 12 ; K. G. KUHN, *Konkordanz Qumran, s. v. mšyḥ*, p. 135, note 3 ; et *The Two Messiahs of Aaron and Israel*, dans *The Scrolls and the New Testament*, ed. K. STENDHAL, 1957, pp. 59-60 : le singulier est présenté comme une erreur du scribe ; M. DE JONGE, *The Use of the Word " Anointed " in the Time of Jesus*, dans *Nov. Test.*, 8, 1966, pp. 132-148, cfr p. 141, note 2 ; d'autres lisent le pluriel, dans le ms. même, pour messies, ainsi A. S. VAN DER WOUDE, *Mess. Vorstellungen*, pp. 15-16 ; tient au contraire pour le singulier, R. B. LAURIN, *The Problem of the two Messiahs in the Qumran Scrolls*, dans *Rev. Qum.*, 4, 1, n° 13 (1963), pp. 39-52. — Dans le cas où on lira *messie* au singulier, il faudra lire également au singulier le participe *voyant*, en épelant : *ḥwzw, son voyant* ; dans le ms., ce mot, à la fin de la ligne 12, est lisible mais éraflé (cfr le fac-similé dans l'éd. S. Zeitlin) ; la dernière lettre, que l'on veut lire yod, peut à la rigueur être un waw ; n'oublions pas d'ailleurs que, paléographiquement, waw et yod sont proches parents. Nous avons alors le participe d'un verbe à 3e radicale *h*, muni d'un pronom suffixe, chose rare mais en soi possible, cfr P. JOÜON, *Grammaire*, § 79 *k* (p. 161) et § 96 B *f* (p. 245).

(2) Ces voyants de *Milḥ* 11, 7-8, sont-ils les prophètes ? Ainsi K. G. KUHN, *The Two Messiahs* (cfr note 1), pp. 59-60 ; J. CARMIGNAC, *in M* 11, 7-8, avec référence au *Ps.* 105, 15 (sur cette référence, cfr *supra*, p. 67, note 4) ; J. VAN DER PLOEG, *in h. l.* ; Ed. COTHENET, art. *onction*, dans *D. B.*, *Suppl.*, 6, col. 725 : pour lui, l'usage est métaphorique et s'applique aux prophètes de la loi, comme fait le *Ps.* 105, 15, aux patriarches. — En réalité, quoi qu'en dise K. G. KUHN (*l. c.*, p. 59), le contexte est celui de l'*Exode* (cfr ligne 6 à 10), et les sept peuples à vaincre sont ceux de *Deut.*, 7, 1. Néanmoins, ils sont qualifiés de peuples de néant, c.-à-d. les adversaires habituels dans la guerre eschatologique de la *Milḥ* (cfr *M* 4, 12 ; 6, 6 ; 9, 9). Les oints et les voyants seraient-ils Aaron et les prêtres de l'Exode, redevenus présents aux derniers jours ?

(3) Cfr les références A. S. VAN DER WOUDE, *Mess. Vorstellungen*, pp. 17-18, à savoir M.-J. LAGRANGE, *Rev. Bibl.*, 21, 1912, pp. 217, 322, sans parler de A. DUPONT-SOMMER, *Rev. de Paris*, 58 (1951), p. 104.

de justice. En *Dam* 6, 1 (1), dans l'hypothèse où l'on voit les prophètes à côté de Moïse (en lisant le pluriel), le titre d'oint est un titre prophétique, ce qui est possible, bien que l'usage, dans le T. Mass., en soit métaphorique et rare (2). Cependant, même là, de façon normale et plus conforme aux habitudes de la Bible hébraïque, ce terme, au singulier dans le ms., comme *1Q* 30 1, 2 ; *Dam* 14, 19 ; peut-être *6Q Dam* fg 3, 4 (= *Dam* 6, 1), ce terme d'oint peut être un titre sacerdotal, voire celui d'Aaron, nommé peu avant ceci en compagnie de Moïse (5, 18) (cfr *supra*, p. 67 et note 6) (3). La *Milḥ* 11, 7-8, réunit, il est vrai, oints et voyants (sans doute les prophètes), mais n'est-ce pas amplification d'une expression ancienne, reconnaissant au sacerdoce en général (les oints), surtout au temps de l'Exode, un charisme d'inspiration (4), qui, dans le cas de

---

(1) Le fg *1Q* 30 1, 2 « oint saint », au singulier, est privé de contexte.

(2) Cfr Ed. COTHENET, *D. B.*, *Suppl.*, 6, col. 721.

(3) C'était une explication de R. H. CHARLES, II *Pseudep.*, p. 812, note 2 ; cfr M. BLACK, *The Scrolls and christian Origins*, 1961, p. 156. — Pour expliquer la syntaxe, dont K. G. KUHN souligne l'irrégularité (un génitif attaché à un nom muni d'un suffixe), ne peut-on songer à une apposition : son oint, c.-à-d. le saint ? Cfr *Sb* 4, 27 : Que Dieu t'établisse (= le prêtre) saint en son peuple (pour le peuple entier, cfr *1Q* 34 3, 2, 6). Il a été suggéré que l'espace blanc laissé dans le ms. en 6, 1, après *bmšyḥw*, trahit la disparition d'un mot, peut-être *rwḥ*, et que la préposition « *b* » est un *byd* abrégé (cfr P. WERNBERG-MÖLLER, *Some Passages in the « Zadokite » Fragments...*, *J. Sem. Stud.*, 1, 1956, p. 116). Ne peut-on proposer d'autres restaurations ? Par ex. *b'ṣt* (cfr *Dam* 20, 24 ; *S* 2, 25 ; 8, 21 ; *M* 3, 4 ; *H* 7, 10 ; *Sa* 2, 9, mais nulle part dans le T. Mass.), en comprenant : prescriptions de Dieu par Moïse et par son Oint dans la sainte réunion ; ou bien : *b'dt*, la sainte congrégation (cfr *S* 5, 20 ; *Sa* 1, 9.12, et même *Dam* 20, 2, mais non dans le T. MASS.) ; ou encore *l'm*, pour le peuple saint (cfr *M* 12, 1 ; *4Q pPs 37* 3, 7, rappelant *Deut.*, 7, 6 ; 14, 2.21 ; 26, 19 ; *Is.*, 62, 12, dans l'avenir ; 63, 18 ; et même *Joel*, 2, 16). L'expression « par *(byd)* Moïse » vient du T.Mass. (*Ex.*, 35, 29 ; *Nu.*, 36, 13 ; *Jud.*, 3, 4 ; *Neh.*, 8, 14). — Moïse et Aaron sont souvent présentés ensemble ; en particulier, Dieu leur parle souvent à tous deux (*Ex.*, 7, 8 ; 9, 8 ; 12, 1.43 ; *Lev.*, 11,1 ; 13, 1 ; 14, 33 ; 15, 1 ; *Nu.*, 4, 1 ; 14, 26 ; 16, 20 ; 19, 1 ; 20, 12, etc.) ; régulièrement à Moïse seul, mais aussi au seul Aaron (*Nu.*, 18) ; le *Ps.* 77, 21, dira que Dieu a conduit son peuple par *(byd)* Moïse et Aaron ; ils sont réunis : *Ps.* 99, 6 ; 105, 26 ; spécialement *Ps.* 106, 16 : ils furent jaloux de Moïse, au camp, et d'Aaron, le *saint* de Yahweh. — Sur l'huile de l'onction et l'onction sainte *(mišeḥat qôdéš)*, cfr *Ex.*, 30, 30-31 : tu oindras Aaron et ses fils et tu les rendras *saints* pour qu'ils soient pour moi des prêtres ; *Lev.*, 8, 12 : (Moïse) oignit (Aaron) pour le rendre *saint*, etc. Les expressions de *Dam* 5, 21-6, 1, peuvent venir de là. — D'ailleurs ce passage de *Dam* 6, 1, étranger à la thèse de K. G. Kuhn sur les deux messies, n'impose pas le sens de 2, 12, d'où Moïse est absent, de même que les deux messies.

(4) Sur les survivances du prophétisme sacerdotal et les prétentions prophétiques des Hasmonéens, cfr E. BAMMEL, *Th. Lit. ztg.*, 79, 1954, col. 351-359.

la *Milḥ*, peut rappeler l'activité passée, devenue symbolique, du Maître de justice ? Dans l'hypothèse proposée, le titre de voyant fidèle a été donné au Maître de justice pour éviter le titre de prophète, qu'on ne lui attribue jamais explicitement, et lui reconnaître pourtant un rôle tout semblable, rappeler en même temps son origine sacerdotale (oint, cfr *supra*, p. 67, note 6), jointe à son charisme prophétique (voyant fidèle) (1).

Cette interprétation, en lisant au singulier *l'oint* et *le voyant*, éclaire d'un éclairage supplémentaire le personnage du Maître, ou initiateur de justice, de 1, 1 1. Elle le situe, cette fois encore, après, ou pendant la levée des convoqués, comme il l'était dans le groupe des contrits (1, 1 1). Elle confirme sa mission et son charisme de voyant des derniers jours, en relation avec le jugement qui condamne les impies et avec la révélation qui établit l'alliance définitive.

---

(1) La prophétie des Semaines, *Dan.*, 9, 24-25, réunit justice, vision et prophétie, et onction du Saint des Saints pour le temps de l'accomplissement, et avant cela doit venir l'Oint, le Prince Messie (« il a été décrété... et pour sceller (= accomplir) la vision et prophétie, et pour oindre le Saint des Saints... ; jusqu'à un oint-chef, il y a 7 et 62 semaines »). Si *Hod* 2, 15, en citant *Is.*, 30, 10, parle d'une situation historique concrète, les « visions » se sont poursuivies et plusieurs en ont joui (« ...et à tous les voyants de choses certaines... ») (cfr G. JEREMIAS, *Der Lehrer*, p. 200 : l'auteur concentre les allusions du passage sur le seul Maître de justice, et il comprend : « ceux qui *annoncent* la vérité », ce qui n'est certes pas le sens des mots). Dans le *S*, les révélations se feront par l'étude de l'Écriture. — Le titre de Maître de justice est bien établi dans le *pHab* (7 fois) et dans le ms. B de *Dam* (3 fois) avec le même sens (cfr aussi *1Q 14 10, 4* et *4 Q pPs 37 3,* 15, jadis, 2, 15). Au début de *Dam*, on peut croire que la titulature n'est pas encore fixée (cfr *supra*, p. 56, note 2). En *Dam* 3, 8, le substantif à forme qâtîl, *ywrh*, l'enseignant, participe substantivé ou nom d'artisan (cfr P. JOÜON, *Grammaire*, § 88 *b*, p. 198), absent du T. Mass. et du néo-hébreu (cfr M. JASTROW, *s.v.*), ce mot est parallèle à : celui qui a créé ('*śyhm* ; cfr 3, 9), et il indique sans doute Dieu (plutôt que Moïse, selon A. S. VAN DER WOUDE, *Mess. Vorstellungen*, p. 72, cfr *Ex.*, 24, 12, où Dieu enseigne-*yrh* ; l'expression de *Dam* glose *Deut.*, 9, 23 et *Ps.* 106, 25, où l'on parle de Dieu). En *Dam* 6, 11, le même terme, *ywrh*, « celui qui enseigne » la justice, indique un personnage eschatologique futur (cfr *infra*, pp. 121-122 ; A. S. VAN DER WOUDE, pp. 71-73 ; G. JEREMIAS, *Der Lehrer*, pp. 283-288). Le *ywrh* de l'Union (si l'on corrige le texte du ms. *yḥyd* en *yḥd*) en *Dam* 19, 35 (la seconde main a corrigé en *mwrh*) et 20, 14, est le Maître de justice. Ne sont-ce pas des preuves sur les hésitations, à ce moment, au sujet de l'expression et de sa formulation exacte ? Ce passage 2, 11-12, est un essai de formulation plus précise ; sur le caractère de prophète des derniers temps attribué au Maître de justice, cfr R. SCHNACKENBURG, *Die Erwartung des « Propheten » nach dem Neuen Testament und den Qumran-Texten*, dans *Studia Evangelica*, T. U. 73, 1959, p. 634 ; cependant, l'auteur tient-il suffisamment compte des différentes couches de rédaction de *Dam* ?

e) Par le biais de son adversaire, nous pouvons obtenir sur le Maître et son activité, de nouvelles précisions. A cet initiateur de justice, que Dieu, dans la première monition, suscite aux contrits de cœur droit, et par qui, dans la deuxième, vu sa qualité de consacré d'esprit saint et de voyant de vérité, il fait révélation au petit reste des convoqués, est opposée, dans la première monition la « levée de l'homme de babillage », qui prêche (ou distille) à Israël les eaux de mensonge et le fait s'égarer dans le désert sans voie (1, 14-15).

L'assemblée des traîtres (1, 12) avec ses crimes, répond au reste préservé, avec sa contrition et sa recherche de Dieu, et à l'Initiateur de justice que Dieu leur suscite, s'oppose en antithèse l'homme de babillage (1), quand Israël se révolte. Le verbe se lever-ʿ *m d* est appliqué à Qumrân aux prophètes, vrais ou faux, ainsi Moïse et Aaron (5, 17), mais surtout à certains personnages des derniers temps, comme l'enseignant de justice (6, 10), le prince de la congrégation eschatologique (7, 20), le (les ?) messie d'Aaron et d'Israël (20, 1 ; 12, 23) (2). — L'action de cet homme qui distille les eaux de mensonge, est exprimée par le verbe *n ṭ p*, qui sert encore, sans doute pour le même personnage, en 4, 19-20, selon la prophétie d'*Os.*, 5, 11 (« le Ṣaw est le « prêcheur » dont il est dit : les prêcheurs prêcheront ») et en *Dam* 8, 13 et parall. 19, 25, selon *Mic.*, 2, 11 (« un agissant dans l'esprit, « prêcheur » de mensonge, leur a prêché ») (3). Le *pHab* 10, 9, parle aussi du prêcheur de mensonge qui en égare (*t ʿ h*, comme ici *Dam* 1, 15) beaucoup pour bâtir la Ville de vanité et pour les conduire au jugement (de condamnation) de feu (*pHab* 10, 9.13). Ce sont les seules apparitions du verbe *n ṭ p* à Qumrân (4). Ici

---

(1) Sur cette traduction, cfr pour la Bible, H. N. RICHARDSON, *Somes Notes on* Lîṣ *and its Derivatives*, dans *Vet. Test.*, 5, 1955, pp. 163-179, et *Addendum* pour Qumrân, p. 436 ; d'habitude, l'on traduit par railleur, l'auteur propose, en correspondance avec le titre *mêlîṣ*, de comprendre *babbler*, beau parleur, ou babillard. — Alors que le *pHab* souligne l'antagonisme des deux personnages, *Dam* ne le fait pas, mais seulement celui des deux groupes, et cela, de façon traditionnelle, par des citations. La deuxième, du *Ps.* 94, 21, parle de juste, au singulier, mais les deux autres assurent que le groupe est en question. Le « dualisme » que plusieurs découvrent à Qumrân ne peut pas, en tout cas, s'appuyer sur cet antagonisme de *Dam*.

(2) Cfr G. JEREMIAS, *Der Lehrer*, p. 282, et statistique p. 31.

(3) *1Q* 14 11, 2, introduit le Prêcheur de mensonge « qui égare les simples », dans un pésher de *Mic.*, 1, 6 : Je ferai de Samarie une ruine ; sur ce passage, *Dam* 8, 13, cfr *infra*, pp. 153-155, 185.

(4) L'homme de mensonge est connu du *pHab*, les traîtres sont ses partisans (*pH* 2, 2), il est l'adversaire du Maître de justice, qui a méprisé la loi (5, 11, et

seulement, étant donné le complément, les eaux de mensonge, se trouve le jeu de mots entre les deux sens du verbe, distiller ou égoutter, et émettre une parole ou annoncer (1). L'on peut faire avec vraisemblance la supposition que le jeu de mots se fait en référence aux deux significations de *mwrh*, celui qui fait pleuvoir (*y r h*), celui qui enseigne (*y r h*) (2), et à l'usage, outre *Mic.*, 2, 6.11, d'*Ezech.*, 21, 2.7, et *Am.*, 7, 16, pour qui ce verbe est un synonyme de prophétiser-*n b* '.

Les eaux de mensonge dont ce prédicateur abreuve Israël (1, 15) ne semblent citées, dans la Bible, que dans un poème du Livre d'Isaïe, sur le jeûne : Yahweh te dirigera toujours, et, dans les lieux brûlés de soleil, rassasiera ton âme... ; tu seras comme un jaillissement d'eaux dont les eaux ne mentent pas, et par toi seront bâties les ruines anciennes (*Is.*, 58, 11-12) (3). — La solitude (le chaos, cfr *Gen.*, 1, 2) où Israël s'égare est bien le désert de l'Exode, selon le parallélisme de *Deut.*, 32, 10, et c'est comme au désert (*Nu.*, 11, 1.10, etc.) que la colère de Dieu va s'allumer contre eux (*Dam* 1, 21) (4). — La troisième monition montrera les « tenants ferme » creusant au désert le puits d'eaux abondantes, grâce à la révélation des choses celées (3, 13.16 ; cfr *supra*, pp. 39-40).

L'image du désert revient souvent à Qumrân et les eaux de mensonge peuvent y figurer grâce à *Isaïe* (58, 11, cfr *supra*). D'autre part, comme il a été dit, l'initiateur de justice de la première monition est sans doute le consacré d'esprit saint et voyant de vérité de la seconde, L'unité de la section dans son ensemble apparaît donc encore une fois et permet de discerner la nature des eaux de mensonge en même temps, par opposition, que le contenu de la révélation.

f) Dans la révélation de 3, 13, plusieurs découvrent la loi (5), en vertu de passages parallèles dans *Dam* et à Qumrân, et surtout

---

10, 9). Les *Hod* parlent plutôt des interprètes de mensonges (2, 31 ; 4, 9, avec les voyants de fraude), ou de prophètes de mensonges (4, 16).

(1) Cfr bibliographie, G. JEREMIAS, *Der Lehrer*, p. 91. La traduction par distiller ne vaut-elle pas mieux que saliver, ou baver, même pour la « parole distillée comme le miel » (*Cant.*, 4, 11 ; *Prov.*, 5, 3), ou « comme la myrrhe » (*Cant.*, 5, 5)?

(2) Cfr G. JEREMIAS, *Der Lehrer*, p. 313, et *supra*, p. 55.

(3) Jérémie demande à Dieu : Seras-tu pour moi comme des eaux de mensonge, des eaux qui ne sont pas assurées ? (*Jer.*, 15, 18) ; c'est là plutôt une allusion aux citernes fissurées qui ne gardent pas l'eau, cfr *Jer.*, 2, 13, etc.

(4) L'absence de route-*drk* pour ceux qui l'ont quittée, paraît s'opposer en antithèse à celle du cœur de Dieu où il va mener *(lhdrykm)* les repentants (1, 11) après qu'ils l'ont cherché 20 ans (1, 9).

(5) Cfr G. JEREMIAS, *Der Lehrer*, par exemple pp. 91-95 ; Ed. COTHENET, *in Dam* 3, 16, note 28 cfr *supra*, p. 39, sur le puits au désert.

dans le rabbinisme, qui est pourtant beaucoup plus tardif. Plus loin, certes, la loi apparaîtra, et elle sera l'objet d'un enseignement et même de révélations, mais dans la présente section, elle est totalement absente, et si l'on fait l'hypothèse de ne pas l'y découvrir à tout prix, les choses s'arrangent et s'expliquent fort bien aussi. L'alliance n'est pas nécessairement identique à la loi, et le seul terme qui pourrait évoquer cette dernière, est le décret-*ḥwq* (1, 20), emprunté à une citation d'*Is.*, 24, 5, où précisément se trouve le substantif loi (*tôrôt*, au pluriel), omis ici ! Le passage cité s'énonce en effet : ils ont transgressé les lois, enfreint le décret, rompu l'alliance éternelle. Le sens de *ḥwq* est à la fois plus large et plus précis que *twrh*, c'est un décret (πρόσταγμα) de Dieu, un décret d'un genre quelconque mais toujours déterminé. Le vocabulaire, en tout cas, n'impose pas que la loi soit l'objet de la révélation.

Les termes eschatologiques, on le notera soigneusement, s'égrènent tout au long de cette monition, depuis le procès de Dieu et son jugement (1, 2), les dernières et l'ultime génération (1, 12), les malédictions et la vengeance de l'alliance (1, 17), les flatteries (1, 18, cfr *Dan.*, 11, 32), jusqu'à la colère de Dieu et la désolation qu'elle répand (1, 21, ss.). Le même cadre est celui des autres monitions : ce que Dieu va faire des rebelles lors du jugement de feu (2, 5-9), la communication de connaissance par son consacré et voyant quand il suscitera et « nommera » les convoqués des derniers temps (2, 12 ; 4, 4), et la révélation qu'il fera pour établir l'alliance définitive (3, 13), grâce à quoi les tenants ferme auront la vie éternelle (3, 20). En outre, nous dit-on, l'initiateur ou professeur de justice, consacré et voyant, doit transmettre ce que Dieu fait connaître, la révélation eschatologique des choses celées, l'annonce de l'intervention divine aux derniers temps et, en même temps, annonce de la règle de conduite correspondante ; ainsi sont assurées les eaux abondantes qui donnent la vie. L'homme de mensonge s'y oppose ; à la place du puits d'eaux abondantes, il distille dans sa prédication les eaux de mensonge bientôt taries, et dans le désert où se trouve le peuple comme jadis, il va égarer Israël hors du chemin à suivre en ces temps où le jugement approche et où, comme jadis au désert, va s'enflammer la colère de Dieu

(1, 21) ; il répand flatteries, illusion, échappatoire, distorsion morale, rébellion contre l'alliance (1, 18-21), et il fait d'Israël des traîtres (1, 12), maudits (1, 17), révoltés selon leurs désirs propres (2, 6 ; 3, 11), rejetés par Dieu de toute éternité (2, 7), égarés opiniâtres (1, 13 ; 2, 17) loin des sentiers de justice (1, 16 ; 2, 6), impurs et impies (3, 17). Cette énumération pléthorique de la première monition, régulièrement complétée par les deux autres, se résume dans l'opposition à l'annonce des derniers temps par l'Initiateur de justice, voyant de vérité. Par contraste, cette annonce s'éclaire. Elle donne, aux repentants de cœur droit, connaissance de la voie du cœur de Dieu, voulue et révélée par lui, car Dieu qui possède la science, aime à la voir chez ses fidèles, et il leur en communique par révélation les derniers secrets. La révélation va établir l'alliance authentique et définitive des convoqués de nom aux derniers jours (3, 13), fonder l'Israël éternel des tenants ferme aux prescriptions divines (3, 19), dernier secret du pardon divin et la suprême révélation qu'il fait aux hommes (3, 13.18) en leur conférant la vie éternelle (3, 20).

4. LA CONNAISSANCE DANS LA PREMIÈRE SECTION DE *Dam*

La connaissance dont parlent les monitions initiales de *Dam* est une *pénétration*, ou saisie, et aussi une vision ou vue des réalités et événements eschatologiques imminents et déjà inaugurés par la levée des convoqués à l'alliance définitive. Elle est semblable à celle que doit recevoir Daniel, et aussi Nabuchodonosor, pour pénétrer (le verbe est le même) les visions et les songes concernant les derniers jours, des énigmes, ou un livre prophétique (1). Elle est reçue, dans *Dam*, grâce à une *révélation*, ou apocalypse de volontés divines, qui ne peut venir que de Dieu, car elle fait partie de l'œuvre de Dieu aux derniers temps mettant un terme par son jugement, à l'histoire, qui est une succession d'apostasies. La *science*, en effet, sous toutes ses formes, habite auprès de Dieu et siège

---

(1) C'est pourquoi la traduction par pénétrer (*Einsicht*, cfr Fr. Nötscher, dans *Festschr. V. Christian*, 1956, p. 83) est préférable à méditer (*consider*, Ch. Rabin, S. Schechter), ou à remarquer (G. Jeremias, *Der Lehrer*, p. 151). Le sens est le sens fort d'une activité caractérisée.

à son tribunal ; Dieu seul possède la science causant toute chose et seul, il peut la donner ; il aime à la retrouver chez ceux qui, connaissant déjà la justice, tiennent ferme à son alliance, le reste des rescapés, les contrits au cœur droit. A un voyant, on pourrait dire un « prophète » si l'ère des prophètes n'était pas révolue, à l'Initiateur ou Maître de justice, qui était un consacré sans doute parce qu'il était prêtre, Dieu a communiqué la connaissance de ses œuvres, il a notifié ses *secrets* particuliers, c'est-à-dire les choses celées, qu'Israël même ignorait jusqu'ici, et dont *Daniel* parle à plusieurs reprises (cfr *supra*, pp. 43-44). Les bénéficiaires de la révélation pourront d'une part, juger de leur conduite et la régler en fonction du moment actuel, et de l'autre, comprendre la malice de l'Israël révolté, entraîné dans l'erreur par l'homme de babillage, le « faux prophète » d'aujourd'hui. Ainsi pourra s'exercer la vengeance de malédiction et de colère de Dieu contre ceux qu'il a rejetés depuis toujours, et en même temps, son élection éternelle s'accomplira, son alliance définitive se conclura avec l'Israël fidèle, bénéficiaire du pardon et de la vie éternelle.

L'unité littéraire constituée par le groupe de trois monitions de *Dam* 1, 1-4, 6 est assurée par un vocabulaire particulier.

Le titre de la première et de la troisième monition contient la même expression : les œuvres de Dieu, à pénétrer (1, 1), à voir et à pénétrer (2,14), expression qui ne se lit qu'une troisième fois, en *Dam* 13, 7, où elle est devenue objet d'enseignement. — L'œuvre divine de l'élection va s'accomplir au milieu des crimes des rebelles, selon l'expression d'*Os.*, 4, 16, cité *Dam* 1, 13-14, dans la première monition. Ils reparaissent une deuxième fois dans *Dam*, dans la deuxième monition, 2, 6, comme titre particulier des impies dont traite la monition (1). — La deuxième monition, 2, 11, montre Dieu suscitant au milieu de la rébellion, les convoqués de nom, comme disait *Nu.*, 1, 16 ; 16, 2 ; 26, 9. Ils sont les fidèles de Dieu, à la troisième monition, 4, 4, où l'on s'apprête à donner leurs noms (4, 5), comme Dieu avait établi les noms de ceux qu'il favorise de la révélation (2, 13). Ce sont les seules mises en évidence dans *Dam* du nom d'hommes avec une valeur religieuse (2). — Ces convoqués de la deuxième monition sont ce qui est resté fidèle à Dieu (2, 11), comme les tenants ferme de la troisième sont restés d'entre les égarés (3, 13), les deux seules apparitions du verbe *y t r* à *Dam*. De même jadis, nous dit la première monition, Dieu

---

(1) Le dernier emploi de *Dam* 11, 7, est banal, pour un animal récalcitrant.
(2) Les deux emplois de 14, 3-4, ont valeur administrative.

a gardé un reste pour en susciter un surgeon (1, 4), mais lors de la vengeance de feu, il n'y a pas de reste, selon la deuxième monition (2, 6), seuls usages du substantif *š'yryt* à *Dam*. — Enfin la deuxième monition se conclut en disant que ceux qu'il hait, Dieu les égare (2, 13), terme qui est le leit-motiv de la troisième monition (5 fois : 2, 17 ; 3, 1.4.14 ; 4, 1), inspiré de la prophétie d'*Ezech.*, 44, 15, citée d'ailleurs explicitement *Dam* 3, 21-4, 2, autre trait commun typique.

La lexicographie particulière à l'ensemble de cette section de *Dam* révèle un vocabulaire caractéristique qui en souligne l'unité et l'originalité.

La doctrine de ces monitions est bien homogène également, et en particulier pour ce qui regarde les thèmes de connaissance.

La trame générale est identique dans les trois cas. Au milieu de l'apostasie universelle des rebelles (1, 13 ; 2, 6), ou égarés (2, 13 ; 2, 17, etc.), Dieu intervient pour susciter un reste de fidèles. La première monition rappelle l'origine des « cœurs droits » ; le res-tant préservé jadis, lors du péché d'Israël, est maintenant visité par Dieu ; il fait germer le surgeon de repentants, aveugles certes et tâtonnants, mais qui le cherchent d'un cœur droit ; il suscite un initiateur de justice pour les conduire et faire connaître le châtiment eschatologique des traîtres rebelles. A la deuxième monition, Dieu, selon son dessein éternel, suscite d'entre les impies les convoqués de nom comme un restant de délivrance, et il leur transmet connaissance par un consacré et voyant. Dans l'égarement, au cours de l'histoire, des membres anciens et actuels de l'alliance, Dieu suscite, à la troisième monition, l'alliance défi-nitive avec les tenants ferme qui sont restés en survivance ; en eur révélant les choses cachées, il leur ouvre le puits d'eaux abon-dantes qu'ils peuvent creuser, et accomplit son secret en leur par-donnant ; il leur bâtit la maison affermie en Israël.

Le triple développement est parallèle et se complète progres-sivement d'une monition à l'autre. Dieu préserve et suscite, puis il révèle (1). Il préserve aux derniers jours (1, 12 ; 4, 4), car le jugement est proche (1, 2.12 ; 2, 5-9 ; 3, 17), et Dieu va y procéder avec l'omniscience qu'il possède (2, 3-4). L'intervention, « l'œuvre de Dieu », doit être saisie, *pénétrée* et vue (1, 1 ; 2, 14). C'est la

---

(1) Cet aspect du document dans cette section a fait croire à H. GRESSMANN que *Dam* était tout entier une apocalypse, cfr son *c. r.* de S. SCHECHTER, *Documents of Jewish Sectaries*, dans *Z. D. Morg. G.*, 66, 1912, pp. 491-503.

raison des monitions, et la pénétration permettra la conduite parfaite à laquelle elle est d'ailleurs destinée (1, 11 ; 2, 3 : la « science » ; 2, 15-16). L'œuvre de Dieu est une *révélation*, la troisième monition le dit en terme propre (3, 13) ; elle est une communication ou notification de *connaissance*, accomplie par l'intermédiaire de l'initiateur de justice (1, 11), consacré d'esprit saint et voyant fidèle (2, 11-12). Elle annonce la punition des apostats (1, 12), mais surtout elle fait connaître les *choses cachées* (3, 14) que Dieu jusqu'ici n'avait pas révélées (cfr *Deut.*, 29, 28). Ainsi sera creusé au désert le puits (3, 16) dont les eaux abondantes permettent de vivre (3, 17). L'œuvre de Dieu consiste également, et c'est là son admirable *secret*, à pardonner (3, 18) au petit Reste, les contrits, aveugles mais droits (1, 10), qui ont reçu sa révélation et ont tenu ferme (3, 12.20) au milieu de l'apostasie. Ce seront eux la maison solide d'Israël que Dieu va bâtir ; ils vivront éternellement (3, 20).

Enfin, soulignons-le une fois encore, toute cette doctrine, comme le confirme la lexicographie, est sinon inspirée par le Livre de Daniel, du moins inspirée de la même inspiration que lui. Jugement, révélation ou notification, vision, pénétration, secret, choses cachées, tenants ferme, tout ce vocabulaire est commun aux deux écrits et relève d'un milieu semblable à une époque à peu près la même.

* * *

La première section du Document de Damas (*Dam* 1, 1-4, 6a) se compose de trois monitions (« écoutez-moi, vous tous »). Elles annoncent toutes trois le proche châtiment des impies révoltés, héritiers de tous les apostats de l'histoire. Elles révèlent en même temps à ceux qui « tiennent ferme » à l'alliance, les volontés divines, grâce à quoi ils pourront comprendre la malice des impies et, à l'opposé, la conduite parfaite à tenir en ce temps du jugement (1). Dieu en effet leur a suscité un initiateur de justice,

---

(1) Cfr H. W. HUPPENBAUER, *Zur Eschatologie der Damaskusschrift*, dans *Rev. Qum.*, 4, 4, n° 16 (1964), pp. 567-573 ; cependant, en relevant les passages eschatologiques de *Dam*, eschatologie plus ecclésiologique que messianique,

voyant de vérité ; il leur fait connaître les châtiments qu'il va infliger aux apostats et leur révèle les choses cachées qu'il avait gardées celées au Sinaï ; il leur accorde son admirable pardon et bâtit ainsi en Israël une maison définitive, l'alliance éternelle.

---

l'auteur a-t-il rendu justice à l'eschatologie « prophétique » des monitions ? Celle-ci est mieux respectée par R. SCHNACKENBURG, *Die Erwartung des « Propheten » nach dem Neuen Testament und den Qumran-Texten*, dans *Studia Evangelica*, T. U. 73, 1959, pp. 622-639, voir pp. 633-636 ; cfr aussi K. SCHUBERT, *Die Messiaslehre in den Texten von Chirbet Qumran*, dans *Bibl. Z.*, 1, 1957, pp. 177-197, voir pp. 178-181.

N. B. — Pendant l'impression de ces pages a paru l'étude de R. DEICHGRÄBER, *Zur Messiaserwartung der Damaskusschrift*, dans *Z. altt. Wiss.*, 78, 1966, pp. 333-343 ; l'auteur défend le pluriel : les deux messies, pour les passages *Dam* 12, 23 ; 14, 19 ; 19, 10 ; 20, 1, et *S* 9, 11, car même le singulier de certains mss, comme il est suivi de deux compléments, peut avoir un sens pluriel (cfr *supra*, p. 67, note 1) (30 janvier 1967).

CHAPITRE II

LES THÈMES DE LA DEUXIÈME SECTION
(*Dam* 4, 6*b*-6, 11)

* **4,** [6b] [...] anciens (?) de sainteté auxquels Dieu a accordé
la réconciliation, [7] et ils ont jugé juste le juste et impie
l'impie ; et (tels sont ?) tous les entrés (de l'alliance) après
eux, [8] (qui veulent) agir selon l'exactitude de la loi dont
avaient été instruits les anciens ; (ils veulent agir ainsi)
jusqu'à l'achèvement [9] du temps de ces années-là, (agir)
selon l'alliance que Dieu a érigée pour les anciens afin d'opé-
rer l'expiation [10] de leurs manquements ; de cette manière
(aussi), Dieu a opéré l'expiation pour eux (les contemporains) ; et aussi longtemps que se poursuit (= l'achèvement)
le temps selon le nombre de ces années[11]-là, personne ne
s'attachera plus à la maison de Juda, car « Chacun se tiendra à [12] sa tour de garde », « Le mur est bâti, le Droit est
loin » ; et pendant toutes ces années-là sera [13] lâché Bélial
sur Israël, comme Dieu l'a dit par le prophète Isaïe, fils
[14] d'Amos en disant : « Terreur et fosse et rets (sont) sur toi,
habitant du Pays ». Explication de cela [15] : les trois filets...

5, [15b] Car également aux temps jadis, Dieu a fait la visite
[16] de leurs œuvres et sa colère s'est enflammée contre leurs
méfaits, en effet, « Ce n'est pas là un peuple de pénétration,
[17] eux, c'est une nation égarée de conseils, du fait qu'il n'y a
pas en eux de pénétration » ; or jadis se sont levés [18] Moïse
et Aaron par la main du Prince des lumières, et Bélial a
suscité Yaḫannèh et [19] son frère par sa malice, quand

---

* Cf. note, p. 5.

Israël a été sauvé pour la première fois ; [20] et (de même)
au temps de la destruction du Pays se sont levés les déplaceurs de limite, et ils ont égaré Israël, [21] et le Pays a été dé-
vasté, car ils ont proclamé la rébellion contre les ordonnances
de Dieu (énoncées) par Moïse et aussi 6, [1] par son oint de
sainteté, et ils ont prophétisé le mensonge pour détourner
Israël de derrière [2] Dieu ; et Dieu s'est souvenu de l'alliance
des anciens, et il a suscité d'Aaron des pénétrants et d'Israël
[3] des sages et leur a fait une audition, et ils ont creusé le
puits, « puits creusé des princes, foré [4] des nobles du peuple
par le bâton (de forage)-sceptre » ; ce puits est la loi, et ceux
qui le creusent, ce sont les [5] convertis-exilés d'Israël, ceux
qui sont sortis du pays de Juda et résident au pays de Damas,
[6] eux tous que Dieu a appelés princes, parce qu'ils l'ont
recherché et ne s'est pas détournée [7] leur louange (?) de la
bouche de quiconque (?) ; et celui qui taille (= tranche),
c'est le chercheur de la loi dont [8] a parlé Isaïe : « Celui qui
produit son outil pour son travail » ; et les nobles du peuple,
ce sont [9] les entrés (de l'alliance) (occupés à) forer le puits
avec les bâtons-décrets qu'a tranchés le bâton-décréteur,
[10] pour se conduire ainsi tout le temps de l'impiété, et sans
cela, ils n'atteindront pas (le moment) où se lèvera [11] l'enseignant de justice aux derniers jours.

Au début du Document de Damas, trois monitions ont été
énoncées de façon semblable, et la troisième reprend et complète
les deux premières : aux derniers temps, Dieu veut établir l'alliance d'éternité avec Israël, et l'auteur va le *révéler*, afin que l'on
puisse *voir* et *pénétrer* les œuvres divines ; Dieu les accomplit en
faisant lui-même *révélation* sur les *choses cachées* (qui ne paraissent
d'ailleurs pas explicitées) et en accordant son *pardon* selon son
secret merveilleux ; les *tenants ferme* vivront ainsi de la *vie éternelle*.
Tous ces termes, on ne l'oubliera pas, sont repris au Livre de
Daniel ou du moins y constituent des thèmes importants. Ces
hommes sont les convoqués de nom (cfr *Deut.*) suscités aux
derniers jours, et à l'opposé, contre les rebelles chercheurs
de flatteries (cfr *Dan.*, 11, 32), va s'allumer la colère de
Dieu.

L'atmosphère se transforme quand on arrive à la deuxième section (1). Cependant, le point de comparaison reste le peuple au désert, pour lequel Dieu avait dressé une alliance afin de lui pardonner ses manquements (4, 9-10) (2). Désormais, on les appelle Anciens, sans autre précision et à trois reprises (4, 6.8.9).

L'« alliance des anciens » apparaît dès *Dam* 1, 4, mais comme en 6, 2, c'est une citation de *Lev.*, 26, 45, et la comparaison ne porte pas directement sur l'alliance : Quand (Dieu) s'est souvenu de l'alliance des anciens, il a fait rester un reste et a suscité un initiateur de justice. Leur respect des « limites » dans leur héritage (1, 16) était exprimé grâce également à une citation, cette fois de *Deut.*, 19, 14. L'on ne peut donc pas dire que le terme d'Anciens joue un rôle dans la première monition. — Dans la troisième, en *Dam* 3, 10, le terme est un adjectif, les « premiers » entrés dans l'alliance, qui sont d'ailleurs des coupables, non des modèles comme ici (3). En 20, 31, l'adjectif qualifie les usages, comme en *S* 9, 10 (4). — Le titre d'anciens ne se présente plus, en *Dam*, qu'en 8, 17, parall. 19, 29, section encore plus évoluée que la nôtre (cfr *infra*, p. 181-183) : « l'amour de Dieu pour les anciens ». Si l'expression d'Anciens

---

(1) C'est pourquoi l'on ne peut prolonger le passage de 2, 12, à 4, 11, comme J. Maier, *in* 2, 13, et Ed. Cothenet, *in h. l.* note 12 ; ou jusqu'à 4, 18, comme I. Rabinowitz, *A Reconsideration of « Damascus »...*, dans *J. Bibl. Lit.*, 73, 1954, pp. 15-19 : il paraît identifier les « saints anciens » de 4, 6, et les « appelés par leur nom à la fin des jours » de 4, 4, qui seraient les ressuscités de *Dan.*, 12, 2... La longueur de la lacune est indiscernable ; tout de même, les anciens, et les ultimes convoqués aux derniers jours, dont la liste devait être donnée, ne sont pas les mêmes personnages ! Un nouveau paragraphe commence. O. Betz, *Offenbarung*, pp. 8-9 et 32, note que ce point, *Dam* 4, 6, termine un exposé. — I. Rabinowitz fait l'hypothèse que dans la lacune se trouvait une citation, introduite par « voici », comme dans les Livres des Rois. La citation omise par le copiste aurait consisté dans les généalogies de *Chroniques-Esdras-Néhémie*, sans que le livre soit nommé parce qu'il est trop connu (cfr *ib.*, p. 17, notes 24 et 25). Ces hypothèses sont peut-être défendables, mais elles devraient être défendues. — Hypothèse également à prouver, que les convoqués de nom (4, 4) sont les élus vivant au temps où Bélial sera lâché (4, 12-13, cfr J. Carmignac, *Notes sur les Pesharîm*, dans *Rev. Q.*, 3, 4, n° 12 (1962), p. 528). Ces « élus » sont les hommes venus après les anciens (4, 7), la terminologie a évolué, et il importe d'en tenir compte.

(2) Mais la construction accoutumée du verbe (*b'd* et le nom du bénéficiaire, *'l* et le délit) n'évoque plus le veau d'or (4, 6.9-10, *b'd* et le délit), selon *Ex.*, 32, 30 ; cfr 3, 18, et *supra*, p. 40, note 3.

(3) O. Betz, *Offenbarung*, p. 38, les identifie, sans doute par confusion, à ceux qui reçoivent la révélation de 3, 13, où les « tenants ferme » sont distingués des « anciens » ; cfr *ib.*, p. 9, où la distinction est bien faite.

(4) Cfr A. S. van der Woude, *Mess. Vorstellungen*, p. 75.

vient chaque fois de *Lev.*, 26, 45 (1), son usage est nuancé selon les passages (2).

Ces anciens du désert étaient des gens vertueux, soucieux de justice, appliquant, au tribunal, la prescription du *Deut.*, 25, 1 : juger juste le juste, et impie l'impie. Dans la première monition, avec tous leurs autres crimes, les chercheurs de facilité, traîtres et rebelles (1, 12-13) faisaient le contraire (1, 19) (3). Les successeurs de ces anciens les imitent, ils se conduisent selon l'exactitude de la loi, qui apparaît ici pour la première fois dans *Dam* et est d'ailleurs aussitôt située : de cette loi, les anciens ont été instruits *-y s r*. Ce premier thème de connaissance dans la section est déjà tout un programme et dessine un horizon. Certes, l'enseignement des anciens a une tonalité eschatologique, il gardera sa valeur « jusqu'au moment accompli de ces années » (4, 8-9), on répète la même chose (4, 10-11) pour amorcer le premier développement, et encore une troisième fois (4, 12). Mais ce développement lui-même n'aura plus rien d'une « monition de révélation » (1, 1 ; 2, 1 ; 2, 14 ; cfr *supra*, pp. 8-10), ce sera un *pésher* (4, 14) (4). L'eschatologie n'a pas disparu, mais on éprouve le besoin de l'évoquer avec une insistance un peu artificielle, et en tout cas, il n'est plus question de vision, de révélation, de pénétration, ni de secret. Le pésher est moralisant et concret, il veut expliquer les crimes de Juda et se termine en appliquant à ces blasphémateurs deux prophéties d'Isaïe (cfr 5, 13-15) : ce sont des dévastateurs, leurs œuvres sont vaines et venimeuses.

---

(1) Cfr A. S. VAN DER WOUDE, *ib.*, p. 24 et 17.

(2) En 4, 8, l'expression « les anciens » indique-t-elle les premiers membres de la communauté ? (ainsi P. WERNBERG-MÖLLER, *in S* 4, 10, note 23). C'est peut-être le cas en 20, 31, où l'on parle de l'époque du Maître de justice. Ici, le point de comparaison est l'assemblée du désert dont les anciens furent les membres.

(3) Les anciens sont-ils appelés ici hommes de parfaite conduite ? Seul subsiste le dernier mot de l'expression après la lacune, et on complète *Dam* 4, 6, selon la formule de 7, 5, sans parall. ; 20, 2.5.7, où il s'agit des membres de l'assemblée actuelle, non comme ici de celle du désert. I. RABINOWITZ, *J.B.L.*, 73, 1954 (cfr p. 85, note 1), p. 18, propose : les saints anciens ; cfr en outre, p. 88, note 1.

(4) Ce terme d'école, si fréquent dans les « pésharim » de Qumrân, désigne, dans le Livre de Daniel, l'explication des songes accordés par Dieu, cfr *Dan.*, 2, 4.5.6.7.9, etc. ; 4, 4.6.15, etc. Il n'apparaît qu'ici à *Dam* avec le sens des Pésharim.

La deuxième partie de la deuxième section va décrire la restauration de l'alliance, et, comme il se doit, prendra comme point de comparaison le peuple des origines. Celui-ci est décrit par une citation assez fidèle de *Deut.*, 32, 28 : ce n'est pas un peuple (capable) de *pénétrer*, du fait qu'il n'y a pas en eux de *pénétration*, c'est une nation égarée de *conseils* (5, 16-17). La citation est sûrement choisie en raison de ces thèmes ; il faudra préciser leur portée. De même qu'à cette époque du désert ont été suscités par Bélial contre Moïse Jannès et son frère (5, 17-19), ainsi au temps de la destruction, nous explique-t-on, se sont levés les révoltés qui ont prophétisé le mensonge et détourné Israël de Dieu (5, 21-6, 1). Mais, comme dans *Lev.*, 26, 45 (cfr *Dam* 1, 4), Dieu s'est souvenu de l'alliance des anciens, il a suscité d'Aaron des *pénétrants* et d'Israël des *sages*, comme dans *Deut.*, 1, 13. Comme encore *Deut.*, 30, 12, il leur a fait une *audition* (6, 2-3), nouvelle expression pour dire l'origine de leur science. Grâce à cela, ils ont creusé le puits au désert, on l'explique par un midrash de *Nu.*, 21, 18, où apparaît en particulier le *chercheur* de la loi (6, 3-9). Les prescriptions qu'ils ont « creusées » resteront en vigueur jusqu'à ce que se lève aux derniers jours un *enseignant* de justice (6, 10-11).

Le pésher d'*Isaïe* (4, 13-18) introduisait le catalogue des vices contemporains (4, 20-5, 15) (1) ; de la même manière, le midrash de *Nu.* (6, 3-9) sert d'introduction à un code en douze préceptes (6, 12-7, 4). Cette symétrie permet d'affirmer l'unité de la section 4, 6-7, 4, bien que l'on puisse en disposer autrement les divers éléments. Dans le code, les thèmes de connaissance ne sont pas nombreux et seront étudiés avec ceux du grand code (cfr *infra*, pp. 200-207). Relevons-y, après les prescriptions de faire la différence entre l'impur et le pur, celle de *faire connaître* (la différence) entre le sacré et le profane (6, 17-18), et ensuite celle de garder le sabbat, les fêtes et le jour de jeûne selon la *trouvaille* des entrés dans l'alliance nouvelle au pays de Damas (6, 18-19).

La deuxième partie de la section est plus riche que la première en thèmes de connaissance : pénétration (trois fois), conseil,

---

(1) Le fragment *6Q Dam* fg 1, en possède une partie, 4, 19-21, l'introduction, et *6Q Dam* fg 2, 5, la conclusion : 5, 12-15.

sagesse, audition, enseignement, chercheur et enseignant, puis faire connaître et découvrir ou faire trouvaille. Cela s'explique par son aspect positif. Il reste à discerner la portée de chacun de ces termes, et d'abord de l'instruction de la loi (4, 8), reçue par les anciens, unique thème de connaissance dans la première partie de la deuxième section de *Dam*.

I. L'INSTRUCTION REÇUE JADIS (*y s r*, 4, 8)

Deux groupes sont présents au début de la section, les anciens (4, 6-9) et les contemporains arrivés après eux (4, 7). En raison de la lacune initiale, il est difficile de deviner ce que l'on disait des anciens. Le texte se présente comme suit : (4, 6 :) [...] anciens de sainteté auxquels Dieu a pardonné, (7 :) et ils ont jugé juste le juste et impie l'impie ; et (tels sont ?) tous les entrés après eux, (8 :) (entrés) pour agir selon l'exactitude de la loi dont les anciens ont été instruits, jusqu'à (9 :) l'achèvement de ces années-là, selon l'alliance que Dieu avait établie pour les anciens en vue de leur pardonner (10 :) leurs manquements ; ainsi Dieu leur a pardonné. Et... à la fin de ces années-là, (11 :) nul ne s'attachera plus à la maison de Juda (4, 6-11).

Nous apprenons qu'en faveur des anciens (1), Dieu a accordé la réconciliation, et, en conséquence (imparfait consécutif), qu'ils ont mené une vie vertueuse, appliquant l'exigence du *Deut.*, 25, 1, lorsqu'il suppose l'intégrité des juges au tribunal (4, 7). Une comparaison est ensuite instituée entre les anciens et les contemporains. Les « arrivés après eux » ont reçu comme eux (cfr 4, 9 et 6) le bienfait divin de la réconciliation (4,10) (c'est le premier élément de la comparaison) ; ils en ont joui grâce à l'alliance (2e élément) que Dieu avait établie en faveur des anciens et dont le but était la réconciliation et le pardon de leurs manquements (4, 9-10) (2) ; cette alliance dont les contemporains sont favorisés comme les anciens, correspond (préposition *ke*) à la loi (troisième

---

(1) Il est légitime, en 4, 6, de conjecturer de cette manière *(r'šwnym)* la restauration du deuxième mot, incompréhensible *(šwnym)* dans le ms.

(2) Il semble difficile d'interpréter : Dieu établit l'alliance *lorsqu*'il pardonna, cfr E. WIESENBERG, *Vet. Test.*, 4, 1954, p. 291, note 5.

élément de la comparaison), qu'ils ont l'intention (préposition *le*) d'appliquer avec exactitude et jusqu'au moment parfait selon le nombre des Années (« ces années-là », 4, 8-9). Le moment par excellence (?), calculé selon le nombre des années, est le terme final de la conduite des contemporains (1), car l'expression complète (2) va colorer les règles morales énoncées ensuite : au moment calculé selon le nombre des Années, nul ne s'attachera plus à la maison de Juda (4, 10-11). Et de la loi que les contemporains veulent appliquer avec exactitude et qui correspond à l'alliance établie pour les anciens, l'on nous dit que les mêmes anciens en ont été instruits (4, 8). C'est ainsi que nous arrivons au sujet du présent paragraphe.

Une reconstitution du texte lacuneux devra tenir compte du parallèle rigoureux mais nuancé établi entre les deux groupes (3). Le texte actuel laisse pourtant voir la place exacte de l'instruction de la loi qu'ont reçue les anciens. Les contemporains veulent agir selon la loi (connue) par l'instruction (4, 8 : pour agir selon l'instruction), loi correspondant à l'alliance et à son but, la réconciliation. Se succèdent donc la loi (munie de l'instruction) avec l'alliance — puis la réconciliation — enfin la vie vertueuse. Dans le cas des anciens, l'alliance de réconciliation (jointe à la loi et son instruction) entraîne la vie vertueuse : « Dieu leur a pardonné, et ils ont jugé etc. » ; dans celui des contemporains, parallèlement et de façon plus précise, le but en imitant les anciens est une conduite selon la loi, et selon l'alliance de réconciliation ; en conséquence, Dieu leur pardonne. L'on ne dit pas explicitement qu'ils doivent aussi être instruits de la loi, mais le parallélisme permet de le croire : à eux, la loi reçue par les anciens (4, 8), l'alliance des anciens (4, 9), la réconciliation comme aux anciens (4, 9-10). L'instruction de la loi ne peut que leur revenir comme

---

(1) On pourrait y voir la fin ultime de l'instruction : instruits pour jusqu'à...

(2) Dans le premier des trois emplois, il manque le terme « nombre » (4, 9).

(3) Les éditeurs et commentateurs sont prudents avec raison, et ne font de conjecture qu'au sujet du substantif correspondant aux deux adjectifs du ms. ; mais un verbe a sûrement disparu, car le verbe : « *et* ils ont jugé juste » ne correspond pas à la proposition subordonnée : « auxquels Dieu a pardonné », mais à un deuxième verbe principal. La lacune est donc plus importante, sans que l'on puisse la déterminer ; cfr en outre, p. 88, note 1.

aux anciens, d'autant que le midrash de la deuxième partie exposera la découverte de la loi au désert (6, 4.7). Il reste à savoir ce qu'est l'instruction de la loi. Est-ce une révélation comme celle du Sinaï ? un enseignement ? un approfondissement exceptionnel et supraterrestre ?

1. LE VERBE *y s r*

A Qumrân, le verbe *y s r* et ses dérivés, sans être exceptionnels, ne sont pas fréquents.

Le verbe se rencontre deux fois dans *S* 3, 6 ; 9, 10, deux fois dans *Dam* ici 4, 8 ; 20, 31, et une fois *4Q DibHam* 3, 6. Le substantif *yswr*, à peu près inconnu du T. Mass., apparaît deux fois dans *S* 3, 1 ; 6, 26 ; deux fois dans *Dam* 7, 5.8 (et parall. 19, 4), une fois *Hod* 17, 22, une fois *1Q* 34 3, 2, 7. Le dérivé *mwsr*, une fois *S* 6, 14 ; deux fois *Hod* 2, 14 ; 6, 4 ; une fois *Sa* 1, 8. En forte majorité, l'usage se limite aux « règles », *S* et *Dam*.

Le T. Mass. connaît le verbe et son dérivé *mwsr*. Plus d'une fois, le sens du verbe n'a rien d'intellectuel, c'est une correction punitive, celle du fils rebelle (*Deut.*, 21, 18), du faux accusateur (*Deut.*, 22, 18, cfr LXX : παιδεύειν), celle du peuple par Dieu (*Lev.*, 26, 18.23.28 ; et souvent chez les prophètes : *Is.*, 8, 11 ; *Jer.*, 2, 19 ; 10, 24, etc. ; *Os.*, 7, 15 ; sans doute *Ps.* 118, 18) (1). C'est aussi le cas du substantif *mwsr* (*Is.*, 26, 16 ; 53, 5 ; *Jer.*, 2, 30 ; 5, 3 ; etc.). A d'autres occasions, la correction prend valeur d'une expérience à ne pas oublier. Déjà, la correction par Dieu a souvent cette portée (cfr les citations *supra* ; *Deut.*, 8, 5 ; *Jer.*, 31, 18 : comme un taureau non « dressé » ; *Ezech.*, 5, 15 : tu seras châtié, « instruction » et épouvante pour les nations ; cfr 23, 48 ; *Ps.* 38, 2 ; 39, 12), et celle de l'homme également, surtout dans les *Proverbes* (5, 12.23, etc.), où le terme devient synonyme d'éducation (cfr *Prov.*, 1, 3.8, LXX : παιδεύειν). C'est le sens de *Deut.*, 8, 5, cité par *4Q DibHam* 3, 6, où est établi un parallèle entre l'éducation de Dieu et celle de l'homme. La nuance intellectuelle peut devenir prépondérante et le terme signifier à peu près instruction, avec un sens à la fois intellectuel et moral (2). Dieu choisit Israël ; du ciel, il fait entendre sa voix pour l'instruire, sur la terre, il a fait voir le feu (*Deut.*, 4, 36,

---

(1) Cfr G. BERTRAM, art. παιδεύω, dans *Theol. Wört.*, 5 (1954), pp. 605-607. C'est le sens de *y k ḥ*, verbe souvent mis en parallèle avec *y s r* dans le T. Mass. : cfr *Jer.*, 2, 19 ; *Ps.* 6, 2 ; 39, 12 ; 94, 10, mais cfr *infra*, p. 91 ; *Job*, 5, 17 ; sur ce terme *y k ḥ*, cfr G. JEREMIAS, *Der Lehrer*, p. 112, note 4.

(2) Cfr G. BERTRAM, *Th. W.*, *l. c.*, pp. 604-605.

LXX : παιδεύειν). Vos enfants ne savent pas, ils n'ont pas eu l'instruction de Yahweh (*Deut.*, 11, 2) ; Yahweh instruit le laboureur de l'usage (= méthode de labourer), il l'enseigne (*Is.*, 28, 26) ; comprenez, rois, instruisez-vous, juges (*Ps.* 2, 10) ; j'ai entendu une instruction (= leçon) outrageante (*Job*, 20, 3) ; je les ai enseignés (*l m d*) et encore enseignés, ils n'écoutaient pas en acceptant l'instruction (*Jer.*, 32, 33) ; recevrez-vous l'instruction en écoutant mes paroles ? (*Jer.*, 35, 13 ; cfr *Ps.* 50, 17 ; 94, 10 : *y s r* ; *y k ẖ* ; *l m d* ; *d'ť*) ; l'homme que tu instruis, auquel tu enseignes ta loi (*Ps.* 94, 12 ; LXX : παιδεύειν, διδάσκειν). La sagesse est d'ailleurs morale autant qu'intellectuelle (cfr *Prov.*, 1, 7 : la crainte de Dieu est le commencement de la science, les insensés méprisent sagesse et instruction).

Au vocabulaire du T. Mass., qui se rencontre à Qumrân surtout dans les règles, *S* et *Dam*, s'ajoute à Qumrân, avec les mêmes significations, le substantif *yswr* (1). Les deux sens du verbe et du substantif *mwsr*, corriger ou instruire, sont possibles, et le contexte devra déterminer l'insistance dans l'une ou l'autre direction. Le régime ou l'apposé usages-*mšpṭym*, avec le sens instructions des usages, instructions selon les usages (*Dam* 7, 8, parall. 19, 14 ; 20, 31 ; *S* 3, 1.6 ; 6, 14 ; 9, 10) (2), ne prouve pas le sens intellectuel, car il peut signifier la droite conduite (3), et la proximité du terme juridique *mšpṭym* lui donnera le sens de principe de droit ou de législation qu'il importe de connaître ou d'appliquer, par exemple *S* 9, 10 : par les usages anciens dont ont commencé de s'instruire -*y s r* les hommes de la communauté, on sera jugé (4) ; *Dam* 20, 31, avec *y s r* : c'est la description finale des « tenants ferme » aux usages, ils ne se sont pas révoltés contre les décrets, les usages de témoignage, ils se sont instruits (hithpaël) des usages anciens par lesquels ont été jugés

---

(1) Le terme *ysswr*, inconnu du T. Mass., existe dans le rabbinisme avec le sens de correction, souffrances, épreuves, cfr M. JASTROW, *s. v.*

(2) Ou bien, en *Dam* 7, 8, faut-il comprendre : « ils se conduisent selon la loi et (car ?) ainsi (cfr G. JEREMIAS, p. 124) sont les instructions, selon les règlements de la loi. »

(3) Cfr avec le verbe instruire-*y s r* : *Jer.*, 30, 11 ; 46, 28, etc. C'est le sens probable de *S* 3, 6 : le méprisant des usages n'*adopte* pas la conduite droite, avec le verbe *y s r*. En 6, 26, la négligence-*p r '* de l'admonition-*yswr* de l'aîné porte sur un jugement pratique de sa part, et c'est le deuxième des usages-*mšpṭym* (cfr 6, 24) énumérés dans le code. L'expression négliger-*p r '* l'instruction-*mwsr* (seul terme connu du T. Mass.) est présente dans *Prov.*, 8, 33 ; 13, 18 ; 15, 32 (cfr P. WERNBERG-MÖLLER, *in* 6, 22), et l'obéissance à l'aîné semble être affirmée ailleurs (cfr *S* 5, 23). Comprendre : négliger (= blesser) le fondement (= dignité) de son compagnon, est possible (ainsi P. GUILBERT, *in S* 6, 1), ou bien supposer une lacune (ainsi J. MAIER, *in h. l.* traduction), mais est-ce nécessaire ?

(4) Ou : l'on se conduira, cfr P. WERNBERG-MÖLLER, *in h. l.*, p. 135, note 23, sens dérivé de *mšpṭym*-usages.

les hommes de l'union (si l'on corrige en *yḥd* les *yḥyd* du ms.) et ils ont écouté la voix du maître de justice. Les usages prennent ici la place de la loi de 4, 8 (1). — Prescriptions législatives sont les instructions-*yswr* de *Dam* 7, 5.8, parall. 19, 4, dans un contexte où l'on parle de loi, d'usages et de règlements (cfr *infra*, p. 136-139). En *S* 3, 1, le mépris porte sur les principes-*yswry* de la droite conduite, instructions de connaissance et (c.-à-d. ?) des justes usages, et le refus consiste à ne pas vouloir les connaître (2). En *S* 6, 14, le candidat « voué » doit arriver (*n š g*) (3) à la droite conduite-*mwsr*, mais celle-ci est éprouvée par un examen d'intelligence et suivie de la pénétration des usages. Le contexte est déjà intellectuel par lui-même. *Sa* 1, 8, a un sens tout proche : l'étude du Livre de Hagê et l'intelligence des décrets de l'alliance précèdent « l'instruction-*mwsr* à recevoir » (4). Le passage *Hod* 2, 14, montre « ceux qui aiment l'instruction-*mwsr* » (et la science, ajoute *Prov.*, 12, 1) mis à l'épreuve, mais cela se fait par le psalmiste, bénéficiaire de connaissances toutes spéciales, signal pour les justes élus, interprète (prophète ?) savant des secrets merveilleux. De même *Hod* 6, 4 : l'instruction (5) de ceux qui reprennent avec justice est l'objet d'une révélation faite au psalmiste. Et pour *1Q* 34 3, 2, 7, la loi du Sinaï (proposée aux contemporains ?) est exprimée par l'expression : les glorieuses instructions-*yswry* (que) ta droite a écrites pour les faire connaître à ton peuple mis à part des autres. — D'après ces exemples, c'est donc au contexte à déterminer le sens, intellectuel ou non, du substantif *yswr* ou du verbe *y s r*. Certains cas semblent

---

(1) Le « jugement » serait sans doute à nuancer ; l'on ne peut tout de même pas identifier jugement et instruction, comme I. RABINOWITZ, *J.B.L.*, 73, 1954, p. 18, note 33. Sur ce passage, cfr *infra*, pp. 177-178.

(2) Mais la phrase est obscure et peut-être lacuneuse ; elle emprunte ses termes à *Lev.*, 26, 43 : ils ont méprisé mes prescriptions et leur âme s'est dégoûtée de mes décrets. Le *S* ajoute : instructions.

(3) Ce verbe *n š g* suppose une poursuite et parfois la saisie, cfr *Is.*, 35, 10 ; 51, 11 : la joie et l'allégresse les « saisiront ». Est-ce le sens ici : le voué doit saisir la droite conduite ? En *S* 7, 8, c'est le sens de s'enrichir, être riche, ou assez riche (cfr *Lev.*, 5, 11 ; 14, 21.32, etc.). Le référence de Ch. RABIN, *in Dam* 6, 10, à notre passage suppose une restauration du texte : sans (les ordonnances), ils n'atteindront pas [les instructions] jusqu'à la levée du maître (eschatologique). Ne peut-on traduire : ils n'atteindront pas (le moment de) la levée... ; cfr *Lev.*, 26, 5 et *Gen.*, 47, 9 ; cfr Ed. COTHENET, trad. *h. l.*

(4) Si la restauration du premier mot se confirme, l'expression vient de *Jer.*, 2, 30 ; 5, 3, etc. : Dieu punit et l'homme ne reçoit pas la « leçon ». Mais dans *Sa*, le contexte est fort intellectuel. Au contraire, *4Q DibHam* 3, 6, emprunte ses expressions à *Deut.*, 8, 5 : Dieu corrige comme un père corrige son fils.

(5) Ce texte est fort lacuneux, de [*mw*]*s*[*r*], seul reste le *s. Hod* 17, 22, contient le terme *yswr*, mais le texte est aussi trop lacuneux pour entrer en ligne de compte ; le contexte paraît évoquer l'intelligence de Dieu, ensuite, peut-être, les choses cachées : *bns*[*trwt*].

donner une indication plus nette, à savoir *S* 9, 10, *1Q* 34 3, 2, 7, et peut-être *Hod* 6, 4, si la restauration est assurée.

Dans notre texte *Dam* 4, 8, le libellé de la phrase est proche de *S* 9, 10, et le contact est possible. Dans le *Manuel*, les grandes lignes de la législation reçoivent une conclusion : ils seront jugés (ou : ils se condui-ront, cfr *supra*, p.91 , note 4) par les usages *anciens* dont les hommes de l'Union se sont mis à *s'instruire jusqu'à* la venue du prophète et des messies d'Aaron et d'Israël (*S* 9, 10-11). Dans *Dam* 4, 8 : ils sont entrés après les (anciens) pour agir selon l'exactitude de la loi dont *se sont instruits* les *anciens jusqu'à* l'achèvement du temps (selon le nombre, cfr 4, 10) des années (*Dam* 4, 8-9). Dans les deux cas, le terme final indiqué est de soi eschatologique, mais il n'entraîne pas pour cette seule raison une tension eschatologique dans le passage. Il souligne seulement la valeur définitive des usages, dans *S*, ou de la loi, dans *Dam* (1). Le parallèle du *S* suggère donc, avec un vocabulaire correspondant (*š p ṭ*, *mšpṭym*), un cadre institutionnel, et non apocalyptique, et l'instruction des anciens usages par les hommes de l'Union, dans *S*, a pris la place de l'instruction de la loi par les anciens de la communauté, dans *Dam* 4, 8. On notera d'ailleurs que le terme d'anciens-*r'šwnym* (2) n'apparaît qu'ici dans *S*, alors que dans *Dam*, il se rencontre neuf fois, dont trois dans ce passage (*Dam* 4, 6.8.9). S'il y a emprunt, *S* l'aura fait à *Dam*, qui doit être ainsi antérieur et où l'« institution » est peut-être moins avancée Le *S*, dans ce cas, ne nous éclaire donc pas.

Le contexte de *Dam* 4, 8, aide, mieux que le parallèle avec *S* 9, 10, à savoir où se place l'instruction. Les entrés dans l'alliance ont l'intention d'agir à jamais selon la loi, objet de l'instruction des anciens (cfr *supra*, p. 89), et en même temps, par elle, de se conduire selon l'alliance des anciens, qui a son tour leur conféra-ra la réconciliation comme à eux. Le couple loi-alliance localise le texte dans les événements du Sinaï, et la présence des anciens le confirme. Ces anciens en effet sont vraisemblablement les « pères du désert », selon *Lev.*, 26, 45, cité *Dam* 1, 4, et ci-après 6, 2 (3). Ils ont reçu l'instruction de la loi. Un autre texte de

---

(1) Cela ne diminue pas, dans un cas comme dans l'autre, l'intérêt de l'expression utilisée, cfr *infra*, pp. 98-99.

(2) Cfr O. BETZ, *Offenbarung*, p. 68, note, avec référence à Jos., *Bell.*, 2, 136.

(3) Sur les « anciens », cfr *supra*, p. 86, et note 2. On peut comprendre la géné-ration précédente, ainsi Ch. RABIN, *in Dam* 8, 17, note 1, selon une citation du talmud, *b Berak.*, 35 *b*, donnée *in* 1, 12, note 1. Le sens est possible pour *Dam* 3, 10, où les anciens pourraient se distinguer de l'épisode précédent du désert, mais ne le reprend-il pas ? En 8, 17, l'amour de Dieu pour les « pères » au temps de

Qumrân s'exprime de façon semblable et peut nous être utile : ta
droite a écrit les glorieuses instructions pour les leur faire connaître (à ton peuple) (*1Q* 34 3, 2, 7). Dans le même fragment, le
contexte précédent énonce : Tu t'es choisi un peuple, tu l'as mis
à part comme une chose sainte, tu leur as renouvelé (*wtḥdš*) ton
alliance en vision (*mr'h*) glorieuse et paroles [d'esprit] saint et
œuvres de tes mains, et ta droite a écrit... (*1Q* 34 3, 2, 5-7). Le
passage rappelle *Deut.*, 4, 36, où, du ciel, Dieu a fait entendre sa
voix pour t'instruire..., parce qu'il a aimé tes pères et qu'il a choisi leur postérité après eux (*ib.*, 4, 37). L'on dirait que les deux
événements, l'ancien et son renouvellement, sont superposés et
vus l'un dans l'autre (1). Le terme de vision-*mr'h* peut avoir une
coloration eschatologique (cfr *supra*, pp. 20-21), ou au moins
apocalyptique (par ex. *M* 10, 10, avec le verbe : voyants des anges
saints). C'est peut-être le cas du fragment *1Q* 34 3, où néanmoins
la mise par écrit des instructions, à savoir sur les tables de la loi,
se passe après la vision, si l'on suppose une chronologie régulière :
élection, consécration, alliance en vision, proclamation de la loi
(paroles), tables écrites. Tout de même, les instructions, au
fg. 34, instructions du Sinaï, sont vues dans un scénario de genre
apocalyptique. De soi, le terme d'instruction peut donc avoir
cette coloration.

Les autres emplois du terme *y s r* à Qumrân sont législatifs,
juridiques ou moraux (*Dam* 7, 5.8, parall. 19, 4 ; 20, 31 ; *S* 3, 1.6 ;
6, 14.26, comme 9, 10 ; *Sa* 1, 8), même *Hod* 2, 14, où aimer l'instruction est synonyme d'être vertueux, alors que *S* 9, 10, traite
d'une instruction institutionnalisée. En *Hod* 6, 4, seulement, si
la restauration [*mw*]*s*[*r*] est assurée, l'instruction de ceux qui
reprennent avec justice (mais qui sont-ils ?) est objet de révélation, comme le sont dans une certaine mesure les instructions que

---

Moïse est en question 8, 15, et l'alliance des pères, en 8, 18 ; l'amour de Dieu
pour les anciens est-il différent et porte-t-il sur la génération immédiatement
précédente ? En *Dam* 1, 16, la limite dont les anciens ont limité leur héritage,
est citée de *Deut.*, 19, 14, ce sont encore les anciens du désert. Le seul cas de *S*
9, 10, est pareil au nôtre, si même il ne lui est pas emprunté, cfr *supra*,
p. 93
(1) A moins de comprendre la ligne 6 : tu as renouvelé ton alliance pour eux,
(cette alliance que tu as jadis promulguée) par la vision...

Dieu a écrites au Sinaï, de *1Q* 34 3, 2, 7. Est-ce aussi le cas de *Dam* 4, 8 ? Les autres termes du contexte peuvent seuls nous le dire. Avant que de conclure, ils doivent donc être étudiés l'un après l'autre.

2. LES TERMES DU CONTEXTE

Une première qualification vient préciser la loi, objet d'instruction, à savoir son exactitude-*prwš*.

a) Le terme de *prwš*, à Qumrân en dehors de *Dam*, se rencontre cinq fois dans le seul passage *M* 4, 6-12, où, sur les enseignes de combat, l'on inscrira une devise et ensuite tout le « détail » des noms, soit ceux des lévites (4, 6.7.8), soit ceux des membres de la congrégation (4, 11.12). Le sens paraît administratif, bien que le genre littéraire de la *Milḥ* vienne le nuancer d'une certaine emphase. — Dans *Dam*, le terme se lit douze fois, dont quatre dans le grand code (13, 6 ; 14, 17.18 ; 16, 2), trois fois dans le petit (6, 14.18.20). Dans ce dernier passage, l'on met probablement en garde contre des sacrifices invalides, afin d'agir selon l'« exactitude » de la loi (édictée ?) pour le temps d'impiété (6, 14). On peut comprendre cette loi au sens général, ou au sens limité, la loi réglant la question des sacrifices. Ensuite, il est recommandé d'observer le jour du sabbat selon son « exactitude » (6, 18), comme on fera parallèlement aux fêtes et au jour de jeûne selon la trouvaille (cfr *infra*, p. 203-205) des entrés dans l'alliance nouvelle au pays de Damas. Enfin, l'on doit offrir (« élever ») les choses saintes selon leur « exactitude » (6, 20 ; l'on notera que le texte est identique dans le fragment *6Q Dam* fg 4, 1). Questions rituelles, deux fois, et une fois la loi du sabbat : dans ce passage législatif, le sens de l'exactitude ne paraît pas autre que disciplinaire. Pourtant, le « temps d'impiété » (6, 10.14) majore son importance. L'on comprend celle des sabbats, moins à Qumrân celle des sacrifices sauf si tacitement, l'on condamne ceux de Jérusalem. Mais que vaut l'argument du silence ? Et avons-nous, dans ce code, un document d'un autre âge ? (1). — Dans le grand code, le *mebaqqer* doit faire saisir au prêtre, qui doit trancher le cas, l'exactitude de la loi, ici celle de la lèpre (13, 6). Plus loin, deux passages lacuneux laissent lire : voici l'exactitude (les détails réglementaires ?) de l'installation (14, 17) ; voici l'exactitude des usages (14, 18). Le premier cas intéresse sans doute l'assemblée, nommée au début de la ligne suivante, le second peut-être les règles de moralité, ou bien les châtiments infligés au temps d'impiété, selon le texte de *Dam* dans les fragments de *6Q*.

---

(1) Le code entier a peut-être une nuance polémique, ainsi selon O. BETZ, *Offenbarung*, p. 39, mais non le terme comme tel.

Enfin, le dernier passage de *Dam* contenant ce terme affirme : l'exactitude de leurs temps (1) (laissés) à l'aveuglement d'Israël..., cela est détaillé (*d q d q*, ce verbe est mishnique, cfr *infra*, p. 202-203) dans le Livre des Divisions des temps en jubilés et en semaines (16, 2-4). — Le sens juridique ou disciplinaire est de règle dans le grand code comme dans le petit, sauf peut-être en 16, 2, où l'exactitude est celle d'un récit historique ou d'un rapport circonstancié. Le Livre des Jubilés est visé, et à la rigueur, l'on peut y voir une apocalypse (2). Mais l'étude minutieuse, presque rabbinique (*d q d q*) que l'on en fait ici, n'a rien d'une révélation apocalyptique. L'insistance suggérée peut-être par ce terme dans le petit code, est difficile à maintenir dans le grand. Si elle existe dans le premier, elle a disparu dans le second.

A part *Dam* 4, 8, dont nous nous occupons, et les codes, les quatre autres usages du verbe *p r š* dans *Dam* se rencontrent dans la première section. Deux fois, il s'agit des « noms ». Ils sont établis avec exactitude par Dieu, à savoir les noms des convoqués par leur nom, qui sont le reste préservé (2, 13 ; cfr 2, 11) ; l'on va proclamer avec exactitude les noms des convoqués par leur nom qui se sont levés aux derniers jours (4, 4) (3). Une fois, au même endroit, l'exactitude est celle de leurs actions, elle est proclamée de la même manière exacte (4, 6). Plus haut, elle est celle de l'omniscience de Dieu, il connaît le nombre et l'exactitude des temps de tout être..., jusqu'à ce que chacun arrive à son temps (2, 9-10). Le terme a valeur adverbiale, il insiste sur la précision ou sur la plénitude de l'action divine, et sur la solennité de la proclamation faite, dirait-on, de manière officielle dans le groupe.

L'hébreu rabbinique emploie ce terme pour dire une déclaration claire et nette, non tacite, et adverbialement, pour dire : clairement, non confusément ou par métaphore (4).

Le T. Mass. ignore le substantif *prwš*. Le verbe *p r š*, avec un sens, à l'origine, de séparer (cfr « Pharisiens »), se rencontre deux fois. *Lev.*, 24, 12, et *Nu.*, 15, 34, avec le sens juridique de trancher un cas, prendre une « décision » (5). Le substantif *pârâšâh*, dans *Esther*, 4, 7 ; 10, 2, paraît signifier le (montant) exact de la somme d'argent, le (récit) exact des hauts faits de Mardochée.

---

(1) Le temps des commandements ? cfr O. BETZ, *l. c.*, p. 39, note 1 ; temps des hommes d'Israël ? cfr Ch. RABIN, *in* 16, 2, qui corrige en « ses temps ».

(2) Cfr *Jub.*, 2, 1 : les anges dictent à Moïse l'histoire de la création, ainsi O. BETZ, *l. c.*, p. 39.

(3) Ce rapprochement avec 4, 8, pourrait prouver l'unité des passages, mais en 4, 8, le terme a un tout autre sens.

(4) Cfr M. JASTROW, *s. v.*

(5) Peut-être *Neh.*, 8, 8 : « en expliquant » le texte de la loi lue en public, ou « par chapitre », ou « par traduction », mais le mot *(mprš)* est discuté. L'araméen de *Esd.*, 4, 18. au participe paël passif, est traduit « clairement », pour

Le sens du terme *prwš* de notre passage dépend donc encore
du contexte, car, de soi, il peut être ou seulement juridique (cfr
Dam 13, 6), ou administratif (*Dam* 14, 17.18), ou législatif (*Dam*
6, 14.18.20), ou herméneutique selon une exégèse presque rabbinique (16, 2). L'expression complète de 4, 8 : « selon l'exactitude
de la loi » se retrouve en 13, 6, où elle qualifie une loi, celle de la
lèpre, application particulière, sans doute, de la loi en général
(cfr 13, 5). En 6, 14, le sens est plus large : exactitude de la loi
(en général) pour le temps d'impiété. Le terme peut d'ailleurs
aussi qualifier l'action divine de l'élection (2, 13 : il a établi le
nom des convoqués), ou de la prédestination (2, 9 : il connaît leurs
temps), ou bien, si l'on ose dire, sa réalisation concrète : voici
le « nom » exact des élus (4, 4.6 ; cfr peut-être lointainement
M 4 ,6-12 : les noms des lévites et des combattants) (1). Parmi
ces possibilités, le sens, d'après le contexte, en 4, 8, est plutôt moral :
pour agir selon l'exactitude de la loi, avec la nuance apportée par
l'enseignement des anciens. Il n'est pas dit expressément que
Dieu précise la loi, ni même qu'il la révèle ou qu'il révèle la précision ; c'est peut-être l'enseignement qui est précis. Le cas le plus
proche serait alors en 6, 14, où, selon la première prescription du
petit code, l'on doit « agir selon l'exactitude de la loi » pendant
le temps d'impiété, comme on le fait ici jusqu'à l'achèvement du
temps. Le sens moral et législatif de l'exactitude de la loi emprunte en partie son relief aux circonstances de temps, l'achèvement
de la période (selon le nombre) de ces années-là.

« L'achèvement-*šlwm* de la période (selon le nombre) de ces
années-là », cette expression se lit deux fois dans notre passage
4, 8-9 et 10. La deuxième fois, elle semble plus complète avec

---

la lecture d'une lettre *(mepâraš)*. *Ezech.*, 34, 12, les brebis « dispersées
(niprâšôt) », le verbe est sans doute *p r š* ; *Prov.*, 23, 32, le serpent « mord-
yaperiš », ou « secrète » son poison, le cas est unique et inexpliqué. Les substantifs
péréš-excrément et *paraš*-cheval avec *parraš*-cavalier, dérivent d'autres racines.

(1) Les conclusions de O. BETZ, *Offenbarung*, pp. 38-39, synthétisent sans
doute outre mesure, en attribuant à tous les cas le sens d'un seul, celui de
6, 14.18.20, sans le nuancer. Dans le texte sur lequel il s'appuie, entre la révéla-
tion-audition (6, 3) et le terme *prwš*, il y a le creusement du puits, la recherche
(6, 4.6) et l'ordonnance (6, 9). Il n'est pas permis de donner à l'exactitude-*prwš*
de la loi concernant les sacrifices (6, 14.18), la valeur d'une révélation ; cfr
O. BETZ, *ib.*

l'addition des mots « selon le nombre », qui manquent à la première. D'autre part, la grammaire n'est pas respectée, le substantif *ḥqṣ* est à l'état construit, suivi du génitif *hšnym*, sauf si l'on y voit un apposé : la durée, c'est-à-dire ces années (1).

b) Le verbe *š l m*, à Qumrân, se rencontre surtout au sens de rétribuer, principalement : rendre au méchant sa méchanceté, selon par exemple *Ps.* 137, 8 (cfr *pH* 12, 2 ; *S* 2, 6 ; 10, 18 ; *M* 6, 6 ; *4Q pPs 37* 4, 9), ou bien rembourser, restituer, comme *Ex.*, 22, 3, etc. (cfr *S* 7, 6.8) (2). Deux cas nous intéressent : *Dam* 10, 10 et *S* 10, 6, car le contexte traite du temps. *Dam* 10, 10, paraît citer *Jub.*, 23, 11 : le juge ne peut garder sa fonction après l'âge de 60 ans, car Dieu a voulu punir les hommes en leur enlevant leur intelligence à l'âge avancé, avant qu'ils aient « terminé » leurs jours (3). Les *Jub.*, 23, 11, disent : ils seront vieux avant qu'ils aient terminé deux jubilés, et leur intelligence leur manquera vu leur grand âge (4). L'achèvement des jours est noté par *Is.*, 60, 20 : les jours de ton deuil sont terminés *(šalemû).* Le cas est donc banal, mais laisse voir dans *Isaïe* un emploi de *š l m* au sens neutre (ou passif), avec un sujet exprimant le temps (5).

Le passage de *S* 10, 6, se trouve dans le psaume final qui énumère les heures et les temps liturgiques : matin et soir, néoménies, débuts des saisons, début de l'année et cycle des fêtes « en accomplissant *(bhšlm)* le décret (ou règle, *ḥwq)* de leur ordre (organisation) à son jour accoutumé, l'un après l'autre » (6). Le verbe *š l m* gère donc le décret organisant le cycle des fêtes et sans doute l'ensemble de la vie liturgique (7). Le sens est normal, législatif (cfr *Job*, 23, 14, où Dieu accomplit-*šlm* son décret ; cfr *S* 1, 7 : on entre dans la communauté pour faire-'*š h* les décrets de Dieu).

---

(1) S'agit-il simplement de la fin des 390 ans de 1, 5 ? cfr E. Wiesenberg, *Chronological Data in the Zadokite Fragments*, dans *Vet. Test.*, 5, 1955, p. 301, note 2.

(2) *M* 5, 3, a un sens stratégique : « garnir » une ligne de combat ; *Hod* 16, 11 : « combler » de faveurs ; *Hod* 19, 5, est lacuneux ; *Dam* 9, 20, a un sens juridique : le cas est « complet », c.-à-d. clair, s'il constitue une récidive devant témoins.

(3) Le verbe est à l'hiphil, comme l'ont compris les éditeurs de *Dam* 4, 10, et en corrigeant 4, 8 ; cfr Ch. Rabin, *in h. l.* ; K. G. Kuhn, *Konkordanz, s. v.*

(4) Ch. Rabin suppose deux recensions des *Jub.*

(5) Et le verbe est au qal, comme certains préfèrent le voir en *Dam* 4, 8.10 ; ainsi K. G. Kuhn, *Konkordanz, s. v.* La solution est plus simple et paraît plus satisfaisante.

(6) Le texte est difficile ; cfr les solutions possibles : J. Maier, *in h. l.*

(7) Cfr le même « décret gravé », et comme tel inamovible, 10, 8, traitant sans doute moins du calendrier, selon Ed. Cothenet, *in h. l.*, que de la prière organisée.

Ne faut-il pas ajouter à cette liste *S* 3, 15 ? Au lieu de traduire : enseigner l'histoire selon les sortes d'esprit, selon leurs actes, ... et selon la visite de châtiment (cfr *Dam* 19, 10, *infra*, p. 148), avec les temps de leur « paix (*šlwmm*) », ne peut-on pas comprendre : avec les temps de leur « rétribution », selon *Os.*, 9, 7, ou de leur « accomplissement » (1) ?

Ce verbe *š l m* est rarement utilisé dans le T. Mass. avec un complément de temps ; l'on y préfère *m l '* (2). Le verbe *š l m* indique la perfection et l'achèvement, ainsi d'un bâtiment, d'un vœu, d'un projet, d'une époque, d'une vie. L'hébreu rabbinique connaît ce verbe pour dire qu'un jour, une année, un temps, est complet (cfr *Dan.*, 5, 26) (3). Ces usages, comme ceux de Qumrân, ne fournissent pas une tonalité assurée pour notre passage de *Dam* 4, 8-10.

c) « Ces années-là » ne constituent pas une expression stéréotypée. A Qumrân, on la trouve, trois fois, dans cet unique passage (*Dam* 4, 9.10. 12). *Hod* 1, 19-24, prononce une louange du créateur : Tu as réparti leurs descendants (ceux des hommes) selon le nombre des générations éternelles et l'ensemble des années d'éternité-*nṣḫ* (*H* 1, 19) ; l'univers est gravé devant toi en inscription de mémoire pour l'ensemble des époques-*qṣ* d'éternité-*nṣḫ* et les cycles du nombre des années éternelles-*ʿwlm* avec toutes leurs dates-*mwʿd* (*Hod* 1, 24). Les années éternelles-*ʿwlm* (1, 24) sont empruntées au *Ps.* 77, 6 (cfr *Dam* 2, 10 ; *Hod* fg 11, 2), mais les années d'éternité *nṣḫ* (1, 19) ne se rencontrent qu'ici, avec les générations *nṣḫ* (1, 16 ; cfr *Hod* fg 5, 7, mais le passage est lacuneux), les époques *nṣḫ* (1, 24) (4). Faut-il, dans ce complément *nṣḫ*, voir un superlatif (5) ? Il serait alors tentant de voir le même sens dans le

---

(1) Cfr P. WERNBERG-MÖLLER, *in S* 3, 15, note 46, avec référence à *Hod* 1, 17, mais le texte d'*Osée* est transformé dans les deux cas. L'accomplissement du temps formerait un parallèle, d'ailleurs unique dans Qumrân, à *Dam* 4, 8.

(2) Ce verbe *m l '*, à Qumrân, cfr *S* 7, 20. 22 · *Sa* 1, 10 ; *Dam* 10, 1. Voir pourtant *Is.*, 60, 20 : achever-*šlm* les jours de deuil ; cfr *Dan.*, 5, 26 : la fin du règne. C'est le verbe rendu par πληροῦν χρόνον ou καιρούς, dans le Nouveau Testament, cfr G. DELLING, art. πληρόω, dans *Theol. Wört.*, 6 (1959), pp. 286-287.

(3) Cfr M. JASTROW, *s. v.*

(4) Cfr *Sb* 4, 25-26, sur la liturgie céleste avec les Saints (= anges) pour la période-*ʿt* éternelle-*ʿwlm* et toutes les époques-*qṣ* d'éternité-*nṣḫ*.

(5) Cfr W. THOMAS, *The Use of nêṣaḥ as a Superlative in Hebrew*, dans *Journ. Sem. Stud.*, 1, 1956, pp. 106-109. A moins que les Années ne soient les 390 ans de *Dam* 1, 5, cfr E. WIESENBERG, *Vet. Test.*, 5, 1955, p. 301, note 2, mais dans ce cas, il faut les comprendre de façon théologique, cfr G. JEREMIAS, *Der Lehrer*, p. 161.

démonstratif *'lh* de *Dam* 4, 9.11.12 : l'on y parlerait des Années, par anto-nomase (1), avec une insistance particulière à retenir. Il reste à voir la valeur qu'on leur attribue, selon les termes qui les entourent dans le contexte.

d) Le « nombre des années » est une expression qui ne se lit, à Qumrân, qu'ici et *Hod* 1, 24 (aussi *Hod* 1, 18 : le nombre des générations ; *Dam* 2, 9 : Dieu connaît, de tout être, les années de service, le nombre exact de leurs épreuves). De son côté, le Livre des Jubilés (1, 29) parle du nombre des années de l'histoire humaine, inscrite sur les tablettes célestes, c'est l'idée, différente, de toute l'histoire fixée d'avance par Dieu (2). *Hen.*, 47, 4, dit la joie des saints, parce que le nombre de la justice est proche (du terme fixé), le contexte est semblable à *Dam* 4, 8-10. Daniel envisage le nombre des années prédites par Jérémie (*Dan.*, 9, 2) ; ce n'est pas le sens exact de notre passage, car les 70 années de Jérémie sont con-nues, non ici, bien que ce soient aussi des années finales. Néanmoins, le parallélisme littéraire des passages se réduit à ces deux seuls mots, nombre des années, insuffisants pour assurer un contact (3). Était-il assuré dans la lacune de 4, 6 ?

Le « nombre-*mspr* » (4) intervient dans les passages déjà cités pour les années (*Hod* 1, 18.24 ; *Dam* 2, 9). Dans les *Hod*, lors de la création et de par la volonté antécédante du créateur, Dieu a réparti ses bienfaits et déterminé le nombre des générations (1, 18), le nombre des années (1, 24). Dans *Dam* 2, 9 (Dieu) connaît les années de fonction et le nombre et l'exactitude de leurs temps pour tous les êtres. Cela rappelle *Jub.*, 1, 29, sur l'histoire générale (cfr *supra*). L'on ajoutera *Dam* 4, 5, à la fin de la section précédente, où tout notre vocabulaire se trouve réuni : Voici l'*exactitude* de leurs noms et générations, et la *durée-qṣ* de leur fonction, et le *nombre* de leurs persécutions, et les *années* (ou : le nombre des années ?) de leur séjour (en exil ?), et l'*exactitude* de leurs œuvres. Chaque terme précise l'énumération solennelle, ou peut-être l'histoire, qui devait suivre (*hnh*, 4, 4) mais a disparu en raison de la lacune. Sa valeur admi-nistrative ou historique est nuancée par le contexte, car ces hommes,

---

(1) Bien que les lignes *Hod* 1, 16.19.24, semblent avoir comme souci de varier des expressions interchangeables : *dwr, šnym, qṣym, 'wlm, nṣḥ.* Dans *1 Reg.*, 17, 1, « ces années-là, il n'y aura ni rosée, ni pluie », annonce Élie. C'est le sens habituel du démonstratif.

(2) Cfr aussi *Job*, 36, 26 : le nombre (impénétrable) des années de Dieu ; *Lev.*, 25, 15 et 50, est banal. L'expression « nombre des jours » est plus fréquente, cfr *Ex.*, 23, 26 ; *1 S.*, 17, 7 ; *2 S.*, 2, 11 ; *Ezech.*, 4, 4 ; *Eccle.*, 2, 3, etc., elle signifie une certaine durée.

(3) Un chiffre déterminé d'années est-il supposé par la mentalité de *Dam* ? cfr ainsi I. RABINOWITZ, *Journ. Bibl. Lit.*, 73, 1954, p. 18, note 54.

(4) Pour *M* 12, 2(*bis*) ; 15, 5, il faut peut-être lire *spr*-livre.

dont on va présenter l'histoire, les persécutions, l'exil, sont les convoqués aux derniers jours.

A l'opposé de 4, 5, en 4, 8-10, la question est celle de la validité de la loi et de l'alliance, puis l'importance du moment présent, où il faut être vigilant. Le plan est devenu plus général, et les termes techniques de l'eschatologie ont disparu. Il reste seulement que la loi est valable pour toute l'histoire des hommes, maintenant également, et jusqu'à la fin du monde. S'il y a une nuance eschatologique, elle doit venir des autres termes du passage, mais, comme nous l'avons dit, ni de l'exactitude, ni de l'achèvement, ni du « nombre » des années, mais peut-être, seulement, des années elles-mêmes. En effet, les années de *Dam* 4, 9.10.12, sont celles de l'achèvement du temps-*qṣ*, lorsque Bélial est lâché en Israël (4, 13). De là, leur importance et leur sens précis.

e) La période-*qṣ* (1) est un vocable réparti dans toutes les sections de *Dam*, alors que le terme *'t* se lit une fois, 1, 13, et quatre fois dans le grand code.

A Qumrân, c'est le terme favori des *Hod* (30 fois, et *'t* : 3 fois), du *pHab* (6 fois, *'t* est absent) et du *S*, dans la doctrine des deux esprits (8 fois, ailleurs : *S* 1, 14, et 3 fois dans le psaume final ; *'t* : 15 fois, dont 13 dans les col. 8 et 9). *M* et *Sb* ont les deux termes indifféremment. — Dans *Dam*, il sert à former nombre d'expressions : le temps-*qṣ* de la ruine du pays (2), quand se lèvent les déplaceurs de limite qui égarent Israël ; le temps d'impiété (6, 10.14), au cours duquel on saura se conduire grâce à la recherche de la loi, et qui se terminera lorsque « se lèvera l'enseignant de justice aux derniers jours » (6, 11) (3) ; les temps de l'aveuglement d'Israël enseignés au Livre des Divisions en moments et en jubilés (16, 2) ; le temps de la trahison-*m'l* d'Israël, quand ils ont profané le temple (20, 23). Les mêmes événements sans doute sont envisagés du point de vue divin, et plutôt comme un moment précis, lorsque l'on parle du temps de la colère (1, 5 ; 20, 15 ; cfr *H* 3, 28 ; fg 1, 5 ; *4Q pOs b* 1, 12), qui

---

(1) Le sens de terme final est habituel dans le T. Mass., mais celui de durée-période a été reconnu avec certitude à Qumrân et dans la littérature rabbinique, cfr N. WIEDER, *The Term qṣ in the D.S.S. and in hebrew liturgical Poetry*, dans *Journ. Jew. Stud.*, 5, 1954, pp. 22-31. Dans les LXX, il est traduit, dans *Dan.*, par καιρός ou par ὥρα, avec parfois le sens eschatologique, ainsi *Dan.*, 8, 17.

(2) Sur cette expression, cfr G. JEREMIAS, *Der Lehrer*, p. 108.

(3) L'expression est stéréotypée et conservée dans le grand code, 12, 23, où le « terme » est la levée du messie d'Aaron et d'Israël ; 15, 7 ; 15, 10.

paraît bien désigner, primitivement, la persécution d'Antiochus IV (1),
ou bien du temps de la visite, où s'échapperont les humbles du troupeau,
fidèles de Dieu (19, 10), comme au temps de la visite de jadis dont parle
Ézéchiel (19, 11) (2). Le temps de la visite future est eschatologique
(19, 10), et il répond aux origines : c'est moins une durée qu'un moment
précis. D'une façon plus ou moins nette, les autres passages sont dans
le même cas. — Deux passages de Qumrân contiennent comme ici le
temps-*qṣ* joint aux « années », *Dam* 2, 9-10, et *Hod* 1, 16.24. (Dieu) connaît
les années de faction et le nombre et l'exactitude de leurs *temps* pour
tous les êtres passés et futurs (?), ce qu'il arrivera à leurs *temps* en toutes
les *années* éternelles (*Dam* 2, 9-10), et : ... en leurs époques, tu as réparti
leur service (des hommes) en toutes leurs générations (*Hod* 1, 16), et
plus loin : l'univers est gravé devant toi en inscription de mémoire en
toutes ses époques d'éternité et les cycles du nombre des années éternelles
(*Hod* 1, 24 ; cfr dans un contexte plutôt eschatologique, *S* 4, 13.16*a*.25*b*).
De part et d'autre, le contexte décrit l'omniscience, ou la toute-puissance
du créateur, dans toute l'histoire des hommes. Cette histoire des hommes
est exprimée par « les années » ou par « les temps », voire par «les temps
des années » : Dieu la connaît, Dieu l'a réglée (3).

Nous ne sommes pas loin de *Dam* 4, 9-10, à ceci près qu'ici, nous
sommes non plus à l'origine ou au cours des temps, mais à l'achèvement
du temps, *šlwm ḥqṣ*, un temps qui est au singulier. Le *pHab* 7, 2, dit
de même : (Dieu) n'a pas fait connaître (au prophète) l'achèvement (4)
du temps-*qṣ* (5). C'est la génération ultime dont le terme est inconnu au
prophète (cfr *pHab* 7, 7.12), et *qṣ*, selon le contexte (cfr *id. S* 4, 16*b*),
signifie un moment précis, l'achèvement de la génération ultime. Dans
Dam 4, 8 sq., ce n'est pas le cas, à moins que la précision ait disparu
en raison de la lacune de 4, 6 (6). On peut comprendre le singulier comme
un collectif, l'ensemble des époques (7). Même alors, il est envisagé dans

---

(1) Cfr G. JEREMIAS, *Der Lehrer*, pp. 159-161.

(2) La recension du ms. A, *Dam* 7, 21, semble incomplète, cfr A. S. VAN DER
WOUDE, *Mess. Vorstellungen*, p. 41, et *infra*, p. 142 ; cfr expression proche :
S 3, 15, et d'une certaine manière : *S* 3, 23, « son temps » ; 4, 18.25*a*.

(3) Le titre du Livre des Jubilés énonce la même chose en disant : Livre des
divisions des temps et des jubilés (*Dam* 16, 3), mais le terme employé est '*t*.

(4) Avec le verbe *g m r*, unique à Qumrân ; cfr T. Mass. dans les *Ps.*, quatre
ou cinq fois, pour dire le terme d'une manière d'agir.

(5) Mais il est à noter que le terme vient d'*Hab.*, 2, 3 : la vision se hâte vers
son achèvement *(laqqeṣ)*.

(6) Il serait audacieux, sans parallèle, de comprendre la fin du Temps, avec
un sens absolu. Pour dire l'histoire, à Qumrân, l'on préfère le pluriel, cfr *Dam* 2,
9-10 et *Hod* 1, 16.24.

(7) Cfr un singulier assez semblable *H* 12, 8, sur la prière liturgique continue, à
toutes les naissances du temps-'*t*, bases (fondements ?) de la durée-*qṣ* et aux
cycles des dates ; cfr au pluriel, *S* 10, 1.5.

son unité et connote la durée, car il s'achève conformément aux calculs prévus, « selon les années ». L'achèvement du temps est d'ailleurs dans la perspective du nombre des années, et les deux expressions, comme dans *Hod* 1, 16.24 (époques et nombre des années) et *Dam* 2, 9-10 (époques en toutes leurs années), se complètent et se soutiennent l'une l'autre (1).

Notre expression, l'achèvement du temps, suggère dans le contexte, toute une période d'histoire qui se terminera un jour, mais un jour peut-être lointain. Il est d'ailleurs des passages semblables. Ainsi *Dam* 6, 10, les nobles ont creusé le puits, qui est la loi (6, 3), pour se conduire en conséquence tout le temps-*qṣ* d'impiété ; de même au début du petit code, 6, 14 : veiller à agir selon l'exactitude de la loi au temps d'impiété ; l'on notera ici quatre termes communs avec notre passage : agir, exactitude, loi, temps. L'expression est stéréotypée dans le grand code : ceux qui se conduisent selon ce (règlement) au temps d'impiété jusqu'à ce que se lève le messie d'Aaron et d'Israël (12, 23) ; se convertir à la loi de Moïse... pour agir tout le temps d'impiété (15, 9-10).

Nous pouvons conclure qu'en 4, 8.10, c'est bien là le sens du « temps, période (correspondant) au nombre des années », et que nous avons simplement affaire à un synonyme du temps d'impiété (6, 10 ; 12, 23 ; 15, 7.10), de la trahison (20, 23), celui où la maison de Juda apostasie, où s'éloigne le décret divin (4, 11-12), où Bélial est lâché sur Israël (4, 13), avec ses trois filets dont on va ensuite parler (4, 14-18), mais aussi où le rempart de la loi est debout afin de défendre les fidèles d'aujourd'hui. Le verbe *š l m*, employé par exception dans la phrase, évoque l'achèvement futur de la période, mais l'expression complète indique la durée de l'observation de la loi, avec le même sens qu'en 6, 14 (observation de la loi des sacrifices pour le temps d'impiété) ; 16, 8 (accomplir quelque chose de la loi ; cfr *S* 1, 16 sq. ; 5, 22 : faire ce que Dieu veut ; 5, 20 : agir selon les prescriptions ; 8, 15 ; 9, 13 : agir selon les révélations sur la loi). La loi avec ses précisions (*prwš*) a une valeur définitive, jusqu'à la levée de l'enseignant de justice à la fin des jours (6, 10-11), ou jusqu'à la levée du messie d'Aaron et

(1) Les années seules, en 4, 9, ont le même sens qu'en 4, 10 : le temps selon le nombre des années, à moins que l'on ne corrige le texte du ms. en 4, 9.

104

d'Israël (12, 23), ainsi que l'on dira plus tard dans les textes législatifs, ou jusqu'à ce que soit parfaitement terminée (*šlm*) toute la durée du temps d'impiété, comme on dit ici. Ces formules juridiques ne font pas plus penser à la fin du monde que celle de la curie romaine : *Ad perpetuam rei memoriam*, ou que n'est eschatologique la formule affectionnée jadis des prédicateurs terminant le sermon du dimanche :… et la vie éternelle. Ainsi-soit-il.

D'autre part, et c'est à noter, les termes eschatologiques habituels dans le cas de toutes ces formules : impiété-*rš'h*, trahison-*m'l*, égarement-*t'h*, aveuglement-*'wrwn*, apostasie-*bgd*, *swg*, visite de Dieu-*pqwdh*, colère-*ḥrwn*, ruine-*ḥrbn*, ces termes sont tous absents du passage. Dirons-nous qu'on les a évités ? Seul Bélial, en 4, 13, évoque pareil contexte, mais il est aussitôt affadi par un pésher moralisant, presque casuistique. Le mot *qṣ* également, à la rigueur, peut rappeler l'eschatologie (cfr *supra*, pp. 101-102), mais non pas nécessairement, ainsi la doctrine des deux esprits le met dans un cadre général (*S* 3, 13-4, 26), et *Dam* de même, dans toutes les parties de l'écrit, comme synonyme d'époques quelconques. Cette volonté de « déseschatologiser » peut expliquer les expressions rares de la phrase. On les aura choisies de préférence à des termes plus colorés : ces années-là, leur nombre, l'achèvement, le temps (sans les précisions habituelles). Et ainsi s'éclaire le choix des termes litigieux. La *précision* de la loi pourrait être celle qu'elle reçoit aux derniers temps, le temps d'impiété (6, 14, et un peu 14, 18), comme sont « précisés » les noms des convoqués de nom à cette époque (4, 4 ; cfr 2, 13), voire de ceux des lévites et des membres de la congrégation (*M* 4, 6-12). Mais le contexte ici n'évoque nulle part ce cadre-là. Le sens de législation morale, « agir selon la précision de la loi », demeure à son niveau de vie morale quotidienne. L'alliance des anciens a été revivifiée et la loi enseignée jadis est à nouveau pratiquée dans son intégrité, Dieu à nouveau accorde la rémission des fautes, comme il a fait autrefois. La nouveauté de ces événements n'est pourtant pas soulignée et leur consommation n'est pas conçue comme imminente : le déchaînement de Bélial peut durer longtemps.

3. L'INSTRUCTION DE LA LOI

L'instruction de la loi dont les anciens ont reçu le bénéfice, est bien située par les termes qui l'encadrent. Aucun ne signifie une apocalypse ou l'eschatologie. Certes, la loi est celle du Sinaï, où, du ciel, Dieu a fait entendre sa voix pour *instruire* Israël qu'il a choisi, et sur terre, a fait voir le feu en vision (*Deut.*, 4, 36). Le verbe instruire nous vient sans doute de là, mais il n'est pas placé dans le ciel, et n'est accompagné ni de la voix avec son audition, ni du feu avec sa vision, ni de l'élection. Il n'y a ici, outre l'alliance et le pardon des fautes, que la loi avec la conduite morale qui l'applique.

S'il ne peut être question ici, c'est évident, de correction infligée, ni de leçon reçue par l'expérience, il ne reste pas à opter entre enseignement ou éducation (cfr *supra*, pp. 90-91, les sens du verbe *y s r*). Le sens législatif d'instruction-prescription donnée par une autorité, est trop précis. Ce sens apparaîtra dans les codes, mais l'on ne peut dire que la loi consiste à établir des instructions et des règlements. Une signification juridique de principes de jugement pour un tribunal, ne s'appuie sur aucun élément du contexte. La valeur morale de principe de conduite est demandée par le verbe à l'infinitif, pour agir (*l'śwt*), qui régit l'antécédent (selon la précision de la loi, *kprwš htwrh*) du pronom relatif, *'šr*, introduisant notre subordonnée : pour agir selon la précision de la loi dont les principes de conduite ont été reçus et appliqués par les anciens qui en avaient été enseignés. Cette valeur morale du verbe *y s r* (enseigner) se complétera par une nuance intellectuelle que suggère la « précision » de la loi, bien que l'expression puisse simplement qualifier la conduite réglée très exactement selon la loi : agir selon la précision... Néanmoins, l'évocation du Sinaï et de l'alliance (4, 9), par l'intermédiaire de *Deut.*, 4, 36, indique plutôt un acte qu'une manière d'agir : ils ont été instruits, plutôt que : ils ont reçu une formation (1). Dieu n'a pas établi l'alliance alors qu'on l'observait, ou parce qu'on l'observait, mais alors qu'on la recevait par instruction.

---

(1) Cfr I. RABINOWITZ, *J. Bibl. Lit.*, 73, 1954, p. 18 : par quoi les anciens se sont *disciplined*.

Le passage parallèle du fragment *1Q* 34 3, 2, 7 (cfr *supra*, pp. 94-95), se rapporte au même texte du *Deut.*, « les glorieuses instructions que ta droite a écrites pour (les) faire connaître », avec un sens plus précis de prescriptions législatives promulguées par l'autorité. Dans ce fragment, les anciens — ou sont-ce leurs successeurs contemporains ? — reçoivent la loi, précisée par la connaissance qu'ils en ont dans la gloire de Dieu (c'est la théophanie, absente de *Dam* 4) et par l'acceptation qu'ils en font.

La signification du verbe *y s r*-instruire dans notre passage contient donc les deux sens d'enseignement et d'éducation, avec une légère insistance sur le premier. L'aspect intellectuel, presque scolaire, se laisse voir quand on parle des années de l'achèvement, celles de Bélial. En effet, pour les expliquer, l'on aura recours à un pésher moralisant d'*Is.*, 24, 17 (cfr *Dam* 4, 13-19), qui introduit lui-même un catalogue des vices actuels (4, 20-5, 15). Nous ne sommes pas à l'école, mais sur le chemin.

Ce catalogue parle de ceux qui se livrent aux vices d'aujourd'hui, en les appelant les « constructeurs du mur », et l'on explique : ce sont ceux qui ont suivi le Ṣaw, le Ṣaw est le prêcheur-*mṭyp* dont il est dit : Ils ont prêché de prédication (1) (*Dam* 4, 19-20). En *Dam* 1, 14-15, le prêcheur était l'homme de babillage qui distillait (2) les eaux de mensonge au désert sans voie (cfr *supra*, p. 75). En 8, 12-13, parall. 19, 24-26, les constructeurs et plâtreurs du mur ne comprennent pas (leurs fautes), car un agissant dans l'esprit et fournissant l'ouragan et distillant le mensonge, leur a distillé (cfr *infra*, p. 153-155). Dans ces deux cas, les citations de base (*Michée*, *Ézéchiel*) prêtent immédiatement leurs données au développement (cfr *l. c.*). Dans le *pHab* 10, 9-11 : le prêcheur de mensonge (...) en a égaré beaucoup pour construire une ville de vanité dans le sang et élever une congrégation dans le mensonge en vue de (sa) gloire. La construction de la ville rappelle *Dam* 8, 12-13, parall. 19, 24-26, mais l'expression reste vivante. Au contraire, le terme prêcheur de mensonge est figé, dans le *pHab* comme dans notre passage *Dam* 4, 19, où il est simplement « le prêcheur » sans aucune explication, car la référence à *Mic.*, 2, 6, est seulement verbale (cfr *supra*, note 1). De même, les constructeurs du mur, en *Dam* 4, 19, sont évoqués comme un groupe connu. De soi, le « prêcheur » n'est plus une métaphore combinant les

---

(1) La référence à *Mic.*, 2, 6, change le texte connu et le sens probable : (les adversaires) prophétisent en disant (au prophète) : ne prophétisez pas.

(2) Le verbe *n ṭ p* a les deux sens de prêcher et de distiller, ou bien les deux racines sont devenues homonymes.

termes d'une citation. C'est un simple synonyme de faux prophète, et comme tel, il constitue un thème de connaissance. Cependant, cette valeur n'est en aucune manière prise en considération et n'intervient pas dans la suite des idées. Une fois relevée, il n'y a plus rien à en dire, mais à se rapporter aux autres passages qui permettent de la préciser. Ces expressions sclérosées servent de titre au catalogue de vices, qui suit le pésher d'*Isaïe*.

Le texte ne dit pas comment l'instruction s'est opérée, peut-être l'indication a-t-elle disparu dans la lacune. Ce qui nous reste affirme seulement la connaissance et l'observation de la loi par les anciens, à la suite, évidemment, de la révélation du Sinaï et de l'établissement de l'alliance, mais sans rappeler la théophanie et sans évoquer l'eschatologie, puisque le vocabulaire même qui en parle est neutre et décoloré.

2. LES THÈMES DE LA DEUXIÈME PARTIE DE LA DEUXIÈME SECTION (5, 16-6, 11)

Les fidèles d'aujourd'hui, grâce à la loi enseignée aux anciens, jouissent du bienfait de l'alliance et ont reçu le pardon divin. Ils peuvent se prémunir contre les vices actuels, filets placés par Bélial pour se saisir d'Israël (4, 6-5, 11). Ceux qui s'y laissent prendre ont profané leur esprit et leur langue a blasphémé les décrets de l'alliance en niant sa pérennité : ils sont dangereux pour tout le monde (5, 11-15). De même que les fidèles d'aujourd'hui sont assimilés aux anciens, ainsi les rebelles aux révoltés du désert (5, 15-6, 2). Mais au milieu du peuple, Dieu, en vertu de l'alliance ancienne, a suscité des fidèles (6, 2-11) qui observeront ses préceptes (6, 11-7, 4).

Le vocabulaire renforce la symétrie des situations : Moïse et Aaron se lèvent par le Prince des lumières, et Bélial suscite Jannès et son frère (5, 17-18). Les déplaceurs de limites se lèvent, et Dieu suscite pénétrants et sages (5, 20-6,2). La symétrie pourtant n'est pas parfaite.

Plus d'un auteur veut voir, dans le Prince des lumières, un archange, et même Michel (1), selon *M* 13, 10, avec 17, 6 (cfr *Dan.*, 8, 11 ; 10, 21 ; 12, 1), et *S* 3, 20, où le même personnage, ou un personnage portant le même titre, est opposé à l'ange des ténèbres, chacun préposé à une portion

---

(1) Cfr surtout A. S. VAN DER WOUDE, *Mess. Vorstellungen*, p. 22.

de l'humanité. Et l'on ajoute que le passage de *Dam* 5, 18, serait un exemple typique du dualisme de Qumrân (1). Pourtant, dans *Dan.*, 8, 25, le Prince des princes est certainement Dieu, et dans *Dam*, c'est toujours Dieu qui suscite les hommes destinés à une mission (cfr 1, 11 ; 2, 11 ; 6, 2), comme il établit l'alliance (3, 13 ; 4, 9 ; cfr 7, 16, Dieu relève la tente ; cfr *M* 13, 7 ; *Sb* 5, 23). Cet usage et le parallélisme (cfr 6, 2) indiqueraient plutôt que Dieu, prince des lumières, suscite Moïse et Aaron. Si c'est un archange qui le fait, le cas est unique.

Pour caractériser tant les rebelles anciens et leurs imitateurs que les fidèles, plusieurs expressions soulignent l'aspect de connaissance, et elles le font de manière symétrique : « Dieu jadis visita leurs actions et sa colère s'enflamma contre leurs méfaits, car ce n'est pas un peuple de *pénétration* ; ils sont une nation égarée de *conseils*, par le fait qu'il n'y a pas en eux de pénétration » (5, 15-17). « Mais Dieu s'est souvenu de l'alliance des anciens et a suscité d'Aaron des *pénétrants* et d'Israël des *sages*, et leur a fait une *audition*, et ils ont creusé le puits... qui est la loi. » (6,4). Le midrash de *Nu.*, 21, 18, sur le puits, correspond au pésher d'*Is.*, 24, 27, sur les filets de Bélial (4, 14), et comme le pésher introduisait le catalogue des vices contemporains (4, 20-5, 15), ainsi fait le midrash pour les décrets découverts en creusant le puits, en vue d'apprendre à se conduire pendant le temps d'impiété (6, 11-7, 4).

Les thèmes de connaissance qui constituent le signalement des révoltés du désert, sont empruntés à la Bible. Le peuple sans pénétration-*bynwt* (est-ce un pluriel ?) est emprunté à *Is.*, 27, 11 (cfr même expression, *Hod* 2, 19), où c'est la raison du châtiment impitoyable de Dieu. La nation égarée de conseils-ʿ*ṣwt* du fait qu'il n'y a pas en eux de pénétration, provient de *Deut.*, 32, 28 (T. Mass. : *tebûnâh*, au lieu de *bynh*), où le texte poursuit : s'ils étaient sages, ils comprendraient-*ś k l* cela, ils pénétreraient l'avenir (*Deut.*, 32, 29). Les pénétrants-*nbwnym* que Dieu suscite d'Aaron et les sages-*ḥkmym* suscités d'Israël, remontent à *Deut.*, 1, 13, où Moïse demande au peuple de se choisir dans les tribus, des hommes sages et pénétrants et connaisseurs (ou savants).

Du même cadre deutéronomique sont issus ceux qui *prophétisent* le mensonge (6, 1), seule apparition du verbe *n b* ' à Qumrân. En effet, juste

(1) Cfr G. JEREMIAS, *Der Lehrer*, pp. 107-108.

avant ceci (5, 21), le *Deut.*, 13, 6, vient de servir à affirmer : Ils ont proclamé la rébellion contre les ordonnances de Dieu, et tout le passage du *Deut.* condamne d'avance les faux prophètes (*Deut.*, 13, 2-6). L'expression : prophétiser le mensonge, a été frappée par Jérémie (cfr *Jer.*, 5, 31 ; 23,25. 26.32, etc.), et complète ici le *Deut.* Le thème de prophétie est un thème de connaissance, mais avec le verbe *n b '*, il n'est exploité ni ici, ni ailleurs à Qumrân (1).

L'audition-*wyšmy'm* que Dieu fait aux sages et aux pénétrants, vient de *Deut.*, 30, 12 (*weyašmi'ênû*), où le précepte de Dieu n'est pas dans les cieux qu'il faille y monter pour le saisir et le « faire entendre », ou de *Deut.*, 4, 10, où Dieu fait entendre les paroles d'enseignement de crainte. Le *Deutéronome* fournit l'ensemble du vocabulaire, mais celui-ci est voulu pour lui-même, et non imposé par la source, comme le prouve l'emprunt à *Is.*, 27, 11.

La pénétration est le thème principal du morceau. Le reproche fait à Israël du désert, c'est de ne pas l'avoir, et cela explique leurs mauvaises actions : Dieu s'irrite contre leurs méfaits parce que (*ky l'*) ce n'était pas un peuple de pénétration (5, 16). De même, cela cause la perte du conseil : ils sont une nation égarée de conseils, du fait (*m'šr*) qu'il n'y a pas de pénétration en eux (5, 17). Enfin, à côté des sages suscités aujourd'hui d'Israël, des pénétrants sont suscités d'Aaron (6, 2), et c'est à la suite de cela, peut-être grâce à cela (le *waw* est consécutif), que Dieu peut faire une audition et qu'ils ont creusé le puits (6, 3). Le manque de pénétration, avec l'absence de conseils, a jadis amené les méfaits, la visite et la colère de Dieu. La pénétration, avec la sagesse, permet aujourd'hui l'audition et le creusement du puits. Conseils, pénétration, audition, sans compter les sages, ce sont les thèmes de cette deuxième partie de la deuxième section de *Dam.* L'audition est une conséquence du reste, elle doit être traitée à la fin. La pénétration est présente, au moins par sa négation, partout, mais comme il n'est question qu'une fois des conseils, il est préférable de commencer par là, d'étudier ensuite la pénétration, et de terminer par l'audition.

---

(1) *Os.*, 14, 10, contient les trois termes : qui est *sage* comprendra cela, *pénétrant*, le *saura*. Dans *Sa* 1, 28, ces sages et ces pénétrants forment, avec les hommes de guerre, les chefs de tribus, etc., l'Assemblée générale. Ce sont des fonctions, ou des titres fixés.

1. LE CONSEIL – ʿṣh (5, 17)

(Les bâtisseurs du mur) (4, 19) sont un peuple privé, ou égaré de conseils (5, 17).

Le terme conseil-ʿêṣâh possède dans le T. Mass. plusieurs significations qui dérivent du sens premier de conseil et d'avis (cfr ceux d'Achitopel à Absalom, *2 S.*, 15 et 16; *1 Reg.*, 12, 8-13 ; souvent dans l'expression : homme de conseil, conseiller, cfr *Is.*, 40, 13, etc.). De là, il signifie la décision, entre autres celle de Dieu (*Is.*, 5, 19 ; 19, 17, etc.), et le dessein (*Jer.*, 19, 7 ; *Ps.* 33, 11, etc.), comme aussi la sagesse (*Deut.*, 32, 28, cité ici par *Dam* 5, 17 ; *Job*, 12, 13 ; *Prov.*, 8, 14 ; 20, 18), et peut-être parfois la réunion des conseillers, le « Conseil » (peut-être *Zach.*, 6, 13 : le conseil des deux messies ; *Ps.* 1, 1 : le conseil ? des méchants).

La sémantique est la même à Qumrân, mais un peu plus avancée : la décision (*pH* 4, 11 ; *S* 6, 4.9, etc.), le dessein (*H* 4, 13 ; un peu 16, 8), la délibération (*S* 8, 26 ; parfois le verbe : *S* 6, 3 ; et peut-être *Dam* 3, 5) et ici : la sagesse, parallèle à la pénétration (*Dam* 5, 17). Néanmoins, la signification la plus fréquente à Qumrân et presque absente du T. Mass. est réunion-conseil (*pH* 12, 4 ; *S* 1, 8.10.13, etc. ; *H* 6, 5.10 ; *Dam* 12, 8 ; 20, 24), sans doute en provenance de l'expression « homme de conseil » (*pH* 5, 10 ; 9, 10 ; *S* 8, 11, etc. ; cfr le verbe *H* 3, 10 ; 6, 21). D'après cela, le sens de conseil-intelligence n'est pas le plus habituel à Qumrân, et le pluriel y est particulier à notre passage. Il s'explique par la citation de *Deut.*, 32, 28 : c'est une nation égarée de conseils, ceux-là ; il n'y a pas en eux de pénétration-*tebûnâh*. Dans le T. Mass. également, le pluriel de ce substantif est limité à cet unique passage du *Deut.*

Le terme se trouve ici, conclurons-nous, non pour lui-même, mais en vertu de la citation du *Deut.*, et celle-ci à son tour à cause du terme de compréhension-*bînâh* qu'elle contient. En effet, le conseil-ʿṣh y est aussitôt ramené : du fait qu'ils ne sont pas un peuple qui (sache) pénétrer-*bynwt* (cfr *Is.*, 27, 11), ils sont, eux, une nation égarée de conseils-ʿṣwt, de ce (fait) qu'il n'y a pas en eux de pénétration-*bynh* (pour les deux phrases, cfr *Deut.*, 32, 28), ils se laissent égarer-*tʿh* (cfr 5, 20) (1).

---

(1) Le verbe ʾbd-perdre possède à Qumrân, le sens d'un objet égaré par mégarde, cfr *S* 7, 6 ; *H* 4, 9 ; *Dam* 9, 10 ; 10, 22, ou de quelqu'un de perdu, c.-à-d. mis à mort, cfr *pH* 2, 13 ; 6, 10 ; *M* 11, 7 ; *1Q* 22 1, 10 ; *4Q pNah* 2, 9 ; 3, 7 ; *1Q pPs 37* 2, 1 ; 3, 4.8 ; *Dam* 3, 9.10. Le terme dans *Dam* 5, 17 (nation égarée de conseils) n'a donc cette valeur qu'en raison de la citation.

---

2. LA PÉNÉTRATION-*bynh* (5, 16) ET LES PÉNÉTRANTS (6, 2)

Dans les monitions, la pénétration requise ou conférée se rapporte au jugement dernier (1, 2) et à la levée de l'Initiateur de justice (1, 11) ; ensuite à la révélation que Dieu fait aujourd'hui (2, 14 ; cfr 3, 13), secondairement aux fautes commises dont les repentants prennent conscience (1, 8) et à la connaissance que Dieu a de leur repentir (1, 10). Les contextes où le terme apparaît et sa mise en équivalence avec, par exemple, la vision et la révélation (2, 14), lui confèrent une coloration eschatologique prononcée (cfr *supra*, pp. 12-15), pareille à celle que lui donne le Livre de Daniel (cfr *supra*, pp. 19-21).

Le présent passage pourrait suggérer une coloration eschatologique semblable : « Dieu a visité leurs œuvres et sa colère s'enflammera contre leurs méfaits, car c'est un peuple sans pénétration, une nation vide de conseils, puisqu'il n'y a pas en eux de pénétration. » (5, 15-17). Se trouvent ici réunis le verbe visiter (5, 15), la colère de Dieu qui se manifeste (5, 16), puis Bélial va apparaître (5, 18). Et pourtant ces trois termes caractéristiques ne dessinent pas un cadre eschatologique, puisque, aussi bien, ils décrivent l'époque du désert, « dans l'ancien temps » (5, 15-17). Cette époque passée est sans doute une préfiguration des derniers temps, mais lorsque ceux-ci sont décrits (cfr 5, 20 sq.), aucun de ces termes ou des termes analogues n'apparaîtra. Même la ruine du pays, empruntée à *Ezech.*, 19, 7, n'est pas spécifiquement eschatologique. Il faut donc trouver à la pénétration un autre sens que dans les monitions initiales. La suite du texte en parle de nouveau et va nous l'apprendre.

Le texte poursuit : En ce temps de ruine et de désolation du pays, d'égarement, de rébellion et d'apostasie d'Israël, Dieu se souvient de l'alliance des anciens (cfr *Lev.*, 26, 45) ; il suscite d'Aaron, des pénétrants, et d'Israël, des sages, et il leur fait une audition. D'après le même passage de *Lev.*, 26, 45, cité en *Dam* 1, 4, le souvenir de la première alliance était la cause de ce que Dieu fait « rester un reste » à Israël ; il les visite, fait germer d'Israël et d'Aaron une racine de végétation, et ils pénètrent leur faute (1, 4-8). Les points communs ne doivent pas cacher les différences, et en particulier, ici, l'absence de visite de Dieu, de reste préservé, voire de pénétration d'une faute, et surtout de tout contexte eschatologique, tellement souligné, en *Dam* 1, par les thèmes accumulés de procès, jugement, « reste », colère, manifestation-révélation, dernières générations, génération ultime. Notre cas est différent. La pénétration des pénétrants n'a pas d'objet exprimé et la forme du verbe est un niphal. Les deux termes de pénétrants et de sages viennent de *Deut.*, 1, 13, où ils sont les notables et les magistrats à élire par les Israélites sur l'ordre de Moïse ; là néanmoins, Aaron et Israël ne sont pas mentionnés.

Dans le T. Mass., le participe *nebônên*, pénétrant, est régulièrement apparié au substantif sage. Ce sont les qualités demandées par Joseph, et trouvées ensuite en lui-même, à la suite du songe du Pharaon (*Gen.*, 41, 33.39) ; celles du peuple élu qui applique les lois de Dieu (*Deut.*, 4, 6) ; de Salomon, par la grâce de Dieu (*1 Reg.*, 3, 12) ; celles que n'ont pas les impies orgueilleux (*Is.*, 5, 21 ; 10, 13 ; 29, 14, avec suffixe : les pénétrants du peuple ; cfr 3, 3 ; *Jer.*, 4, 22), mais que possède le pieux (*Os.*, 14, 10 ; cfr *Eccle.*, 9, 11). Elles font une paire habituelle (*Prov.*, 1, 5 ; 10, 13 ; 14, 6 ; (14, 33) ; 16, 21 ; 17, 28 ; 18, 15 ; excepté qu'en *Prov.*, 15, 14 et 19, 25, la science prend la place de la sagesse). Plus d'une fois, les deux ensemble indiquent une fonction (surtout *Is.*, 3, 3, avec les chefs de 50, les notables et conseillers ; 29, 14), ou du moins la capacité correspondant à une fonction. C'est le cas de *Deut.*, 1, 13.

A Qumrân, le participe qal (dans le T. Mass., seulement *Jer.*, 49, 7 ?) se trouve en *Hod* 2, 18 : fontaine de science pour tous ceux qui comprennent (cfr peut-être aussi fg 10, 10). Le participe niphal apparaît, en *Sa* 1, 28, dans la liste des notables et des membres de la communauté, liste évidemment inspirée de *Deut.*, 1, 13, et le participe pilel se rencontre trois fois dans le grand code de *Dam* (10, 6 ; 13, 2 ; 14, 7) pour former l'expression : « s'occupant, ou instruit du Livre de Hagê » (1).

Les deux seules apparitions du participe niphal *nebônên* à Qumrân mènent au même passage de *Deut.*, 1, 13, et si le sens de *Dam* 6, 2, est identique à celui-ci, l'expression double, pénétrants et sages, ne fait que présenter un Israël pourvu des capacités requises, comme au désert lorsque Moïse veut constituer les cadres du peuple. Ici, néanmoins, pénétrants et sages ne sont pas

---

(1) Ce pilel, cfr seulement *Deut.*, 32, 10, où Dieu entoure Israël et « s'occupe » de lui.

élus par le peuple. Ils sont suscités par Dieu, qui veut reconstituer son peuple et lui donner une audition (1). Entre le sens fort de la première monition et le sens «officiel» du code (cfr *supra*, p. 17), cet usage constitue peut-être la transition. Les pénétrants suscités par Dieu vont ainsi devenir plus tard les « diplômés » du code.

3. L'AUDITION – *hšmyʿ* (6, 3)

L'audition de *Dam* 6, 3, est causée par Dieu, dernier acte d'une suite d'actions divines. Lors de la ruine du pays, marquée par la rébellion, l'égarement et les prophéties de mensonge, Dieu se rappelle, d'un souvenir efficient (2), l'alliance des anciens; il suscite (c'est l'application du souvenir efficient) des pénétrants et des sages, et leur donne une audition («il leur fit entendre») ; à la suite de quoi, ils creusent le puits de la loi. Les détails de l'événement, comme la lexicographie, sont empruntés à l'histoire du désert. Elle se répète, ou mieux s'accomplit. L'audition prend la place de la révélation du Sinaï, et d'ailleurs le terme même se lit dans *Deut.*, 4, 10 : Je leur ai fait entendre mes paroles. Reste à voir le sens précis que l'auteur attribue dans le contexte, à l'audition accordée par Dieu.

A Qumrân, le verbe entendre-*š m ʿ* a le plus souvent un sens banal (cfr *S* 2, 13 ; 7, 14 ; 10, 21 ; *Hod* 5, 12 ; 7, 3 ; de même six fois : *1Q GenApocr*), même à l'hiphil (*Hod* 3, 17), mais parfois dans ce cas avec le sens de proclamer (*S* 1, 22 : les grâces de Dieu ; *H* 1, 23 : ce que Dieu sait déjà ; 2, 5 : la joie, etc.). Il a aussi le sens courant d'obéir (*H* 4, 24 ; cfr *Dam* 3, 7, au niphal ; *S* 5, 23 ; 6, 2) et de louer quelqu'un (*H* 11, 25 : « faire connaître Dieu »). Une valeur religieuse se dessine à l'occasion, par exemple *pHab* 2, 7 : ne pas croire en « entendant » les événements à venir, où l'audition correspond à la prédication du maître de justice,

(1) Les « sages » n'apparaissent qu'ici dans *Dam*. Dans *Sa* 1, 28 et 2, 16, ils forment une des subdivisions de l'assemblée. *Hod* 3, 14, les traite également comme des « gens en place », et *Hod* 1, 35, qualifie ainsi les justes, qui sont aussi des sages. Dans *1Q ApocrGen* 20, 19.25, les sages sont les devins d'Égypte.

(2) Le « souvenir » de Dieu est un acte divin et un événement qui change le cours des choses, cfr O. MICHEL, art. μιμνήσκομαι, etc., dans *Theol. Wört.*, 4 (1942), p. 678 ; cfr R. F. COLLINS, *The Berîth-Notion of the Cairo Dam. Document*, dans *Eph. Theol. Lov.*, 39, 1963, p. 559 ; cfr *infra*, pp. 116-117.

également *Hod* 10, 34 : trembler en entendant les jugements de Dieu, et plus encore *Hod* 12, 12-13 : « Et moi, intelligent, je t'ai connu, mon Dieu, par l'esprit que tu m'as donné, et j'ai entendu en fidélité le fondement de ta merveille ; en ton esprit de sainteté, tu as ouvert en moi la connaissance de ton secret d'intelligence. » Se succèdent ici le don de l'esprit de Dieu, qui fait connaître, puis l'acte d'audition, et enfin la connaissance qu'il entraîne, ou qui le finalise, la connaissance du secret.

Dans la colonne *Hod* 18, la racine *š m ʿ* revient trois fois : « [...] tes auditions (. . *š]mwʿwt*) merveilleuses pour faire apparaître aux yeux de tous ceux qui t'écoutent [...] » (18, 6-7), puis plus loin : « [...] tu as ouvert une source dans la bouche de ton serviteur et de (sur ?) sa langue, tu as gravé sur [lacune de deux mots, pour] faire entendre à la créature quelque chose de sa pénétration (celle du psalmiste) et pour interpréter ces choses à l'intention de la (créature de) poussière comme moi, et tu as ouvert une source pour corriger sa voie. » (18, 10-12). Et encore : « [comment] distinguerai-je sans que tu révèles à mes yeux, et entendrai-je [...] ? » (18, 19). Dans le cas de 18, 10-12, l'audition est, directement, le moyen de transmission, par le psalmiste à d'autres, de la pénétration qu'il a reçue, ce n'est plus une audition reçue de Dieu ; en 18, 6-7, l'audition reçue de Dieu paraît le contenu de la transmission ; 18, 19, est trop lacuneux pour entrer en ligne de compte. L'audition peut donc prendre place, avec une valeur théologique, dans une révélation ou du moins dans la transmission à autrui de la chose pénétrée.

Deux passages de la *Milḥ* prouvent que, dans un contexte semblable, ce sens théologique d'entendre n'est pas une anomalie. On y décrit le peuple élu, « peuple des saints de l'alliance et enseignés du décret, qui comprennent en pénétration [lacune de plusieurs mots] et *entendent* la voix du Vénéré et voient les anges saints, reçoivent révélation à l'oreille et *entendent* les profondeurs [...] (firmament, luminaires, vents, etc.) » (*M* 10, 10-11, ssq.). L'audition de la voix divine est jointe à la vision des anges ; la révélation paraît amener l'audition des profondeurs, c.-à-d. des secrets. Les profondeurs, dans le T. Mass., car c'est un *hapax* de Qumrân, sont souvent, à côté du sens concret (*Lev.*, 13 : 7 fois ; *Is.*, 30, 33 ; *Jer.*, 49, 8.30 ; *Ezech.*, 23, 32), les secrets de la nature (*Is.*, 7, 11 ; *Prov.*, 9, 18 ; *Job*, 11, 8 ; 12, 22), parfois ceux de l'homme, ainsi une langue étrangère (*Is.*, 33, 19 ; *Ezech.*, 3, 5.6), la pensée humaine (*Prov.*, 18, 4 ; 20, 5 ; 25, 3), ou ceux de la rébellion et du péché (*Ps.* 64, 7 ; *Is.*, 29, 15 ; 31, 6 ; *Os.*, 5, 2 ; 9, 9 ; *Prov.*, 22, 14 ; 23, 27), mais aussi ceux de Dieu (*Ps.* 92, 6), ou de la sagesse (*Eccle.*, 7, 24). *Job* parle de la révélation par Dieu des profondeurs de la nature (*Job*, 12, 22), comme fait *Daniel* à propos des songes : « Lui, il révèle profondeurs et secrets ; il sait ce qui est dans les ténèbres et la lumière est avec lui » (*Dan.*, 2, 22). Dans la *Milḥ*, l'audition ne fait sans doute pas référence à une langue étrangère, par exemple celle des anges (1). Après la révélation du Sinaï, avec la voix du Vénéré et la vision des anges, et à côté de la révélation à l'oreille (est-ce une nouvelle révélation ?), les profondeurs sont celles de la pensée de Dieu (cfr *Ps.* 92, 6), ses secrets (cfr *Dan.*, 2, 22). Le texte de *Daniel* et celui de *Job*, 12, 22 (car la suite de *M* traite des phénomènes naturels) sont à l'arrière-plan, mais transformés de façon un peu maladroite et artificielle. La révélation des profondeurs est complétée par l'idée qu'elle est reçue, et on les entend, alors que normalement on voit les choses révélées, et l'on distingue les profondeurs (cfr *Hod* 18, 19, *supra*) (2). Avons-nous une allusion à des révélations récentes, postérieures à celle du Sinaï ?

Le verbe *š m ʿ*-entendre possède à Qumrân une signification religieuse de révélation, révélation que reçoit le psalmiste pour connaître le secret de Dieu (cfr *H* 12, 13) et le faire connaître à autrui (*H* 18, 10-12), révélation qu'a reçue le peuple de l'alliance comme jadis celui du Sinaï (*M* 10, 11-12). L'usage de *Dam* 1, 1 ; 2, 2.14 (cfr *supra*, p. 11), d'introduire par ce verbe les monitions, rappelle le sens de révélation, car chaque fois, l'ordre d'écouter est joint à l'annonce d'une révélation (2, 2.14) ou à l'ordre de « pénétrer » (1, 1 ; 2, 14).

Le passage de *Dam* 6, 3, est particulier à Qumrân par le fait que le verbe est employé à l'hiphil et absolument.

L'hiphil au sens absolu, dans le T. Mass., est souvent réuni à un verbe annoncer, proclamer (*Is.*, 41, 26 ; *Jer.*, 4, 5 ; 31, 7, etc. ; cfr Gesenius, *s. v.*). Une fois, c'est Dieu qui « fait savoir » l'arrivée de Cyrus (*Is.*, 43,12). Cette forme, avec ce sens, est absente du Livre de Daniel. Cependant, dans ses visions, le prophète entend plus d'une fois des paroles (*Dan.*, 8, 16 ; 10, 9 ; 12,7.8). Il est remarquable que cette audition ne suffit jamais à comprendre-*b y n* la vision, elle doit être expliquée ensuite par l'ange et ne constitue donc que le premier stade de la révélation. C'est d'ailleurs aussi le cas des visions, elles ont besoin d'une pénétration-*bînâh* explicative (cfr *supra*, p. 20-21).

L'audition de *Dam* 6, 3, est accordée aux pénétrants et aux sages que Dieu a suscités d'Aaron et d'Israël. Par rapport à l'audition de *Daniel*, la succession est inversée : la pénétration (des pénétrants) est la première, puis vient l'audition qu'elle paraît

---

(1) Cfr *Is.*, 33, 19 : c'est la langue des Assyriens ; *Ezech.*, 3, 5.6 : celle des Babyloniens.

(2) *M* 16, 15, dit mieux : Jadis, vous avez entendu les secrets de Dieu [...].

permettre ou introduire (1). Les appellations de *pénétrants* et de *sages* proviennent littéralement de *Deut.*, 1, 13, mais elles sont mises en évidence encore plus nettement en *Deut.*, 4, 6, où elles caractérisent tout le peuple élu aux yeux des autres nations : « Vous observerez et accomplirez (décrets et ordonnances), car telle est votre sagesse et votre pénétration aux yeux des peuples qui entendront tous ces décrets-là, et qui diront : Certes, c'est un peuple sage et pénétrant, cette grande nation-là. » (*Deut.*, 4, 6). *Dam* au même endroit vient de rappeler *Lev.*, 26, 45 : « Et je me suis souvenu pour eux (les Israélites) de l'alliance des anciens que j'ai fait sortir de la terre d'Égypte aux yeux des nations » (cfr *Dam*. 6, 2), ces nations précisément qui admirent la sagesse et la pénétration d'Israël, selon le *Deutéronome*. Or, c'est au même passage du *Deutéronome* que *Dam* 6, 3, emprunte le terme d'audition, qui suit : « Lorsque Dieu me dit : Assemble-moi le peuple et je *ferai entendre* mes paroles, afin qu'ils apprennent (*lmd*) à me craindre..., et qu'ils enseignent (*lmd*) leurs fils. » (*Deut.*, 4, 10). Le midrash du puits (*Dam* 6, 3-10) commente *Nu.*, 21, 18, et la loi (qu'est le puits) est aussi au centre du développement de *Deut.*, 4, 8 : « Et quelle est la grande nation à qui sont des décrets et des ordonnances justes comme toute cette loi-là que moi, je vous donne aujourd'hui ? » Enfin, le fait que Dieu *suscite* pareil peuple, composé, ici comme dans *Deut.*, 4, 6, de sages et de pénétrants, ce fait est affirmé également dans le *Deutéronome* : « Dieu te suscitera pour lui en peuple saint comme il te l'a juré..., et tous les peuples de la terre verront que le nom de Yahweh est invoqué sur vous. » (*Deut.*, 28, 9-10). Et encore : « (Vous voilà... pour passer dans l'alliance de Yahweh...), pour qu'il te suscite, ce jour, pour lui, en peuple..., comme il a juré à tes pères. » (*Deut.*, 29, 12). C'est à cet ensemble de données inspirées du *Deutéronome* que se réfère notre texte : Dieu suscite un peuple de sages et de pénétrants, et il leur fait une audition.

Le « souvenir » efficace de Dieu (cfr *supra*, p. 113, et note 2) équivaut ici, en quelque manière, à la constitution du peuple

---

(1) Le cas de *Hod* 12, 12-13, est plus complexe. Une première connaissance de Dieu est suivie de l'audition de la merveille, puis de la connaissance du secret. Celle-ci correspondrait à la pénétration-*bînâh* de *Daniel* (cfr *supra*, p. 114).

élu, ou à sa restauration après la ruine. La première monition a dit la même chose : « (Dieu) s'est souvenu de l'alliance des anciens (c'est la promesse de *Lev.*, 26, 45) ; il a fait rester un reste à Israël ;... il a fait germer d'Israël et d'Aaron un surgeon de végétation. » (*Dam* 1, 4-5.7). Ici, en 6, 2, le souvenir de l'alliance des anciens lui fait susciter le peuple de sages et de pénétrants. En 1, 11-12, l'action divine a un but : « il suscite un maître de justice... pour faire connaître ce qu'il fera à la génération ultime des apostats. » En 6, 2-4, il suscite des sages et des pénétrants pour leur faire une audition et qu'ils puissent creuser le puits de la loi. Le parallélisme est clair, mais le glissement de sens est net (1). L'audition de 6, 3, et la manifestation ou notification de 1, 11, sont le contenu principal ou la conséquence de l'intervention de Dieu qui se souvient. Mais alors que la notification de 1, 11, est eschatologique, l'audition (*Deut.*, 4, 10, précisait : audition des paroles de Dieu) de 6, 3, va permettre de creuser la loi. Pourront le faire les convertis exilés au pays de Damas (*Dam* 6, 5), grâce au chercheur de la loi (6, 7) mettant au point les décrets pour se conduire tout le temps de méchanceté, sans y toucher jusqu'à ce que se lève l'enseignant de justice des derniers jours (6, 9-11). La dernière notation est eschatologique, mais, par contraste avec cet avenir peut-être lointain, le reste ne l'est plus. La question est seulement celle des règles morales à découvrir dans la loi, ou à préciser sur les indications du Chercheur de la loi.

L'audition de *Dam* 6, 3, indique et suppose une révélation, mais seulement dans le sens où le fait la législation du *Deut.* Le donné théologique est, certes, un donné révélé, mais la révélation reçue (entendue) est devenue l'objet d'une étude, une étude vivante sans doute, car l'on creuse activement le puits de la loi, mais une étude quand même, et la pénétration (cfr 1, 1 ; 2, 14) comme la vision (2, 14) qui correspondent à la révélation (2, 2-14)

---

(1) Le fragment *1Q* 34 3, 2, 5-7, présente un développement semblable : élection du peuple, souvenir de l'alliance, consécration du peuple, renouvellement de l'alliance par la vision glorieuse et les paroles saintes, mise par écrit des instructions glorieuses et [...]. Les lacunes rendent difficile de découvrir le sens exact du passage. Si la vision « réalise » celle du Sinaï comme une prophétie accomplie, l'apocalyptique est présente mieux que dans *Dam* 6.

ont fait place au labeur du forage. Celui-ci est déjà mentionné plus haut (3, 16), pour rappeler le désert et le puits de *Nu.*, 21, 18, mais il n'est pas expliqué alors par la découverte des décrets, ni par la loi, mais seulement par l'eau vive et abondante que le puits fournit ; et même, dirait-on, c'est Dieu qui accomplit le travail avant les « tenants ferme », il ouvre ou dégage (le puits) avant eux (3, 16) (cfr *supra*, pp. 36-38). Désormais, les foreurs du puits qu'est la loi, doivent se mettre à l'œuvre ; ils ont l'instrument qu'il faut (6, 4), ils vont travailler sur les indications du Chercheur (6, 7), et ils trouveront ainsi des règles de conduite (6, 10).

Aucun terme du contexte n'évoque une révélation, et l'activité des Israélites sages et pénétrants elle-même n'est pas présentée comme une perception intellectuelle, une pénétration-*bynh*. Ils creusent et ils cherchent, de sorte que l'action divine équivaut presque à un ordre, conformément au sens fréquent d'obéir (cfr *supra*, p. 113) que possède le verbe *š m ʿ* : il leur fit une injonction (*hšmyʿ*), et ils creusèrent le puits (6, 3). Serait-ce la raison de l'emploi du verbe à l'absolu : il leur fit entendre ? Le *Deut.*, 4, 10, lui donne un complément : je ferai entendre mes paroles. Ce complément serait bien en place en *Dam* 6, 3. A-t-il été supprimé pour mieux mettre en évidence l'injonction intimée ?

4. LE CHERCHEUR-*dwrš* DE LA LOI (6, 7)

L'audition que Dieu accorde permet de forer le puits qui est la loi. Les versets du Chant du puits (*Nu.*, 21, 18) vont être interprétés mot à mot : les « princes » ou nobles du peuple qui, dans le texte des *Nombres*, creusent le puits avec leur sceptre, sont les résidents au pays de Damas. Leur bâton de forage, ou sceptre, est le chercheur de la loi, dont parle *Is.*, 54, 16 : « Celui qui produit son outil pour son travail » (*Dam* 6, 7-8) (1). Les nobles du peuple sont les entrés (dans l'alliance) pour forer le puits avec les bâtons-décrets (*mḥwqqwt*) que le bâton-décréteur (*mḥwqq*) a tranchés (*ḥqq*) pour se conduire grâce à eux pendant toute l'époque d'impiété (*Dam* 6, 8-10). Le chercheur de la loi, dans ce texte, est en

---

(1) Isaïe décrit le forgeron qui fait rougir le métal au feu, puis l'en retire pour le façonner. La citation est accommodatice.

même temps l'instrument qui permet de creuser (cfr le puits des *Nu.*) et décréter (cfr le dérivé *ḫwq*, décret). La traduction par trancher, comme on tranche une question, tente de garder les deux sens. Ces métaphores s'enchaînent en raison d'une situation bien connue de l'auteur et elles supposent une organisation déjà avancée.

L'expression chercheur de la loi va servir plus loin au midrash d'*Am.-Nu.* (*Dam* 7, 18), où il est l'étoile qui sortira de Jacob (cfr *Nu.*, 24, 17) : il viendra de Damas en même temps que le prince de l'assemblée, qui est le sceptre venant d'Israël (cfr *Nu.*, *ib.*) (cfr *infra*, pp. 186-191). Le *4Q Flor* I, 11-12, commente la prophétie de Nathan à David (cfr *2 Sam.*, 7, 11-14) : « c'est le descendant de David qui se lève avec le chercheur de la loi ... en Sion à la fin des jours ». Le *S* 6, 6, de son côté, exige qu'il y ait, jour et nuit, dans tout groupe de dix personnes, un chercheur dans la loi. La recherche de la loi est également connue de *Dam* 20, 6, avec un sens législatif de jurisprudence : lorsque la conduite du coupable deviendra manifeste selon la recherche de la loi d'après laquelle se conduisent les hommes de parfaite sainteté. *S* 8, 15, interprète la voie frayée au désert, d'*Is.*, 40, 3, comme étant la recherche-*mdrš* de la loi que Dieu a ordonnée par Moïse afin de l'observer selon tout ce qui a été révélé au cours des temps et selon que l'ont révélé les prophètes par sa sainte inspiration (1). Le rapprochement de l'étude et des révélations rappelle les révélations de la loi, règle de vie dans l'Union, de *S* 5, 9.12 ; 8, 1, et les révélations non déterminées, mais sans doute identiques, de *S* 1, 9 ; 9, 13. Nouvelle citation d'*Is.*, 40, 3, lorsqu'il est dit que le *Maśkîl* est chargé d'enseigner (*hśkyl*) les secrets, afin que les hommes de l'Union se conduisent parfaitement selon ce qu'il leur a été révélé, car voici le temps de frayer la voie au désert. Cette dernière, dans ce passage, est la vie même dans l'Union, et non plus seulement la recherche dans la loi, comme *S* 8, 15. Les deux choses paraissent liées, la recherche fait découvrir les principes de conduite et permet de vivre en harmonie avec eux. *Dam* 15, 13, parle aussi des révélations sur la loi à propos du serment d'entrée dans l'alliance.

Cette enquête nous apprend que dans le *S*, l'étude de la loi est une institution, et que cette institution a pour objet un élément essentiel dans la communauté, à savoir les révélations qui sont venues compléter, ou interpréter, la loi de Moïse (cfr le paragraphe sur le thème de révélation, *supra*, pp. 22-51). En *S* 6, 6, l'institution de la recherche est imposée comme telle, sans commentaire explicite ; en 8, 15, elle est valorisée

---

(1) Le même terme de *mdrš*, *Flor* I, 14, est l'en-tête du pésher du *Ps.* I, I, avec la valeur d'un terme d'école.

comme réalisation de la prophétie d'*Is.*, 40, 3, et son objet est indiqué clairement : les révélations. Les révélations sont régulièrement le critère suprême de la conduite parfaite (*S* 1, 9 ; 5, 9.12 ; 8, 3 ; 9, 13 ; cfr *Dam* 15, 13). Une synecdoque assez facile transpose le terme qui indique l'objet, la révélation, à l'activité qui le traite, la recherche, et ainsi *Dam* 20, 6, parle du critère de la recherche-*mdrš* pour juger de la conduite d'un accusé (cfr *infra*, p. 197).

Les deux autres passages de Qumrân, *Dam* 7, 18 et *4Q Flor* 1, 11-12, donnent un tout autre sens au chercheur, personnage futur, accompagné du prince de l'assemblée (*Dam* 7, 18), ou du descendant de David (*Flor* 1, 11-12). L'usage de l'expression en *Dam* 7, 18, nous donnera l'occasion de revenir sur le thème (cfr *infra*, p. 186-191).

Le midrash de *Nu.*, 21, 18, en *Dam* 6, 7-10, parle du chercheur de la loi dans un sens proche du *S* et de *Dam* 20, 6 ou 15, 13, mais différent de *Dam* 7, 18 et de *Flor* 1, 11-12. Néanmoins, si le personnage prend place dans une organisation et une entreprise connues, ou supposées connues par ailleurs, son rôle n'est pas réduit, comme dans le *S*, au niveau d'une institution, importante, mais non plus singulière et personnelle. Ici, le chercheur de la loi est unique ; comme ferait un directeur de travaux, il décrète les décrets de conduite parfaite extraits (du puits) de la loi sous sa surveillance, C'est une autorité, voire l'autorité principale et incontestée, parmi les sages et pénétrants suscités par Dieu et qui creusent le puits (6, 2-3).

Dans la première monition, pour communiquer les révélations eschatologiques, Dieu a suscité un initiateur de justice (1, 11), qui est un voyant intègre (2, 12) des secrets divins (3, 14). Il est tentant, disons même normal, de le retrouver dans le personnage de 6, 7 (1). Mais l'atmosphère n'est plus la même. L'angoisse, ou l'attente fébrile, est devenue un travail d'étude, capital mais de longue haleine. Le chargé de révélation est désormais l'ingénieur hydraulique dirigeant au « désert » le forage du puits de la loi, le professeur inspirant et entraînant une équipe d'étudiants. Il possède les principes éprouvés et la méthode garantie, grâce à quoi l'on peut redécouvrir l'exactitude de la loi (4, 8). Les « décrets » ainsi dégagés ont valeur définitive, jusqu'aux derniers jours, et

---

(1) Cfr G. Jeremias, *Der Lehrer*, p. 272 ; A. S. van der Woude, *Mess. Vorstellungen*, p. 70.

l'alliance est désormais assurée, ses membres ne failliront plus. Mais les derniers temps, qui viendront certes en leur moment (4, 10), ne sont plus imminents. Avant eux doit s'étendre toute la période de Bélial (4, 12-13). Au terme de cette période se lèvera celui qui enseigne la justice (cfr *Os.*, 10, 12, et *infra*, pp. 186-189) à la fin des jours (6, 10-11). Les deux personnages, évidemment distincts, se répondent pourtant l'un à l'autre comme le commencement et la fin de la même période, quelle qu'en soit la durée (1).

5. L'ENSEIGNANT-*ywrh* DE JUSTICE (6, 14)

Le titre d'enseignant-*ywrh* de justice, comme l'expression initiateur-*mwrh* de justice de la première monition (1, 11) (cfr *supra*, pp. 54-56), est tirée d'*Os.*, 10, 12, mais ici, dirait-on, de façon plus littérale. La forme en effet est *ywrh*, celle même du T.Mass. : *yoréh*. Les données bibliques sont présentes de part et d'autre, elles sont pourtant organisées différemment. Osée proclame : Essartez-vous un champ neuf, c'est le temps de chercher Yahweh, jusqu'à ce qu'il vienne (et) vous enseignant la justice. Au forage du puits, Dieu a nommé Princes (cfr *Nu.*, 21, 18) ceux qui creusent le puits, parce qu'ils l'ont *cherché* (*Dam* 6, 6) ; et le bâton (cfr *Nu.*, *ib.*), c'est le *chercheur* de la loi (6, 7) ; et les décrets tranchés par lui servent à se conduire jusqu'à la levée de l'*enseignant de justice* (6, 10-11).

La recherche de Dieu naguère par les Princes, les captifs (ou convertis ? cfr *infra*, p. 159, note 1) d'Israël sortis de Juda, s'accompagne de la production par Dieu de l'outil, le bâton de l'actuel forage qui est le chercheur de la loi (6, 7-8), et ainsi ils atteindront la levée future de l'enseignant de justice (6, 10-11) annoncé par Osée. Il y a trois temps. Au contraire à la première monition, la *recherche* de Dieu naguère par les contrits était suivie de l'action divine actuelle suscitant l'*initiateur de justice*, pour les conduire dans la voie de son cœur et leur faire connaître le châtiment imminent. Il n'y avait que deux temps. L'enseignant de justice que Dieu avait suscité en faveur des contrits qui le

---

(1) Cfr G. JEREMIAS, *Der Lehrer*, pp. 269-289, voir p. 283 ; cfr *infra*, pp. 186-188.

cherchaient, est donc désormais un personnage futur qui se lèvera à la fin des jours. Le personnage actuel « produit » par Dieu (comme un outil) en faveur de ceux qui le cherchent, est le chercheur de la loi, grâce à qui l'on peut extraire les décrets réglant la conduite et permettant d'attendre jusqu'à l'arrivée de l'enseignant de justice. Le changement de perspective est manifeste. Les derniers jours ont reculé, l'enseignant de la justice eschatologique n'a plus de raison d'être présent aujourd'hui, mais seulement lorsque les derniers jours viendront.

Le problème de l'entre-deux une fois posé, la solution a été de l'occuper par la recherche dans la loi succédant soit à la recherche à tâtons (1, 9-10), soit à la recherche des princes avant de commencer à creuser le puits (6, 6), et de la prolonger après qu'elle ait été transformée par le chercheur patenté de la loi. Le midrash du puits complète l'attente conseillée par Osée. L'initiateur de justice qui apportait la révélation eschatologique lorsque les derniers jours paraissaient imminents (cfr *Os.*), est devenu l'entrepreneur de la recherche dans la loi (cfr *Nu.*), recherche qui assure à son tour d'atteindre les derniers jours et l'arrivée de celui qui, à ce moment, enseignera la justice véritablement eschatologique (cfr *Os.*). Parallèlement à la distinction des époques, l'actuelle et l'eschatologique, d'abord réunies (1, 11) et désormais séparées, un dédoublement du personnage s'est produit. L'initiateur de justice présent à la première monition avait une activité eschatologique (1, 12). Désormais, le chercheur de la loi est un directeur d'études ou un fondateur d'école, et l'enseignant de justice reste un personnage eschatologique. Cependant, alors que l'activité de l'initiateur est évoquée à plusieurs reprises au cours des monitions, au contraire, du personnage futur qui porte (à peu près) son nom, rien n'est énoncé, sinon qu'il viendra, comme l'affirme le prophète, et qu'il enseignera, ou conférera (*y r h* = aussi pleuvoir) la justice des derniers temps. D'après cela, rien ne nous permet d'affirmer avec quelque précision que nous avons affaire à un thème de connaissance, ou du moins de déterminer son contenu, sinon qu'il est eschatologique.

3. LA CONNAISSANCE DANS LA DEUXIÈME SECTION

Les thèmes de connaissance de la deuxième section de *Dam* s'insèrent parfaitement dans le contexte général de la section et en même temps la caractérisent.

1. La connaissance mise en valeur dans la deuxième section de *Dam* est d'abord un *enseignement*, ou plus exactement avec un sens plus large, une instruction dont on s'instruit, avec le double sens du terme, intellectuel et disciplinaire. C'est l'instruction reçue jadis par les anciens en recevant la loi, sans qu'on nous rappelle plus clairement les conditions où Dieu l'a donnée, ni qu'on nous dise le cadre doctrinal où on la situe. L'instruction avait pour but, et elle l'a toujours, d'observer la loi, de se conformer ainsi à l'alliance et, après les égarements coupables, d'obtenir le bienfait de la réconciliation avec Dieu. Son but est moral, elle apprend à se conduire. Cette morale est ensuite exposée en négatif, dans le cadre d'un pésher, d'où néanmoins l'aspect intellectuel est entièrement absent. Même lorsque l'on veut dire que David ignorait la loi, il est dit de façon scolaire, qu'il ne lisait pas le livre de la loi, car le livre n'était pas ouvert, mais scellé comme un document ; il n'a été ouvert et descellé (c'est le sens ici de *g l h*, cfr *supra*, p. 50) qu'au temps de la levée (des fils) de Sadoq (5, 2-5). La conclusion de l'exposé ne contient aucune menace (ou promesse) d'allure eschatologique, mais une description, tissée d'expressions bibliques, de la culpabilité des coupables et du danger qu'ils constituent pour tout le monde (5, 12-15).

D'autres thèmes de connaissance apparaissent, dans la section, au début du deuxième paragraphe, et d'abord la *pénétration*. Elle se présente deux fois, et chaque fois dans des citations bibliques. Son absence, selon *Is.*, 27, 11, et *Deut.*, 32, 28, fait, des pécheurs d'aujourd'hui, une nation égarée et privée de *conseils* réfléchis, sans qu'une insistance doive être décelée dans ce terme de conseil. En se souvenant de l'alliance des anciens, Dieu suscite d'Aaron des hommes pourvus de pénétration, en même temps que, d'Israël, des sages, reconstituant le peuple idéal rêvé par *Deut.*, 4, 6. Ce couple de qualités, emprunté au *Deut.*, doit faire contraste avec la description précédente de l'égarement d'Israël. Le *Deutéronome* magnifie le grand peuple capable, aux yeux de toutes les nations, d'observer les lois de Yahweh et d'en discerner la perfection. L'intelligence des pénétrants suscités d'Aaron ne prend donc son relief que dans ce contexte, bien qu'un troisième thème de connaissance y fasse son apparition : Dieu leur fait une audition.

L'*audition* accordée par Dieu est le dernier thème théologique de connaissance de la deuxième section de *Dam*. Dans certaines circonstances et dans certains contextes, l'audition donnée par Dieu peut faire partie d'une révélation apocalyptique. C'est le cas dans le Livre de Daniel et dans tel passage des *Hod*, par exemple *Hod* 12, 12-13, peut-être de la *Milḥ*, ainsi *M* 10, 10-11, bien que l'accumulation des termes, dans ce deuxième cas, rende malaisée la distinction de leur valeur respective. *Dam* se rappelle parfois cette valeur de l'audition (cfr 1, 1 : écoutez et (puis) pénétrez ; cfr 2, 2.14), mais non pas en *Dam* 6, 3. L'usage de *Daniel* a disparu pour faire appel au *Deut.*, 4, 6.8.10, où Dieu fait entendre ses paroles à un peuple intelligent, pour qu'ils apprennent à le craindre et l'enseignent ensuite à leurs fils. La révélation est devenue un objet de tradition, presque un enseignement moral, à transmettre fidèlement. Ici en *Dam*, Dieu se fait entendre de même à l'Israël rénové, et ils vont travailler à découvrir l'eau vive au désert. Ils n'ont pas avant tout à comprendre ce que Dieu leur fait entendre, mais seulement à obéir à ses injonctions. La pénétration des pénétrants n'est donc plus la capacité, reçue de Dieu, de percevoir une révélation antécédente (cfr *Daniel*), mais celle de découvrir dans la loi, les principes de conduite adaptés aux circonstances. Il importe seulement de les rechercher.

2. La deuxième section de *Dam* est homogène, tout en se divisant nettement en deux parties : un pésher d'*Is.*, 24, 17, (cfr 4, 14) avec son introduction et son développement par un catalogue de vices, et un midrash sur le puits, de *Nu.*, 21, 18 (cfr 6, 3), avec une introduction, sa présentation détaillée et ensuite le petit code en douze préceptes. Le pésher est joint à son introduction par l'expression trois fois répétée : « pendant ces années-là ». C'est en vue de cette époque que l'on reçoit l'enseignement de la loi, à ce moment-là qu'il faut se séparer de la maison de Juda, et pendant ce temps-là que Bélial est lâché contre Israël, selon *Is.*, 24, 17.

Les trois filets d'*Isaïe* servent ensuite de fond à l'exposé de l'immoralité actuelle (4, 20-5, 15). Le midrash du puits, de son côté, fait corps avec son introduction, qui sert en même temps de transition avec le développement précédent sur les trois filets de Bélial, auquel elle sert de conclusion. L'absence de pénétration (5, 16-17) est la cause de la visite de Dieu, et Dieu y portera remède en suscitant des pénétrants et des sages (6, 2). Jadis se sont levés Moïse et Aaron (5, 17-18), et aujourd'hui, d'Aaron et d'Israël, Dieu suscite le peuple idéal de pénétrants et de sages ; ceux-ci sauront se conduire tout le temps de l'impiété grâce au chercheur de la loi et à ses décrets-*ḥwq* (6, 7-10), alors qu'au désert, Israël a été égaré et s'est révolté contre les prescriptions-*mṣwh* de Moïse et de l'Oint de sainteté, comprenons Aaron (5, 21-6, 1). Le code de douze préceptes présente peu d'affinités lexicographiques avec le midrash qui paraît l'annoncer. Il ne semble pas faire partie de la même composition et peut d'ailleurs venir d'autre part. Les thèmes de connaissance qui peuvent s'y rencontrer, ainsi la « découverte-*mṣ't* » (6, 19), seront traités avec ceux du grand code (cfr *infra*, pp. 203-205).

3. La section n'est pas étrangère à la précédente, mais elle en est distincte. Les points communs aux deux sections sont nombreux : même référence à l'Israël du désert (1, 15 ; 3, 3-9.16 ; et 4, 6-9 ; 5, 16-6, 1 ; 6, 2-4) et à l'alliance ancienne (1, 4.17 ; 3, 10 ; et 6, 2) aujourd'hui restaurée (2, 2 ; 3, 13 ; et 6, 19), que Dieu met debout pour l'éternité, comme il a fait pour les anciens (3, 13 ; et 4, 9), et où l'on « entre » maintenant comme jadis (2, 2 ; 3, 10 ; et 6, 11 ; ici peut-être avec une apostasie intérieure ; 6, 19) ; même allusion à un personnage qui découvre les principes nouveaux de conduite (1, 11-12 ; sans doute 2, 12-13 ; et 6, 7), à un autre qui agit à l'opposé (1, 14 ; et 4, 19), aux adversaires qui égarent Israël (1, 15 ; et 5, 20), déplacent les limites (1, 16 ; et 5, 20), justifient l'impie et condamnent le juste, à l'opposé des anciens (1, 19 ; et 4, 7) ; même rappel du pardon accordé aux repentis (3, 18 ; et 4, 6.9.10) ; de la destruction de la foule des rebelles (2, 1), ou du pays, jadis (3, 10) ou récemment (5, 21).

4. Il est évident, d'une part, qu'il s'agit de la même communauté, celle du désert, qui se constitue par la bienveillance divine, et

où les mêmes personnages connus sont, des deux côtés, au premier plan. D'autre part, néanmoins, leur titre ou appellation a évolué, comme aussi leur activité.

Le maître ou initiateur de justice suscité par Dieu, qui faisait (ou par qui Dieu faisait) connaître le châtiment eschatologique et la conduite qu'il faut tenir à ce moment (1, 11-12), sans doute même transmettait-il la révélation divine (2, 12), ce personnage est devenu maintenant le « chercheur de la loi », dirigeant le forage du puits d'eaux vives ; il y travaille lui-même (6, 7). L'homme de babillage qui, selon *Ezech.*, 21, 2.7, et *Mic.*, 2, 6 (1), distillait-*n ṭ p* les eaux de mensonge (1, 14), est désormais appelé le « prêcheur-*mṭyp* » (4, 19), qualification qui plus tard sera frappée dans l'expression : prêcheur de mensonge (*Dam* 8, 13, parall. 19, 25 ; *pH*10, 9 ; *1Q* 14 10, 2 = *pMic* 1, 5-7). Il s'agit dans le premier cas (1, 14) d'un jeu de mots sur les sens du verbe *n ṭ p*, tout comme d'ailleurs le fait *Mic.*, 2, 11, car *n ṭ p* signifie en même temps prophétiser et distiller. L'on pourrait dire que le jeu de mots se fait à partir d'un titre connu déjà par ailleurs, prêcheur de mensonge. L'hypothèse néanmoins doit tenir compte de ce que le verbe est à un temps personnel, non au participe comme dans le titre de prêcheur de mensonge, c'est déjà une différence. Il importe aussi de tenir compte du cadre, le désert, où les eaux sont souhaitées (il distille des eaux de mensonge), à la place du vin et de l'alcool de *Mic.*, 2, 11 ; le jeu de mots se développe naturellement, sans devoir recourir à un titre fixé. L'on tiendra compte enfin de l'appellation qui l'accompagne, homme de babillage (2). Elle est empruntée à *Is.*, 28, 14, et *Prov.*, 29, 8, où, au pluriel (3), elle désigne les dirigeants de Jérusalem, adversaires d'Isaïe. Cette appellation (4) vaut par elle-même. On comprend facilement que cette métaphore de la distillation ait été développée sans référence à une expression toute faite, en raison de la citation de *Michée* qui

---

(1) La référence est faite à ce passage de *Michée* en *Dam* 4, 20, mais ici plutôt à *Mic.*, 2, 11 : Si un inspiré venant avec fausseté de mensonge (dire) : je te distille ce vin et eau-de-vie, serait-il le prêcheur de ce peuple-là ? (cfr *supra*, p. 106, note 2). Le texte du T. Mass. est difficile.

(2) *Mic.*, 2, 11, porte : *'îš hôlêk*, un homme vient, (menteur, etc), qui devient, dans *Dam* 1, 14 : *'yš hlṣwn*. Sur ce dernier, cfr *supra*, p. 75 et note 1.

(3) Il est vrai que dans *pHab* 10, 9, l'appellation est déjà fixée, et que dans le même *pHab* (2, 1.3.5. ; 8, 10) se trouve la qualification de traîtres, présente dans la première section de *Dam* (1, 12), que je crois antérieure. D'après cela, dans l'évolution de Qumrân, on situerait le *pHab* après cette première section de *Dam*, et peut-être avant la seconde ; cfr A.-M. DENIS, *Aux origines de l'Église (Recherches bibliques VII)*, Louvain, 1965, *Évolution de structures dans la secte de Qumrân*, pp. 33-34. D'ailleurs, plusieurs lignes d'évolution doctrinale et littéraire ont été possibles simultanément dans les documents de Qumrân.

(4) Cfr G. JEREMIAS, *Der Lehrer*, p. 91.

appelle la métaphore des eaux de mensonge. Plus tard seulement, elle servira à forger une appellation stable.

L'égarement par le prêcheur-distilleur se fait, en 1, 15, au désert de l'Exode ; il est exprimé à l'aide de *Ps.* 107, 40, ou *Job*, 12, 24. En 2, 13-4, 2 (= 3ᵉ monition, 6 fois), l'emprunt est fait à *Ézéchiel* (44, 10-11) sur l'apostasie d'avant l'exil, mais là encore, le désert reste au premier plan (3, 4-12). Au contraire, en 5, 20, l'égarement est accompli par tout le groupe, selon une métaphore défraîchie empruntée à *Jer.*, 23, 13, sur les faux prophètes de Samarie. Il n'y a plus de référence au désert. L'image a donc subi une certaine usure (1).

Les déplaceurs de limites de 1, 16, sont métaphoriquement ceux de *Deut.*, 19, 14, texte législatif sur le respect de la propriété. En 5, 20 la même expression vient d'*Os.*, 5, 10, fixée maintenant comme une appellation connue (2).

La désolation du pays, dans le premier cas (3, 10), fait partie des châtiments divins de la colère divine : perte des fils, meurtre des rois, perte des héros ; dans le deuxième (5, 21), l'absence de contexte explicatif en fait une expression figée.

Le pardon divin de 3, 18, est un secret merveilleux ; celui de 4, (6).9, est la conséquence presque automatique de l'alliance.

L'alliance restaurée de (2, 2 ;) 3, 13-14, s'accompagne (ou est suivie comme une conséquence) de l'apocalypse des choses cachées connues de Dieu seul, selon *Deut.*, 29, 28 ; celle de 6, 19, intervient dans un titre qui semble bien connu, au milieu d'un code législatif : l'alliance nouvelle au pays de Damas (cfr 8, 21 ; 20, 12).

Toutes ces différences ne sont pas aussi décisives l'une que l'autre. Leur accumulation n'est pourtant pas sans portée. Elle se renforce par la lexicographie, en particulier celle des noms de la communauté.

Dans la première section, les « entrés dans l'alliance » sont les membres de l'Israël actuel (2, 2), ou de jadis au désert (3, 10). L'expression est répandue dans toute la littérature de Qumrân (cfr *Concordance*). Dans le

---

(1) Cfr *pHab* 10, 9 : le prêcheur de mensonge en égare beaucoup afin de construire la ville de vanité « dans le sang » (ceci vient du texte d'*Hab.*). Est-ce un état intermédiaire de l'évolution littéraire entre l'égarement au désert, de *Dam* 1, 15, et celui de *Dam* 5, 20 ? Il n'y a pas d'autre contact littéraire entre les deux passages de *pH* et *Dam*. Cfr G. JEREMIAS, *Der Lehrer*, p. 120.

(2) La justification du juste et la condamnation de l'impie ne sont pas accomplies (1, 19), ou elles le sont (4, 7), sans qu'une nuance de différence soit perceptible. Il s'agit sans doute du principe identique, cité très anciennement dans la communauté ; cfr G. JEREMIAS, *Der Lehrer*, p. 95, note 3.

T. Mass., elle a une valeur théologique (1), celle de la conclusion d'une alliance, soit de la part de Dieu, soit du côté humain. Dans l'hébreu rabbinique, l'expression signifie : promettre fidélité (2). L'expression sans complément : entrer dans l'alliance, paraît frappée à Qumrân dès le début et s'y être conservée (3).

Les convertis de transgression (2, 5 ; cfr *Hod* 2, 9 ; 6, 6 ; 14, 24 ; *S* 10, 20), ou convertis d'Israël (4, 2 ; 6, 5 ; cfr 8, 16, parall. 19, 29), ou mieux, convertis de la transgression de Jacob (20, 17), forment une expression qui doit avoir une histoire, mais elle est ancienne. Elle apparaît dans tout *Dam* et ailleurs à Qumrân.

Au contraire, les convoqués de nom, selon *Nu.*, 16, 2 (*Dam* 2, 11 ; 4, 4) et les tenants ferme, selon *Dan.*, 11, 32 (cfr *supra*, p. 24-25 ; *Dam* 3, 12.20), sont des appellations propres à la section. La seconde reviendra plus loin(7, 13 ; 8, 2, parall. 19, 14 ; 20, 27 ; c.-à-d. dans la troisième section ; cfr *S* 5, 3 ; *H* 4, 39 ; 18, 9 ; *Sb* 1, 2 ; 3, 23), non la première, et elles sont toutes deux absentes de la deuxième section.

C'est également le cas pour les traîtres (1, 12 ; cfr 8, 5, un peu 19, 34 ; et *pHab* ; *Hod* 2, 10 ; *1Q* 34 3, 1, 5), les rebelles (2, 6 ; cfr 1, 13 ; cfr *S* 10, 21 ; *H* 5, 24), les méprisants (1, 2 ; 3, 17 ; cfr 7, 9 ; 8, 19 ; 20, 8.11 ; *S* 2, 25 ; 3, 5 ; *H* 15, 18). A l'opposé, les constructeurs du mur (4, 19) constituent une expression de la seconde section, où elle est abrégée ; elle sera complète plus loin (8, 12, parall. 19, 24 ; cfr 8,18, parall. 19, 31).

Nous pouvons conclure qu'il y a, dans la première et la seconde section de Damas, pour désigner le groupe religieux en question ou ses adversaires, moins d'appellations communes, communes d'ailleurs à d'autres œuvres de Qumrân, que d'appellations différentes. Cela ne suffirait pas à prouver la distinction des deux sections, s'il n'y avait pas, à côté des appellations particulières, les différences dans les expressions communes elles-mêmes (cfr *supra*), et surtout la dissemblance, clairement exprimée dans la lexicographie, des développements doctrinaux, monitions de révélation d'une part, admonitions moralisantes, de l'autre.

---

(1) Il n'y a pas de valeur théologique dans *Jer.*, 34, 8 : conclure un accord au sujet des esclaves, mais bien *Ezech.*, 16, 8 : Dieu conclut une alliance *avec* Israël comme jeune épousée ; cfr *Sir.*, 44, 20 : Abraham a gardé la loi du Très-Haut, il est entré en alliance *avec* lui ; cfr R. F. COLLINS, *The Berîth-Notion in the Cairo Dam. Document*, dans *Eph. Theol. Lov.*, 39, 1963, p. 567, note 71.

(2) Cfr M. JASTROW, *s. v. berît*, mais sans exemple ni référence.

(3) Il reste à savoir si elle a toujours le sens d'entrer ou d'être membre, simplement, de l'alliance, ou de lui avoir promis fidélité, selon le sens rabbinique.

5. Le vocabulaire de la connaissance confirme en effet ce qui reste, après tout, une hypothèse, je veux dire la division proposée, en deux sections, de *Dam* 1, 1-6, 11. Les termes apocalyptiques de la première section : *g l h*-révéler, *b y n*-pénétrer, *y d ʿ*-connaître ou faire connaître (au sens apocalyptique), *rz*-secret, *s t r*-cacher, *r ʾ h* ou *ḥ z h*-voir, *š m ʿ*-entendre, tous ces termes, ou bien ont disparu de la seconde, ou bien ont pris un sens différent. La pénétration-*bynh* rappelant, dans la première section, celle de *Daniel*, est devenue la qualité d'un peuple pieux et observant ; l'audition-*š m ʿ* apocalyptique devient le critère et le fondement de l'étude théologique dont l'objet est le « donné révélé », mais d'une révétion désormais bien close. C'est le terme d'instruire-*y s r* qui représente exactement la mentalité de la deuxième section. Il en est le principal thème de connaissance. La révélation garde sans doute sa valeur, elle est le critère de toute la vie religieuse, il importe de bien la connaître, de s'en instruire et de l'étudier par un travail assidu et laborieux. L'auteur lui-même ne manque pas de donner le bon exemple du labeur théologique ; longuement, il construit un pésher moralisant d'*Isaïe* (4, 14-5, 15), et puis énumère soigneusement (ou insère) un code en douze points sur la pureté rituelle et la morale sociale. Nous sommes loin de l'émotion des débuts.

La doctrine de la section est homogène et bien distincte de la précédente. Dieu naguère, nous a-t-on dit alors, a fait révélation au petit reste d'Israël, préservé lors de la visite ; il lui a fait partager les secrets admirables qu'il s'était réservés jusque là pour lui seul, et lui a concédé le merveilleux pardon de ses fautes (cfr *supra*, pp. 10-82). Maintenant, l'on nous explique qu'il reste à procéder à l'instruction, presque à l'éducation, de ceux qui ont pris la succession des anciens dans l'alliance et se sont ainsi assuré le pardon divin ; Dieu leur communique (il fait entendre) l'ordre de rechercher ses volontés dans la loi qu'il a donnée jadis ; ils sont capables, ou ils doivent être capables de les découvrir ; ensuite, ils les exécuteront avec exactitude (1). Tout cela est

---

(1) Cette distinction des documents, si elle n'est pas faite, oblige à unifier et à synthétiser des notions distinctes ; ainsi fait R. F. COLLINS, *art. cit.*, (p. 128, note 1) dans *Eph. Theol. Lov.*, 39, 1963, pp. 568-569.

clair, cela s'« explique » (pésher), cela s'énumère (le code). Cela est important, c'est du définitif, mais ce n'est plus merveilleux ou particulièrement admirable.

* * *

La deuxième section du Document de Damas (*Dam* 4, 6*b*-6, 11) compare d'abord aux anciens du désert, les membres actuels de l'alliance qui veulent, comme les anciens, se conduire exactement et sans défaillance selon la loi. Comme les anciens, ils ont été instruits de la loi avec précision, et ils pourront donc comme eux recevoir dans l'alliance le bienfait de la réconciliation. A ces membres de l'alliance sont opposés ceux que Bélial a trompés et pris dans ses filets, selon un pésher d'*Is.*, 24, 17 ; un catalogue énumère leurs fautes. Une deuxième partie compare à nouveau les contemporains aux anciens. A ce peuple, jadis, privé de pénétration, Dieu a suscité Moïse et Aaron. De même récemment, en vertu de l'alliance ancienne, Dieu a suscité d'Aaron des pénétrants et d'Israël des sages, il leur a accordé une « audition », ils peuvent ainsi, selon un midrash de *Nu.*, 21, 18, creuser le puits de la loi sous la direction du chercheur de la loi, et découvrir les prescriptions de moralité valables jusqu'à la venue de l'enseignant de justice aux derniers jours.

CHAPITRE III

LA TROISIÈME SECTION DE *DAM*

(*Dam* 7, 4*b*-fin, parall. 19-20)

* (7, 4b :) Tous ceux qui se conduisent (7, 5 :) d'après cela,
parfaits en sainteté conformément à ses instructions, l'alliance de Dieu (19, 1a :) est pour eux en stabilité (7, 6a :)
afin qu'ils vivent mille générations, (*19, 1b* :) comme il est
écrit : « (Dieu) est gardien de l'alliance et la miséricorde (est
promise) (*19, 2a* :) à ceux qui aiment et gardent ses ordonnances pendant mille générations » ; (7, 6b /19, 2b :) et s'ils
habitent aux camps selon le règlement (19, 3a :) du Pays,
(*19, 3b* :) qui existe depuis jadis, (7, 6c /19, 3c :) et qu'ils
prennent (7, 7a :) des femmes (*19, 3d* :) sous la conduite de
la loi, (7, 7b /19, 3e :) et engendrent des fils (19, 4 :) et se
conduisent conformément à la loi, et voilà (7, 8 :) les
instructions (19, 4 : les fondations) conformes au règlement de la loi, (19, 5a :) comme (Dieu) a dit : « Entre un homme
et sa femme et entre un père (7, 9a :) et son fils » ; et (quant à)
tous les méprisants (*19, 5b* :) des ordonnances (*19, 6a* :) et des
décrets, (7, 9b /19, 6b :) quand Dieu visitera le Pays pour retourner sur les impies leur ouvrage, (7, 10a :) sur eux (19, 7a :)
viendra la parole qui a été écrite (*7, 10b* :) dans les
paroles d'Isaïe, fils d'Amos, le prophète, (*7, 11* :) où
(Dieu) a dit : « Il viendra sur toi et sur ton peuple
et sur la maison de ton père, des jours tels (*7, 12* :)
qu'il [n'] en est venu depuis le jour de la séparation
d'Éphraïm d'avec Juda » quand se séparèrent les deux

---

* Cf. note, p. 5 ; les textes des deux mss ont servi à reconstituer l'archétype,
au moins comme une hypothèse ; le texte commun aux deux mss est indiqué
par la cote de chacun d'eux, les textes propres, par la cote particulière soulignée.

maisons d'Israël, (*7, 13a* :) (que) se sépara Éphraïm d'avec Juda. (*7, 13b* :) [...] Et tous les apostats sont livrés au glaive, (*19, 7b* :) [comme Dieu a dit] par le prophète Zacharie : « Glaive, lève-toi, contre (*19, 8* :) mon berger et contre l'homme qui est mon ami, parole de Dieu ; frappe le berger et seront dispersées les brebis, (*19, 9* :) et je ramène ma main sur les petits. » Et ceux qui restent de garde pour lui, sont les humbles des brebis, (*7, 13c* :) et (ces) tenants ferme (*7, 14* :) se sont échappés au Pays du nord, comme (Dieu) a dit : « Et j'exilerai le tabernacle de votre roi [15] et le piédestal de vos images, loin de ma tente de Damas » ; les livres de la loi sont le tabernacle [16] du roi, comme (Dieu) a dit : « Et j'ai remis debout le tabernacle de David qui était tombé »; le roi, [17] c'est l'assemblée ; et le piédestal des images [...], ce sont les livres des prophètes [18] dont Israël a méprisé les paroles, et l'étoile, c'est le zélateur (= chercheur) de la loi [19] qui va venir à Damas, comme il est écrit : « Une étoile est sortie de Jacob et un sceptre s'est dressé [20] d'Israël » ; le sceptre, c'est le prince de toute la congrégation, et quand il se lève, il piétine [21a] tous les fils de Seth ; (7, 21b /19, 10a :) ceux-là échapperont au temps de la visite, (*19, 10b* : et les restants seront transmis au glaive) lors de la venue du messie (*19, 11a* :) d'Aaron et d'Israël ; ainsi en a-t-il été au temps de la visite (7, 21c /19, 11b :) première (*19, 11c* :) dont (Dieu) a dit (*19, 12* :) par Ézéchiel, « de marquer d'une marque le front de ceux qui soupirent et gémissent ». (8, 1a /19, 13a :) Et les restants sont livrés au glaive (*19, 13b* :) des vengeances vengeresses de l'alliance, (8, 1b /19, 13c :) et tel sera le cas (aussi) de tous les entrés (19, 14a :) de son alliance qui (8, 2a :) n'ont pas tenu ferme à ces (*19, 14b* :) décrets, (8, 2b / 19, 14c :) ils seront visités en extermination par la main de Bélial ; (19, 15a :) c'est là le jour (8, 3a :) où Dieu fera visite (*19, 15b* :) comme il est dit : (8, 3b /19, 15c :) « Les princes de Juda (*19, 15d* :) sont comme des déplaceurs (*19, 16a* :) de limite », (8, 3c /19, 16b :) sur eux débordera (*19, 16c* :) comme les eaux (8, 3d /19, 16d :) la colère ; (*8, 4a* :) d'une maladie sans guérison (seront frappés ?) les révoltés, du fait (*19, 16e* :) qu'ils sont entrés dans l'alliance de conversion (8, 4b /19, 17 :) et ils ne se sont pas écartés du chemin (8, 5 :) des traîtres, et (comme eux) ils se sont salis dans les voies de fornication et dans la richesse impie, (19, 18 :) la vengeance et la rancune,

(8, 6 :) chacun contre son frère, et la haine, chacun contre son prochain, et ils se sont dérobés (à leur devoir), chacun (19, 19 :) à l'égard de son parent selon sa chair, (8, 7 :) et ils se sont approchés (pour le mariage) en inceste, et ils ont débordé (en désir) de la richesse et du gain, et ils ont réglé (19, 20 :) chacun le droit à sa convenance (= à ses propres yeux), (8, 8a :) et ils ont choisi chacun l'endurcissement de leur cœur, et ils ne se sont pas séparés du peuple (*19, 21a* :) et de leur péché, (8, 8b /19, 21b :) et ils se sont révoltés (?) à main levée (8, 9 :) pour aller dans la voie des impies, dont (19, 22 :) Dieu a dit à leur sujet : « Venin des serpents (est) leur vin, (8, 10 :) et poison (= tête) des aspics terrible » ; les serpents, (19, 23 :) ce sont les rois des nations, et leur vin, ce sont (8, 11 :) leurs voies, et le poison (= tête) des aspics, c'est le chef (= tête) (19, 24 :) des rois de Javan qui va venir contre eux pour venger (8, 12 : accomplir sur eux) la vengeance ; et tout cela, ils ne l'ont pas pénétré, les bâtisseurs (19, 25a :) du mur et enduiseurs de plâtre, car (19, 25b :) un agissant dans l'esprit et fournissant (= pesant) l'ouragan (8, 13a : car un fournissant-pesant le vent-esprit) (8, 13b / 19, 25c :) et distillant aux hommes (19, 26a :) le mensonge, (*8, 13c* :) leur a prêché, (8, 13d/19, 26b :) contre la congrégation duquel s'est enflammée la colère de Dieu. (8, 14a / 19, 26c :) Et ce que dit Moïse (*19, 27a* :) à Israël : (8, 14b /19, 27b :) « Non par ta justice et la droiture de ton cœur, toi, tu es venu occuper (le pays) de ces gentils-(8, 15 / 19, 28) là, c'est parce qu'il aime tes pères et qu'il garde son serment » ; (8, 16 :) (et) tel (19, 29 :) fut le cas des convertis-exilés d'Israël, ils se sont détournés de la voie du peuple en vertu de l'amour de Dieu pour (8, 17a :) les anciens qui (8, 17b : ont été suscités après lui ?) (19, 30a : ont porté témoignage au sujet du peuple qui suivait Dieu ?), (8, 17c /19, 30b) (et) il a aimé les entrés (de l'alliance) après eux, car est à eux (8, 18a /19, 31a :) l'alliance des pères ; (8, 18b, avec corr. : et par sa haine pour) (19, 31b : et Dieu hait et déteste) (8, 18c / 19, 31c :) les constructeurs du mur, et sa colère s'est enflammée (*19, 31d* :) contre eux et tous ceux (*19, 32a* :) qui sont venus après eux. (8, 18d /19, 32b :) Et voici quel sera le cas (8, 19 :) de tous (les) méprisants des ordonnances de Dieu (19, 33a :) et qui les (ont) abandonnées, et ils se détournent dans l'obstination de leur cœur ; (*8, 20* :) c'est la parole qu'a dite Jérémie à Baruch, fils de Nériah, et Élisée (*8, 21a* :) à Géhazi, son serviteur. (8, 21b/19, 33b :) Tous les hommes qui sont entrés dans l'alliance (19, 34a :) nouvelle au pays de Damas (*19, 34b* :) et de nouveau ont trahi et se sont écartés du puits d'eaux vives, (*19, 35* :) ils ne seront pas comptés dans la fondation du peuple, et ils ne seront pas inscrits dans leur (livre) depuis la mort (20, 1 :) du maître de l'Union (?) jusqu'à la levée du messie d'Aaron et d'Israël. Et voici le cas [2] de tous les entrés de la congrégation des hommes parfaits de sainteté, et qui s'est (*sic*) dégoûté d'accomplir les ordres des hommes droits, [3] c'est l'homme « mis à l'épreuve au milieu de la fournaise » ; quand se manifesteront ses œuvres, il sera renvoyé de la congrégation [4] comme celui dont le sort n'est pas tombé au milieu des enseignés de Dieu ; selon son méfait l'admonesteront les hommes [5] de science, jusqu'au jour où il occupera de nouveau le poste (parmi) les hommes parfaits de sainteté, [6] et que se manifesteront ses œuvres conformes à la doctrine de la loi, en quoi se conduisent [7] les hommes parfaits de sainteté ; (jusqu'alors) nul ne l'approchera quant aux biens et au travail, [8] car l'ont maudit tous les saints du Très-Haut. Et voici le cas de tous (les) méprisants des (préceptes) anciens [9] et récents, qui ont mis les idoles en leur cœur et se conduisent dans l'obstination [10] de leur cœur ; il n'y aura pas pour eux de part dans la maison de la loi. C'est le cas de leurs compagnons qui se sont détournés [11] avec les hommes de babillage, ils seront condamnés, car ils ont dit l'égarement contre les décrets de justice et ils ont méprisé [12] l'alliance (et ?) l'assurance qu'on avait dressée dans le pays de Damas, et c'est l'alliance nouvelle ; [13] et il n'y aura pas, pour eux et leurs familles, de part dans la maison de la loi ; et depuis le jour [14] de la mort de l'enseignant de l'Union (?) jusqu'à l'achèvement de tous les hommes de guerre qui se sont détournés [15] avec l'homme de mensonge, (il y aura) environ 40 ans ; et en ce temps-là s'enflammera [16] la colère de Dieu contre Israël, comme (Dieu) a dit : « Plus de roi, et plus de prince », et plus de juge, et plus [17] d'admonesteur en justice. Et les convertis de la transgression de Jacob ont gardé l'alliance de Dieu ; alors chacun parlera [18] à son prochain en rendant justice chacun à son frère, pour affermir leur pas dans la voie de Dieu, et Dieu écoutera [19] leurs paroles et il exaucera (= entendra), et sera écrit le livre du souvenir [devant lui] pour ceux qui craignent Dieu et honorent [20] son nom, jusqu'à ce que soient révélés le salut et la justice aux craignants [Dieu], et de nouveau [ils feront la distinction] entre le juste [21] et l'impie, entre le serviteur de Dieu et celui qui ne le sert pas ; et il fera miséricorde pour mille (générations) à ceux qui l'aiment [22a] et le gardent pour mille générations.

20, [22b] [...] de la maison de Pélég qui sont sortis de la ville sainte [23] et ils se sont appuyés sur Dieu au temps de la trahison d'Israël, et ils ont profané le lieu saint et se sont retournés [24] vers la voie (?) du peuple en paroles de peu d'importance (?) ; tous, chacun selon son esprit, ils seront jugés dans le conseil [25] de sainteté ; et tous ceux qui ont brisé la frontière de la loi, parmi les entrés de l'alliance, quand apparaîtra [26] la gloire de Dieu à Israël, ils seront excisés du milieu du camp, et avec eux, tous ceux qui ont perverti [27] Juda aux jours de ses épreuves. Et tous ceux qui ont tenu ferme à ces usages pour aller [28] et venir conformément à la loi, et ont écouté la voix de Celui qui enseigne, et ont confessé devant Dieu que nous [29] avons été impies, et nous et nos pères, en nous conduisant à l'opposé des décrets de l'alliance, justes [30] et fidèles sont tes décisions sur nous ; et ils n'ont pas levé la main contre ses décrets saints, et ses décisions [31] justes, et ses témoignages fidèles ; et ils se sont instruits des usages anciens par lesquels [32] ont été jugés les hommes de l'Union (?), et ils ont prêté l'oreille à la voix du maître de justice, et ils n'ont pas rejeté [33] les décrets justes en les entendant ; et ils se sont réjouis et ont été dans l'allégresse et leur cœur s'est affermi, et ils se sont montrés plus forts [34] que tous les fils du monde, et Dieu leur a pardonné, et ils ont vu son salut, car ils se sont réfugiés dans son saint nom.

La troisième partie de *Dam* apparaît, dès l'abord, moins homogène que les deux premières sections, et la question se complique, pour une partie du texte, par l'existence d'un deuxième manuscrit, parfois fort différent de l'autre. Une analyse systématique du vocabulaire et des thèmes de connaissance exige au préalable que soient dégagées la structure et les articulations du texte, et d'y replacer ensuite les thèmes à étudier. Considérer *a priori* l'ensemble comme un tout unifié fausserait toute l'étude, en nivelant d'avance des réalités inégales. Même s'il est enchevêtré, le relief doit être partout respecté, et même si sa reconstitution demande de longues recherches, elles doivent être entreprises, à peine d'œuvrer à vide. Malgré sa longueur, car elle porte sur *Dam* 7 et 8, avec les parallèles partiels de 19 et 20, l'analyse du texte va donc précéder l'étude des thèmes de connaissance, d'ailleurs peu nombreux, que cette partie contient. Dans ce paragraphe, notre travail est contraint de se transformer en une sorte de commentaire, mais incomplet, de ces pages de *Dam*.

I. Analyse du texte

Au petit code en douze points (6, 12-7, 4) qui suit le midrash du puits (cfr *supra*, pp. 86-87), succède un développement dont les éléments et la portée deviendront clairs par l'analyse de chaque terme.

A. Un commentaire canonique, 1e partie
(7, 4-13a, parall. 19, 1-7a)

D'abord arrivent en scène « ceux qui se *conduisent en parfaite sainteté* » (7, 4-5) dont va parler la suite du texte. En *Dam* 1, 21, « ceux qui se conduisent parfaitement » sont haïs des traîtres et rebelles. C'est un synonyme du juste nommé auparavant et, au milieu de plusieurs autres dans la même phrase, un emprunt probable au *Ps.* 15, 2, joint peut-être à *Am.*, 5, 10 (1) : ce n'est pas l'indication d'une catégorie connue d'individus. En 2, 15, parmi plusieurs autres recommandations, « se conduire parfaitement en toutes ses voies » répond à la volonté de Dieu (2), ce n'est pas non plus un groupe humain. Au contraire, la catégorie de ceux qui se conduisent parfaitement apparaîtra comme telle encore trois fois, avec le même intitulé complet, en 20, 2.5.7, dans un passage à l'allure aussi juridique que celui-ci (7, 4), et avec un sens tout aussi marqué (cfr aussi *S* 8, 20). La qualification de 7, 4-5, est donc à retenir comme celle d'une catégorie connue, dont on reparle à la page *Dam* 20 (cfr *infra*, p. 164-168).

(1) Cfr Ch. RABIN, références *in h. l.*
(2) Dans le *Ps.* 101, 6, cette conduite attire sur soi la protection du juste puissant ; réf. Ed. COTHENET.

Les instructions-*yswrym* de l'alliance de Dieu (7, 5) selon lesquelles ces hommes se conduiront, se rencontreront un peu plus loin dans le même passage (avec une correction probable) : aux camps, ils se conduiront selon la loi, et telles (1) sont les instructions-*hyswrym* (7, 8, non *hyswdym*-les fondements du ms. B, 19, 4) selon le règlement de la loi, comme il est dit... (7, 7-8). A ces deux usages du terme instructions-*yswrym*, un troisième est sans doute à ajouter, *Dam* 10, 6, dans le Règlement pour les juges de la congrégation : ils connaîtront à fond (*b y n*) le Livre du Hagê et les instructions (*yswry*, non, encore, les fondements-*yswdy*) de l'alliance. Le contexte est chaque fois le même (2), et le sens de *Dam* est toujours presque administratif et disciplinaire, voire législatif (cfr *supra*, p. 92, 94).

La stabilité-*n'mnwt* de l'alliance, selon *Ps.* 89, 29 (3), est promise ici aux parfaits de sainte conduite (7, 5, sans parall.). Elle l'est de même, en *Dam* 14, 2, à ceux qui se conduisent selon ces usages (aux camps). Le contexte est semblable avec même valeur législative, et la phrase est presque identique.

Les *mille générations de vie* (7, 6, parall. 19, 1) que leur perfection leur vaudra, sont prises au *Deut.*, 7, 9, cité tout au long dans le document B (19, 2). Elles sont de même assurées, en *Dam* 20, 22, aux convertis de la transgression de Jacob qui gardent l'alliance de Dieu (cfr *infra*, p. 159, note 1) et, en *4Q pPs 37* 3, 1, aux convertis (revenus) du désert. Une ressemblance de contexte avec le *pPs 37* est indiscernable, c'est le *Deut.* chaque fois qui est directement à la base de ces textes, pour parler de la récompense-type que Dieu donne. Dans notre passage, l'alliance stable et la récompense finale sont promises aux pieuses gens qui obéissent aux instructions de l'alliance.

L'on en vient à parler de ceux — sont-ce les mêmes ? — qui vivent dans les *camps*. Les camps où ils résident (7, 6, parall. 19, 2), hors le grand code (12 fois, dont 10, dans le Règlement d'établissement aux camps, *Dam* 12, 23-14, 12, cfr *Sa* 2, 15), sont en question, selon une citation de *Deut.*, 2, 14, en *Dam* 20, 26, où en sont expulsés les entrés de l'alliance qui ont brisé la frontière de la loi. Le contexte y est plus métaphorique et autre qu'en 7, 6 /19, 2, et dans le code, où le terme de camp prend place dans une législation et veut dire le lieu où réside tout ou partie de la congrégation.

---

(1) *kmšpṭ* est à traduire par « ainsi », cfr G. Jeremias, *Der Lehrer*, p. 124.

(2) Dans le *S*, les instructions de connaissance représentent toute la vie dans la communauté, que rejette l'obstiné (*S* 3, 1) ; en *S* 6, 26, le sens est peut-être banal et concret : négliger l'admonition de l'aîné ; dans *1Q 34* 3, 2, 7, les glorieuses instructions sont le Décalogue.

(3) La référence est faite par Ch. Robin : mon alliance pour lui sera stable-*né'éménét*.

Le règlement-*srk* du Pays (7, 6, parall. 19, 2) ou de la loi (7, 8, parall. 19, 4) qui règle la vie dans les camps, est un terme qui sert souvent à Qumrân, mais seulement dans le grand code de *Dam* (6 fois), dans le *S* (8 fois), *Sa* (4 fois), sans oublier *M* (19 fois). Le contexte est toujours législatif. Ici d'ailleurs (*Dam* 7, 6.8 ; parall. 19, 2.4), il est chaque fois suivi d'une prescription législative.

Les méprisants-*mw'sym* (7, 9, parall. 19, 5) des ordonnances et décrets (ces compléments seulement dans 19, 5-6) ne sont pas ceux du puits d'eaux vives (3, 17), rappelant *Is.*, 8, 6, car rien ici ne rappelle le contexte d'*Isaïe*. Ce sont plutôt les méprisants des ordonnances de Dieu (*Dam* 8, 19, parall. 19, 32) et qui les ont abandonnées ; répondant aux hommes de parfaite sainteté, ils reparaîtront en compagnie du méprisant des anciens et des récents (décrets ?), qui sont (*sic*, au pluriel) comme des idolâtres et obstinés (20, 8), eux-mêmes pareils aux compagnons des hommes de babillage qui méprisent l'alliance et l'assurance (ou : l'alliance assurée ?) que l'on a établie au pays de Damas, l'alliance nouvelle (20, 11, s.) (sur tout ce passage, cfr *infra*, p. 158-172). L'origine de l'expression est sans doute à trouver dans *Lev.*, 26, 43-44, avec, dans *Dam* 7, 9 parall. 19, 5, un contexte législatif accusé, s'ils sont vraiment opposés aux hommes de sainte conduite, de 7, 4-5 (sans parall.).

La visite-*pqd* (7, 9, parall. 19, 6) que Dieu va faire au Pays, n'est pas celle qu'il a faite dans le passé (cfr par ex. *Hod* 16, 5), en particulier au désert de l'ancien temps (5, 15). Elle se situe dans l'avenir et ressemble à la visite d'anéantissement qu'il fera par la main de Bélial (8, 2.3, parall. 19, 15) contre les entrés de l'alliance qui n'ont pas tenu ferme, peut-être aussi celle de 13, 23 (1) : usages de conduite pour jusqu'à la visite. Ici (7, 9, parall. 19, 6), elle aura pour but « de rendre aux impies ce qu'ils méritent », comme disent *Ps.* 94, 2, et *S* 8, 6-7. Le ton législatif se nu-ance mais n'a pas disparu, comme le prouve cette métaphore, reprise en 13, 23, pour conclure un règlement.

Retourner sur eux (*šwb gmwl 'l*) l'œuvre des impies (7, 9, parall. 19, 6), est l'élément-type de la visite. Seul emploi de l'expression dans *Dam*, c'est un emprunt probable au *Ps.* 94, 2. Dans *S* 8, 7, c'est, avec l'obtention du pardon pour le pays, le but de l'Union définitive. *S* 10, 17, l'adaptera au cas individuel. Dans *M* 11, 13, avec une référence à *Joel*, 4, 4.7, et *Abdias*, 15, c'est une des fins de la victoire que Dieu donnera, équivalant au jugement. Un contexte eschatologique n'est assuré, ou même discernable, ni dans le *S*, ni clairement dans *Dam*.

La citation d'*Is.*, 7, 17 (omise dans le parall. 19, 7), commente la visite. Elle est extraite de la prophétie de l'Emmanuel à Achaz, et menace Juda d'un malheur semblable au schisme de Jéroboam. Comme en *Dam* 7, 11-13, elle est citée de la même manière littérale en conclusion du

---

(1) Selon le texte reconstitué par Ch. RABIN.

Règlement des camps, en *Dam* 14, 1. La restauration y est faite grâce au contexte précédent, 13, 21, et à notre passage 7, 9-11 (1). En 13, 23, la visite apparaît comme le terme final de la vie aux camps, et ici, 7, 9-10, comme le châtiment des méprisants.

Dans les lignes 7, 4-13, parall. 19, 1-6, se trouvent réunis la visite de Dieu (7, 9 ; cfr avec restauration, 13, 23), les hommes de conduite parfaite (7, 4-5 ; cfr peut-être 14, 1), c'est-à-dire une conduite selon les préceptes (7, 5, sans parall.), ensuite la stabilité de l'alliance de Dieu (7, 5, parall. 19, 1 ; cfr 14, 2, seuls emplois à Qumrân) et la citation d'*Is.*, 7, 17 (cfr 14, 1). Ce fait permet d'établir un rapprochement entre 7, 4-13, parall. 19, 1-6, et 13, 22-14, 2. On peut ajouter au vocabulaire commun : les camps (7, 6, parall. 19, 2 et 13, 20 ; 14, 3) et le règlement-*srk* (7, 6.8, parall. 19, 2.4, et 13, 20 restauré ; 14, 3), D'après cela, le genre littéraire pourrait être qualifié d'« épilogue d'une législation ». Il a servi pour conclure le petit code des douze préceptes (6, 11-7, 4) et servira pour conclure une section de la législation réglant l'établissement aux camps (13, 7-21).

Les parfaits de conduite (7, 4, sans parall.) et les méprisants (7, 9) des ordonnances et décrets (19, 5-6) vont disparaître de notre texte et ne reparaître qu'en 20, 2.5.7 (pour les parfaits), et 8, 19, parall. ; 20, 8.11 (pour les méprisants) ; d'autres groupes vont prendre leur place. Ce fait de nomenclature joint au parallèle dans le grand code justifie déjà l'hypothèse d'une division à établir ici, *Dam* 7, 13, parall. 19, 7. D'autres éléments vont la confirmer. Une nouvelle catégorie est nommée dès l'abord, dans le document A, mais non dans le document B (19, 7) avec, chaque fois, des développements, partie semblables et partie différents. Notre analyse va d'abord examiner les termes du document A, et ensuite le texte correspondant du document B, pour tenter de reconstituer ensuite le texte antérieur commun.

B. LES TENANTS FERME (7, 13*b*-21, parall. 19, 7*b*-13)

Les apostats-*nswgym* (7, 13) ne sont pas identiques aux déplaceurs-*msygym* de limite d'*Os.*, 5, 10 (cfr *Dam* 5, 20 ; 19, 15, sans parall. en

---

(1) Mais la restauration de 13, 23, est hypothétique.

8, 1), mais plutôt à ceux de *Soph.*, 1, 6 (cfr *Dam* 8, 1 ; *Is.*, 59, 13) qui se détournent de Yahweh et ne le cherchent pas (1). Dans les deux cas, 7, 13 et 8, 1, les apostats sont livrés au glaive. Notons que le texte parallèle du document B, 19, 10 et 13, parle, les deux fois, des restants-*nš'rym* livrés au glaive, et non pas des apostats. Le coupable d'apostasie (*hswg*, un infinitif) est spécialement maudit dans la cérémonie d'entrée du *S* 2, 12.16, et de même, l'esprit d'apostasie (*nswgh*) a posé des problèmes dans l'enseignement de la communauté (*S* 8, 12), mais dans ces passages, le *Manuel* ne parle pas de l'« apostat » comme tel. De la sorte, les apostats-*nswgym* n'apparaissent comme un groupe fixé que dans ces seuls passages de *Dam* 7, 13 et 8, 1, et dans le seul document A. C'est d'ailleurs également le cas des restants-*nš'rym*, dans le passage parallèle du document B, 19, 10 et 13 (2). Ce terme de restants vient probablement dans notre cas, d'*Ezech.*, 9, 8, où, après qu'ont été marqués les contrits, Ézéchiel qui reste (*niše'âr*, mais le texte est corrompu et restauré) seul, demande à Dieu s'il va exterminer encore le reste (*še'êrît*) d'Israël. Cette référence à *Ézéchiel* va être étudiée plus à fond bientôt (cfr *infra*, p. 142).

Que les apostats seront livrés-*sgr* à l'épée (7, 13 ; 8, 1, parall. 19, 13) est emprunté au *Ps.* 78, 62 (cfr *Dam* 1, 17 ; 3, 10) (3). Le document B cependant, 19, 10, se sert du verbe *m s r*, qui ne se lit encore à Qumrân, qu'en *Dam* 3, 3, au sens scolaire rabbinique (4) de transmettre les prescriptions. Le verbe *m s r*, dans le T. Mass., est rare et toujours douteux. Il se lit seulement dans *Nu.*, 31, 5 : à la demande de Moïse, « furent fournis » ou « on fournit » mille hommes par tribu pour l'expédition contre Madian (mais on corrige le texte hébreu d'après les LXX : ils furent comptés, avec *s p r*), et *Nu.*, 31, 16 : les femmes madianites ont été là pour livrer (« transmettre » ? : *limesŏr*) l'infidélité à Yahweh (on corrige d'après les LXX et versions : pour accomplir, *lâsûr*). Dans le rabbinisme, le verbe signifie transmettre (une tradition, un droit), risquer (sa vie, par exemple par le martyre), livrer (au tribunal), capituler (en araméen) (5). Il est difficile de dire d'où vient le verbe en 19, 10, et il pose un problème de lexicographie (cfr *infra*, p. 146).

---

(1) Le *Ps.* 78, 57, parle aussi de ceux qui « se sont retirés et ont trahi comme leurs pères », en adjoignant au verbe *s w g*, le verbe *b g d*, qui sert à désigner les opposants dans le *pHab*, dans la première section de *Dam* 1, 12, et un peu plus loin dans celle-ci, 8, 5, parall. 19, 17.

(2) Avec pourtant *Dam* 1, 4, où un restant reste d'Israël.

(3) Ce *Ps.* 78 affectionne d'ailleurs ce verbe qu'il utilise trois fois : *Ps.* 78, 48 (livrer le bétail à la grêle) ; 78, 50 (livrer les animaux à la peste) ; 78, 62 (livrer le peuple au glaive), c.-à-d. deux fois pour les plaies d'Égypte, puis pour le châtiment d'Israël ; et il dira encore : ses prêtres tombèrent par le glaive (78, 64).

(4) Cfr Ch. RABIN, *in h. l.*

(5) Cfr M. JASTROW, *s. v.*

Le *glaive* indique le sort réservé aux apostats (7, 13, sans parall. ; 8, 1, parall. 19, 13). Le glaive de punition divine a servi lors de la punition ancienne (*Dam* 1, 4), où est cité *Ezech.*, 39, 23, comme le cite aussi, dans le même passage, le membre de phrase précédent (*Dam* 1, 3). Le glaive doit aussi exécuter dans l'avenir, sur les traîtres qui égarent Israël, les « malédictions de l'alliance » (*Dam* 1, 17). Dans notre passage (7, 13), il provient d'une citation du *Ps.* 78, 62, où lors de la destruction de Silo, le peuple est livré (le verbe est le même, *s g r*) au glaive. L'expression est complétée par une autre, fournie par *Lev.*, 26, 25 : je ferai venir sur vous le glaive vengeur de la vengeance de l'alliance. La même expression, glaive des vengeances de l'alliance, est citée à nouveau par le document B, 19, 13, où le parallèle abrégé en 8, 1, ne l'a pas (1). Le glaive a de même servi contre les anciens (*Dam* 3, 11), avec la même citation du *Ps.* 78, 62. Ce sera l'épée de Dieu au jugement (*Hod* 6, 29 ; *4Q Is a* D 5), au jour de la vengeance (*M* 15, 3 ; cfr *Dam* 1, 17). Le thème du glaive menaçant est donc bien connu à Qumrân comme dans le T. Mass.

Le document A parle, en 7, 13, du glaive qui punira les apostats. Avant cela, il a précisé la visite du châtiment des méprisants en citant *Is.*, 7, 17, sur la catastrophe du schisme. Les deux faits se succèdent de façon seulement matérielle et paraissent bien appartenir à des développements différents (cfr *supra*, p. 139-140). Le document A insère alors un midrash d'*Am.-Nu.* sur les tenants ferme, et ne parle plus du glaive, sinon en 8, 1, où il répète littéralement ce qu'il a dit en 7, 13. Au contraire, le document B, qui a omis, après le lemme d'introduction, la citation d'*Is.* sur le schisme, omet aussi le midrash d'*Amos-Nombres* développé par le document A (7, 13-21). Immédiatement après la disparition des méprisants, lors de la visite de Dieu (ceci relève du développement précédent), il fait à propos du glaive, dont il n'a pas encore parlé en raison de son omission, une citation de *Zach.*, 13, 7 : le glaive frappe le berger ; les brebis qui sont les humbles, fidèles à Yahweh, se dispersent ; elles s'échappent au temps de la visite, mais les restants seront transmis (*sic* : *m s r*, cfr *supra*, p. 140) au glaive (19, 10), lors de la venue du messie d'Aaron et d'Israël ; telle a été la situation au temps de la première visite dont parle *Ezech.*, 9, 4 : les contrits furent marqués au front, les restants (doc. A, 8, 1 : les apostats), livrés au glaive vengeur (19, 11-13) ; ce sera le cas pour les entrés dans l'alliance qui n'ont pas tenu ferme (19, 13-14, parall. 8, 1-2). Nous dirons donc que le document B compare les événements eschatologiques futurs énoncés par *Zacharie*, à ceux de la « première visite », dont parle *Ézéchiel*. Lors des événements futurs, les brebis, qui sont les humbles fidèles, échapperont, les autres seront livrés au glaive. Il en a été ainsi, selon *Ézéchiel*, à la première visite : les contrits ont été marqués

---

(1) En *Dam* 1, 21, le glaive est celui des persécuteurs.

au front et les autres ont été livrés au glaive. Puis on explique un autre cas, celui des membres de l'alliance qui n'ont pas tenu ferme. Le développement du document B paraît régulier, il est centré sur le thème du glaive.

En regard du texte cohérent de B, le document A note sans plus, pour commencer son nouvel exposé : les apostats seront livrés au glaive (7, 13), puis il passe aux tenants ferme échappés au Nord, avec un long midrash d'*Amos-Nombres* (7, 13-21), et il conclut : ceux-là échapperont à la visite ancienne. Cette précision est inexplicable dans le texte de A, car il n'a pas dit un mot d'une autre visite de Dieu depuis 7, 9 (visite future de punition), et il ne va rien dire de plus sur la visite ancienne. Ensuite, il répète, comme au début (7, 13) : et les apostats seront livrés au glaive ; ce sera le cas des entrés dans l'alliance qui n'ont pas tenu ferme (7, 21-8, 2), et il rejoint ainsi le document B. Le document A omet donc la référence à *Zach.* sur le berger frappé du glaive et celle à *Ézéchiel*, sur les contrits marqués du Tau à la première visite, mais il répète, avant et après le midrash sur les échappés au Nord, que « les apostats seront livrés au glaive ». Le document B le dit aussi, d'abord des restants futurs, quand Dieu frappera le berger par le glaive, selon *Zacharie*, et une deuxième fois, après que Dieu a marqué les contrits dans le passé, les autres seront livrés au glaive, selon *Ézéchiel*. Mais le document A, qui explique longuement la fuite des tenants ferme (7, 13-21) omise par le document B, n'a pas ce double développement sur le glaive. La double mention du glaive punisseur explicable et normale dans B en raison des deux références aux prophètes et surtout celle de *Zacharie*, ne s'explique donc pas dans A, et il sera nécessaire de proposer une explication. Déjà, l'on peut dire que l'omission par le document A de la double référence prophétique a été sensible au rédacteur, ou au copiste, et elle explique qu'il ne parle pas des « restants » (comme 19, 13) après le châtiment par le glaive, mais des « apostats » (8, 1). Le terme de restants est emprunté sans doute à *Ezech.*, 9, 8, et il ne s'explique pas sans la référence à ce passage d'*Ezech.* et à la prophétie de *Zach.* sur la dispersion des brebis : ce sont elles qui s'échappent. C'est pourquoi le document A parle plutôt des apostats, terme connu du *S* 2, 12.16 ; 8, 12. — Il reste à savoir si la désignation des apostats-*nswgym* au début du paragraphe (7, 13) est due au rédacteur, ou au copiste, comme celle de 8,1. La citation du *Ps.* 78, 62, pour la tournure : livrer au glaive, autorise l'hypothèse que le verbe se retirer-*s w g* vient de là également (cfr *supra*, p. 140, note 3) et appartient au texte primitif.

Avant de conclure et de proposer une reconstitution du texte, l'analyse de plusieurs termes du document A doit encore être faite.

Que *s'échapperont* les tenants ferme (7, 14) est répété après le midrash (7, 21), cette fois avec le parallèle dans B, 19, 10, à la suite de la citation de *Zacharie* sur les brebis dispersées (non la première fois, car B n'a pas le midrash parallèlement à 7, 14-21). Le verbe échapper-*m l ṭ*, à Qumrân, est à l'hiphil dans *Hod* 3, 9, citant *Is*., 66, 7, avec le sens de la délivrance d'une parturiente, et au piel dans *1Q* 27 1, 1, 4, avec le sens de sauver sa vie, sens fréquent dans la Bible (1) (*Sb* 1, 7, est conjectural et lacuneux). Dans le T. Mass., le verbe est courant au sens de se sauver. Sa répétition dans notre texte est à retenir.

Le *Pays du nord*, où se sauvent les tenants ferme (7, 14), n'apparaît qu'ici dans *Q* (cfr *M* 1, 4 : les rois du Nord). Dans le T. Mass., il désigne souvent les envahisseurs venus de Mésopotamie (*Is*., 14, 31 ; *Jer*., 1, 14, etc.), mais aussi le pays d'où reviendront les exilés (*Jer*., 3, 18 ; 16, 15, etc.). Zacharie presse ceux-ci de s'enfuir (*nusû*) du Pays du nord, alors que Yahweh les avait dispersés aux quatre vents ; que Sion se sauve (*himmâlṭî*), elle qui habite à Babylone (*Zach*., 2, 10-11). Les deux thèmes, fuite et Pays du nord, sont donc réunis dans ces versets. Le même Pays du nord, dans la vision des quatre chars, qui sont les quatre vents du ciel (*Zach*., 6, 5), est celui vers lequel s'avance le char de ceux qui vont faire descendre l'esprit de Yahweh au Pays de nord (*Zach*., 6, 8). Il paraît légitime de rapprocher l'expression de *Dam* 7, 14, de *Zach*., 2, 10-11 et 6, 5-8. Bien que le document A 7, 13, omette la référence à *Zach*., 13, 7, où le glaive frappe le berger (cfr 19, 7) et que le document B, 19, 7, omette ce passage de *Dam* 7, 14, avec la fuite au Nord, en référence à *Zach*., 2, 10-11 ; 6, 5-8, les deux textes font néanmoins chacun référence au même Livre de Zacharie, le document A quand il parle de la fuite au Pays du nord (7, 14), le document B, en faisant une citation explicite (19, 7-9). Et les deux textes trouvent chacun ce qui leur manque dans l'autre texte, ils se complètent mutuellement. Ceci sera plus clair un peu plus loin.

La fuite au Pays du nord est commentée dans le document A, 7, 14-21, par le midrash d'*Amos-Nombres*, et elle se conclut par la reprise approximative de ce que l'on a dit des tenants ferme au début (7, 14) : ceux-là, qui selon le midrash ont la loi, les prophètes, le prince, le chercheur, ceux-là se sauveront au temps de la visite (7, 21).

L'époque-*qṣ* de la visite est une expression particulière à ce passage, dans la littérature de Qumrân (*Dam* 7, 21, parall. 19, 10 ; 19, 11 ; seuls passages à *Dam* où l'on parle de la visite par le substantif). La même idée est exprimée avec le substantif *mw'd* (au lieu de *qṣ*) dans la doctrine des deux esprits (*S* 3, 18 ; 4, 19.26 ? ; ajouter la visite : 3, 14 ; 4, 6.11 et *Hod* 1, 17), avec le substantif *'t* (*4Q pIs b* 2, 2), ou avec *dwr* (*4Q pOs b* 1, 10). L'on notera qu'*Ézéchiel*, 9, 1, choisit cette racine verbale pour parler des « exécuteurs-*pequddôt* de la ville », qui vont frapper Jérusalem mais non ceux qui seront marqués au front (cfr

---

(1) Cfr Gesenius, *s. v.* ; G. Fohrer, art. σῴζω, dans *Theol. Wört.*, 7 (1964), pp. 980-981, mais il ne fait pas allusion à *Zach*., cfr *infra*.

Ezech., 9, 4) ; cela s'est passé, note *Dam* 19, 11-13, lors de la première visite (1).

Arrivés ici, nous pouvons proposer une hypothèse pour expliquer l'état de la tradition textuelle. Voici d'abord le texte reconstitué selon l'hypothèse proposée.

(7, 9 /19, 5) : Et quant à tous les méprisants des ordonnances et décrets, quand Dieu visitera le Pays (19, 6 :) pour retourner leur œuvre sur les impies, (7, 10 /19, 7a :) (alors) arrive (pour eux) la parole qui est écrite dans les paroles d'Isaïe, fils d'Amos, le prophète, (7, 11 :) qui dit : « Il viendra sur toi et sur ton peuple et sur la maison de ton père des jours tels (7, 12 :) qu'il n'en est venu depuis la séparation d'Éphraïm d'avec Juda, quand se séparèrent les deux maisons d'Israël », (7, 13a :) (qu') Éphraïm se sépara d'avec Juda. (7, 13b :) […] Et tous les apostats sont livrés au glaive, (19, 7b :) [comme Dieu a dit] par le prophète Zacharie : « Glaive, lève-toi contre (19, 8 :) mon berger et contre l'homme de mon amitié, parole de Dieu ; frappe le berger et seront dispersées les brebis, (19, 9 :) et je ramène ma main sur les petits. » (2) Et ceux qui restent de garde pour lui, ceux-là sont les humbles des brebis, (7, 13c :) et (ces) tenants ferme (7, 14-21a :) se sont échappés vers le Pays du nord, comme (Dieu) a dit : J'exilerai... etc., et il piétine tous les fils de Seth ; (7, 21b /19, 10a :) ceux-là échapperont au temps de la visite, (19, 10b : et les restants seront transmis au glaive) quand viendra le messie (19, 11 :) d'Aaron et d'Israël ; ainsi en a-t-il été au temps de la visite première dont (Dieu) a dit (19, 12 :) par Ézéchiel, « de marquer d'une marque le front de ceux qui soupirent et gémissent. » (8, 1 /19, 13 :) Et les restants sont livrés au glaive des vengeances vengeresses de l'alliance, et tel sera le cas de tous les entrés (19, 14 :) de son alliance qui (8, 2 :) n'ont pas tenu ferme... etc.

Les deux textes 7, 13*b*-8, 1 et 19, 7-13*a*, sont tous deux lacuneux, mais ils se complètent mutuellement. Pour reconstituer le texte complet,

---

(1) Plusieurs corrigent en lisant : visite des premiers ; ne peut-on pas corriger : la première visite ?

(2) Ce terme est discuté, cfr hypothèses Ch. RABIN, *in* 19, 9 = 7, 20*c*, note 1, et *addendum* p. 101.

l'hypothèse proposée suggère : 1° la citation d'*Isaïe*, 7, 17, sur le schisme (7, 10-13). Elle doit venir la première, car elle correspond à la menace précédente de retourner contre les pervers leur méchanceté (7, 9). La formule d'introduction de la citation, dans 19, 7, qui suit la menace (19, 5-6, parall. 7, 9-10) est en effet anormale : « la parole qui est écrite par l'intermédiaire de Zacharie » ; le texte de 7, 10, est plus régulier. En outre, la citation de *Zacharie* (19, 7-11) avec son pésher et la distinction qu'il fait, ne se rapporte pas exactement à la punition des pervers. — 2° Une lacune est probable à cet endroit du document B (19, 7) avec la citation de *Zach.*, 13, 7, et assez facilement, on peut la combler par la citation d'*Isaïe* sur le schisme, conservée en 7, 10-13, et par la phrase qui suit en 7, 13 : tous les apostats seront livrés au glaive (1). Ensuite, nous compléterons le texte : [comme il est dit] par Zacharie, pour introduire la prophétie de 19, 7-9. Cette prophétie du glaive établit une distinction entre le berger et les brebis, afin d'expliquer leur fuite. Elle a été omise par le document A (7, 13), mais le texte du document A (7, 13), opposant les tenants ferme aux traîtres, promet ceux-ci au glaive, qu'il ne commente pas, et applique la distinction faite par la prophétie de *Zacharie*, qu'il omet, en empruntant son expression sur la fuite au même *Zacharie* (*Zach.*, 2, 10-11 ; 6, 5-8). Nous obtenons ainsi, pour notre texte, un : — 3° les tenants ferme se sauveront au Pays du nord (7, 14), commenté par le midrash d'*Amos-Nombres*, avec la conclusion qui répète : ceux-là se sauveront au temps de la visite (7, 21). — 4° Le document B, après la prophétie de *Zacharie*, omet le midrash sur la fuite au Pays du nord et conclut directement, comme le document A (7, 21) : ceux-là (les brebis) se sauveront au temps de la visite (19, 10 ; cfr 7, 21) ; il poursuit exactement : les autres seront transmis au glaive (*Zacharie* qu'il vient de citer, l'a dit équivalemment), comme ce fut le cas lors de la première visite, dont parle Ézéchiel (*Ezech.*, 9, 1), en ce sens que les marqués échapperont, mais les autres seront livrés au glaive de vengeance (19, 12-13), et ici le document B est rejoint par le document A, d'ailleurs abrégé (8, 1). — Le document A (7, 21-8, 1) a omis les deux visites, celle de l'avenir selon *Zach.*, celle du passé selon *Ezech.*, et comme il ne parle pas de la distinction deux fois soulignée par le document B (dans la prophétie de *Zacharie* et dans celle d'*Ézéchiel*), il ne parlera pas « des autres qui restent », mais des traîtres ou apostats, comme il a fait en commençant (7, 13 ; cfr 8, 1). Le document B, après avoir omis la menace du schisme, a conservé la distinction ou précision de la prophétie de *Zacharie*, a passé par-dessus le sort des tenants ferme, échappés au Pays du nord, et en arrive à la comparaison avec la visite ancienne, selon *Ezech.*, comparaison que le document A annonce mais ne fait pas (7, 21).

---

(1) L'on se rappellera que la mention des apostats ouvre une nouvelle section, cfr *supra*, pp. 140-141, et *infra*, le 4ᵉ de la reconstitution.

Selon cette hypothèse, le texte complet se reconstitue donc comme suit : 7, 13*b* ; 19, 7*b*-9 ; 7, 13*c*-21*a* ; 19, 10-13, c'est-à-dire, après la menace d'*Isaïe* (7, 10-13) : l'annonce du châtiment des apostats par le glaive (7, 13*b*) ; le châtiment par le glaive avec son explication selon *Zacharie* (19, 7*b*-9) ; en conséquence, d'une part, le sort des tenants ferme échappés au Nord, selon *Amos-Nombres* (7, 13*c*-21*a*) ; d'autre part, le châtiment des autres, comparé au salut des seuls marqués selon *Ézéchiel* (19, 10-13). Cette reconstitution a essayé de tenir compte de tout ce qui subsiste dans les deux textes. Elle se résume à insérer après 7, 13*b*, la prophétie de *Zach.* (19, 7-9) qui n'est certes pas en situation normale dans le texte B et qui est appelée par le glaive de 7, 13*b*, et en second lieu, à considérer 7, 21-8, 1, comme les débris de 19, 10-13. La phrase de 7, 21*b*, avec la mention de la visite, est celle de 19, 10*a*, sans que, en 7, 21, cette visite soit appuyée par une citation, sauf le terme : la « première » (visite) de 19, 11*b*, ce qui n'a pas de sens en 7, 21 ; d'autre part, la phrase 8, 1*a*, se lit en 19, 13*a*, comme conclusion de la visite.

En ne reculant pas devant la chirurgie, l'on proposerait de supprimer 19, 10*b* : « les autres seront transmis au glaive », avec l'insolite verbe *m s r* (cfr *supra*, p. 140). Cette phrase sera répétée en 19, 13*a*/8, 1*a* ; elle ressemble à une glose annonçant d'avance le sort « des autres », mais elle sépare la visite de son explication : quand viendra le messie d'Aaron et d'Israël, et elle se trouve fort bien en place en 19, 13*a* (1).

Après la description du sort opposé des tenants ferme marqués au front et échappés, et des apostats livrés au glaive vengeur, se lit un terme de transition, « et tel sera le cas », et l'on en vient à parler des membres de l'alliance qui n'ont pas tenu ferme (8, 2, parall. 19, 14). Qui sont ces personnages et quels sont leurs rapports avec les précédents, l'analyse du texte doit nous l'apprendre, et d'abord celle de la formule initiale.

C. LES APOSTATS DÉSERTEURS (8, 1-13, parall. 19, 13*b*-26*a*)

Et ainsi sera le cas-*mšpṭ* (8, 1, parall. 19, 13) : cette locution d'entrée en matière se lit plus loin, 8, 16, parall. 19, 29, à peu près la même 8, 18, parall. 19, 32, et ensuite 20, 1.8.10 (?) (2). L'adverbe « et ainsi-*wkn* » est

---

(1) Cfr Ch. RABIN, *in h. l.* et A. S. VAN DER WOUDE, *Mess. Vorstellungen*, pp. 40-41, qui proposent : 1° le sort des tenants ferme (7, 13-21) ; 2° le châtiment, selon *Zach.* avec la distinction selon *Ezech.* (19, 7-13). Pourtant le glaive des apostats (7, 13) n'appelle-t-il pas celui de *Zach.* (19, 7-9), n'est-il pas identique et ne s'explique-t-il pas par la prophétie qui est citée ?

(2) En *Dam* 12, 21 ; 15, 6 ; 16, 12, le sens est un sens nominal de prescription à suivre, de même *S* 8, 19.

fréquent dans les sections législatives pour indiquer l'application ou une extension d'une loi (*Dam* 9, 14 ; 13, 17 ; 14, 6 *bis* ; 15, 6 ; 16, 12 ; *S* 6, 4.9 ; 7,9.10) (1). Il s'emploie dans le même sens également pour un pésher (*pH* 2, 5).

Par cette transition montent en scène les membres de l'alliance qui n'ont pas tenu ferme (8, 2, parall. 19, 14). Le verbe $\underline{h} z q$ indique dans la troisième monition (3, 12.20) une catégorie déterminée, encore de même plus haut, en 7, 13 (sans parall.), ici en 8, 2, parall. 19, 14, et une dernière fois en 20, 27. Ce sont les seuls emplois du verbe dans *Dam* (2). L'on dirait une sous-catégorie, distincte des tenants ferme, et qui leur est opposée. La question se posera de savoir si, en raison de l'introduction par la même formule « et ainsi sera le cas », l'on réunira en une seule énumération homogène, les entrés dans l'alliance n'ayant pas tenu ferme (8, 2, parall. 19, 14), en question ici, avec beaucoup plus loin, les convertis d'Israël aimés de Dieu (8, 16, parall. 19, 29), le méprisant des préceptes (8, 19, parall. 19, 32), le dégoûté d'accomplir les ordres des hommes droits (20, 1), le méprisant des anciens et récents (décrets) (20, 8), voire les compagnons des hommes de babillage (20, 10) (3). Dans le cas présent (8, 2, parall. 19, 14), les entrés n'ayant pas tenu ferme sont assimilés aux « restants » non marqués, livrés au glaive vengeur de l'alliance, *ainsi* seront-ils traités, quand ils seront visités en extermination par Bélial. Leur dénomination, ceux qui n'ont pas tenu ferme, est choisie en fonction des tenants ferme, dont le midrash a longuement parlé (cfr 7, 13-21).

Bélial, exécuteur des hautes œuvres lors de la visite (8, 2, parall. 19, 14), ailleurs dans *Dam*, est le tentateur (*Dam* 4, 13.15 ; 5, 18 ; 12, 2), de même dans le *S* (*S* 1, 24 ; 2, 5.19) (4) et approximativement dans la *Milḥ* (12 fois : le parti de Bélial, etc.). Ici seulement, il exécute le châtiment, se trouvant au service de Dieu quand il fera la visite en extermination.

La *visite en extermination* (8, 2, parall. 19, 14) est celle où s'échapperont les tenants ferme (19, 10, cfr 7, 13-21) mais non les restants livrés au glaive (19, 13, parall. 8, 1). Jadis, quand Dieu se détourna d'Israël et le remit au glaive (1, 4), il ne les remit cependant pas à l'extermination (1, 5, selon *Esd.*, 9, 14). Et alors même qu'il les remettait aux mains de Nabuchodonosor (1, 6), il les visita et fit germer un surgeon (1, 7). Cette fois au contraire, comme pour les restants livrés au glaive (8, 1, parall. 19, 13),

---

(1) Cfr Ch. RABIN, *in Dam* 9, 14.

(2) En 14, 14, le sens est autre : « soutenir » les pauvres, selon *Ezech.*, 16, 49 ; le sens est le même *DibHam* 6, 9.

(3) Cfr G. JEREMIAS, *Der Lehrer*, p. 109 : il paraît unifier l'énumération.

(4) Les épreuves sous l'empire de Bélial, de *S* 1, 18, sont contemporaines de cet empire, non directement opérées par Bélial.

la visite en extermination sera punitive et sans rémission (ce sont les deux seules apparitions à *Dam* de l'extermination-*klh* : 1, 5 et 8, 2, parall. 19, 14). En commun avec *Dam* 1, 4-7, l'on notera dans notre passage les termes de visite, extermination, glaive et « aux mains de ». L'atmosphère est semblable, ici et là.

Le thème de la visite à Qumrân apparaît surtout dans le Manuel de discipline et dans *Dam*. Elle peut être favorable (1), ainsi quand Dieu fait ensuite germer un surgeon (*Dam* 1, 7), ou punitive, mais non toujours d'une punition définitive, ainsi jadis celle au désert (*Dam* 5, 15 et 19, 11 (2). Dans notre passage, elle équivaut au jugement dernier (cfr 7, 9, parall. 19, 6 et 8, 2.3, parall. 19, 14.15). — Notons que dans *S* 2, 4-7, on lit : « les lévites maudiront tous les hommes du parti de Bélial et diront : ... que (Dieu) te livre à la terreur par la main des vengeurs de vengeance et que te visite derrière toi l'extermination par la main de tous les exécuteurs de rétribution. » Avec la visite, Bélial, les vengeurs de vengeance et l'extermination, cela fait quatre termes communs avec notre passage *Dam* 8, 1-2, complété par le parall. 19, 13-14. La visite est également le leitmotiv de la doctrine des deux esprits du *S*, où elle est citée six fois, seuls usages du substantif dans le *S* : ainsi la visite du fléau termine l'histoire (les générations) des hommes qui se déroule selon leurs esprits et leurs œuvres (*S* 3, 14) ; elle terminera l'activité des deux esprits (3, 18) ; pour ceux qui suivent l'esprit de lumière, elle sera guérison, paix, joie, vie éternelle (4, 6-7) ; pour ceux qui suivent l'esprit de ténèbres, elle sera fléau par les anges de deuil (cfr *Dam* 2, 5-7 : colère en flammes de feu par la main des anges de deuil), fosse éternelle par la colère du Dieu des vengeances, en terreur, honte d'extermination par le feu..., jusqu'à leur extermination (4, 11-14) ; à ce moment-là, Dieu détruira l'iniquité, et la fidélité apparaîtra dans le monde (4, 19) ; et après une lacune, c'est encore le dernier mot de tout le développement (4, 26). — *Hod* 1, 17, parlant de l'histoire des hommes, énumère la répartition de leur service, le jugement (?) en son temps... et la visite de leur rétribution avec tous les fléaux (3). De même, selon *Is.*, 13, 11, et souvent dans le

---

(1) De même dans T. Mass., cfr H. W. BEYER, art. ἐπισκοπή, dans *Theol. Wört.*, 2 (1935), pp. 602-603.

(2) Dans le grand code, le verbe *p q d* signifie un recensement ou un contrôle administratif, cfr 10, 2 ; 13, 11 ; 14, 3.6 ; 15, 6.8 ; de même *S* 5, 22.24 ; 6, 21 ; et *Milḥ*, 7 fois ; *Hod* 13, 10 : celui de Dieu sur la création ; *1Q* 26 1, 7 ; *Sa* 1, 9 ; *Sb* 3, 2.24.

(3) La référence à *Is.*, 60, 17, selon J. CARMIGNAC, parle d'une *peqûddâh* qui doit être la paix, et signifie l'autorité du gouvernement, c'est une autre idée qu'ici. Une référence à *Os.*, 9, 7, paraît préférable : Sont venus les jours de la visite, sont venus les jours de la rétribution, Israël les connaît ; cfr *supra*, p. 99, avec note 1. Dans *Hod*, le complément : avec tous leurs fléaux, indique sans

T. Mass., *Hod* 14, 24, parle de la visite (c'est le châtiment) des péchés des impies ; *4Q pIs b* 2, 2 : le temps de la visite du pays, selon *Is.*, 10, 3, et souvent ailleurs chez *Is.*, aussi *Jer.*, 8, 12, etc., c'est le temps du châtiment ; et *4Q pOs b* 1, 10 : ils sont la génération de la visite, celle qui sera punie.

La visite-châtiment ultime, thème d'Isaïe et de Jérémie, est à sa place dès qu'il est question de jugement (1), ainsi *Dam* 7, 9, parall. 19, 6, et 8, 1-3, parall. 19, 14.15. Dans *Dam* 8, 1-3, elle est annoncée par 7, 21, parall. 19, 10-11, comparaison de la visite ancienne et de la future ; l'une et l'autre introduites ici, peut-être, par le parallélisme verbal des exécuteurs-*pequddôt* (même radical) d'*Ezech.*, 9, 1. Bélial tient la place de Nabuchodonosor (*Dam* 1, 6), des vengeurs de vengeance (*S* 2, 6 ; cf. *Dam* 19, 13), des exécuteurs de rétribution (*S* 2, 6-7), ou des anges de deuil (*S* 4, 12, et *Dam* 2, 6). Il est l'instrument par qui Dieu châtiera « aussi » ceux qui n'ont pas tenu ferme, comme il fera les apostats et les « autres » qui ne seront pas marqués au front.

C'est là *le jour*, continue le texte, où Dieu visitera-châtiera selon la parole prophétique (8, 2, parall. 19, 15). Le Jour de Yahweh est bien connu dans le T. Mass., principalement depuis *Is.*, 2, 12 ; *Am.*, 5, 18-20, et puis *Joel* 2, 1-11 ; *Soph.*, 1, 15, et *Jer.*, 46, 10 : jour de vengeance pour se venger des ennemis. Ici, *Os.*, 5, 10, va être cité explicitement (8, 3, parall. 19, 15), mais peut-être est-il déjà cité à propos du jour : ils sont venus les jours de la visite-châtiment-*pequddâh*, ils sont venus les jours de la rétribution (*Os.*, 9, 7) (2) ; ce passage d'*Osée* est également mis à contribution par *Hod* 1, 17 (3). Le « jour du jugement » est connu à Qumrân (*pHab* 12, 14 ; 13, 2), jour de la vengeance (*S* 9, 23 ; 10, 19 ; *M* 7, 5 ; peut-être 15, 3), jour de la calamité (*M* 1, 11). L'expression : jour de la visite (-châtiment) est pourtant unique à *Dam*, où l'on préfère « les derniers jours » (*Dam* 4, 4 ; 6, 11).

Le débordement de la colère-*'brh* (*Dam* 8, 3, parall. 19, 16, qui est plus complet en ajoutant : « comme les eaux ») sur les princes de Juda,

---

doute le sens de *šlwmm*, rétribution, non délivrance, bien que les lacunes rendent le passage difficile à interpréter.

(1) Cfr sur la « visite » eschatologique dans *Dam*, H. W. HUPPENBAUER, *Zur Eschatologie der Damaskusschrift*, dans *Rev. Qum.*, 4, 4, n° 16 (1964), pp. 570-572.

(2) Une antithèse est possible avec l'annonce répétée du jour de la délivrance : Et il arrivera en ce jour-là (*Os.*, 2, 18.23, cfr 2, 20), ou une référence directe au jour du châtiment d'Israël : Et il arrivera en ce jour-là, je briserai l'arc d'Israël (*Os.*, 1, 5).

(3) Cfr le jour où Dieu visitera (*Is.*, 24, 21), ou : ce jour est celui de Yahweh..., jour de vengeance où il se venge..., et l'épée dévorera..., car c'est une immolation... au Pays du Nord (*Jer.*, 46, 10). Cfr G. VON RAD, art. ἡμέρα, dans *Theol. Wört.*, 2 (1935), pp. 945-949.

déplaceurs de limite, est une précision sur le sens de la visite, et elle est fournie par la citation d'*Os.*, 5, 10. Dans la doctrine des deux esprits également, la visite de ceux qui suivent l'esprit d'iniquité sera un fléau par les anges de deuil..., par la colère du Dieu des vengeances (*S* 4, 11-12). Dans la *Milḥ*, la colère de Dieu est l'inscription d'une des enseignes (*M* 4, 1), et l'on parle encore plus loin du feu de la colère (*M* 14, 1). La métaphore tient la place du châtiment ultime.

Les *déplaceurs de limite* (19, 16, sans parall. en 8, 3) que sont les princes de Juda, objet de la colère divine, est encore une expression qui, dans ce cas-ci, vient d'*Os.*, 5, 10. Dans *Dam* 5, 20, ils sont déjà les mauvais chefs d'Israël qui l'égarent, avec citation probable, mais plus brève, d'*Os.*, 5, 10. L'expression semble à ce moment connue et figée. En *Dam* 1, 16, l'homme de babillage égare Israël au désert, et fait déplacer la limite ancestrale de l'héritage, citation de *Deut.*, 19, 14. C'est l'origine probable de l'expression. *Dam* 20, 25, la commentera : ceux des entrés de l'alliance qui brisent la limite de la loi. La citation d'*Os.*, 5, 10, avec le châtiment menaçant, est choisie parce qu'elle contient ce terme familier. En introduisant le thème du Jour, elle ne fait que commenter le châtiment futur.

La phrase qui suit la citation dans le seul document A (8, 4) est corrompue. Ou bien l'on comprendra, en corrigeant selon *2 Chr.*, 21, 18, que la colère a été comme une maladie sans guérison possible (*lohŏlî le'ên marpê'*, cfr *Hod* 2, 26), ou bien, littéralement : ils ont attendu (verbe *y ḥ r*) la guérison, mais le verbe qui suit, *wydqmwm*, a résisté à toutes les tentatives de correction, et l'on ne sait pas exactement ce qu'ont fait, ou subi, les révoltés dont on va parler. Comme vient ensuite une description de la révolte (8, 4-9), l'on soupçonne un châtiment (1).

Les révoltés-*mwrdym* (8, 4, sans parall. en 19, 16) apparaissent encore à Qumrân, dans le *pHab* 8, 11, où ce sont les hommes de violence (synonyme de méchants dans le T. Mass. : *Ps.* 18, 49 ; 140, 2.5), dont le prêtre impie a extorqué les biens, et plus loin, celui qui se révolte (*pHab* 8, 16) est sans doute le prêtre lui-même, mais une lacune interrompt le texte. C'est un terme équivalent à pécheur (cfr *Ezech.*, 2, 3 ; 20, 38 ; *Dan.*, 9, 5.9), et donc commun à notre passage et au *pHab*.

L'alliance de conversion-*tšwbh* (19, 16, sans parall. en 8, 4) prend la place dans le document B de l'allusion à la guérison, acquise ou non, des révoltés. A Qumrân, ce terme est particulier à ce passage du document B. Les rabbins connaissent la repentance, exprimée par ce mot (2), non le T. Mass., ni les autres écrits de Qumrân.

Que ne se sont pas *écartés* du chemin (celui des traîtres), soit les révoltés (8, 4), soit les entrés dans l'alliance de conversion (19, 16), est affirmé

---

(1) Cfr Ch. RABIN et L. ROST, *in h. l.*
(2) Cfr M. JASTROW, *s. v.*

par les deux documents (8, 4, parall. 19, 17) qui se rejoignent ici. Parler de s'écarter du chemin indique souvent un péché (*Dam* 1, 13.15 ; cfr 16, 9), mais non toujours (cfr s'écarter du peuple, *Dam* 8, 16 ; du péché, *S* 6, 15 ; 9, 20). L'expression est fréquente dans la Bible pour dire la conversion, comme ici avec le verbe *š w b* (cfr *Jer.*, 18, 11 ; *Ezech.*, 13, 22, etc.) (1).

Les *traîtres* (8, 5, parall. 19, 17) du chemin desquels les révoltés ne se sont pas écartés, avaient disparu depuis *Dam* 1, 12 ; ils reparaîtront *Dam* 19, 34 (cfr *pHab*, 4 fois). Ce sont les impies de l'extérieur en général, opposés aux fidèles. Retenons, avec les révoltés, ce deuxième contact avec le *pHab*.

Se salir-*g l l* (2) par sa conduite (8, 5, parall. 19, 17) se lit *Dam* 3, 17, pour celui qui méprise le puits d'eaux abondantes et s'est sali dans l'iniquité ; de même dans la doctrine des deux exprits (*S* 4, 19. 21) et ailleurs (*Hod* 6, 22 ; 17, 19 ; fg 1, 4 ; cfr *Sir.*, 23, 12). L'usage de ce verbe semble particulier à Qumrân. Le T. Mass. ne le connaît pas, ni le rabbinisme.

Le *catalogue des vices* attribués à ceux qui n'ont pas tenu ferme, adhérents des traîtres, énumère ensuite (8, 5-9, parall. 19, 17-21) la fornication-*znwt* (citée dans la troisième monition, 2, 16 ; et comme filet de Bélial, 4, 17-20, puis dans le petit code, 7, 1), la richesse impie (cfr petit code, 6, 15 et filet de Bélial, 4, 17), la vengeance et la rancune fraternelles (selon *Lev.*, 19, 18, cité *Dam* 9, 2.4.5, comme introduction au cas d'accusation formelle contre autrui) et la haine (*Lev.*, 19, 17, non à Qumrân avec ce verbe), l'indifférence pour la famille (cfr peut-être *Is.*, 58, 7 ; le verbe ʿ *l m* avec ce sens à l'hitpaël se trouve ici seulement à Qumrân), l'inceste (cfr *Lev.*, 20, 14, ce substantif ici seulement à Qumrân), le débordement de cupidité (cfr *g b r*, hitp. unique en ce sens à Qumrân et T. Mass. ; cfr 20, 33, avec un autre sens ; les substantifs richesse et gain sont régulièrement réunis, cfr *pH* 9, 5 ; *H* 10, 23 ; *Dam* 10, 18 ; 11, 15 ; 12, 7), le rejet des règles morales : faire ce qui est bon à ses propres yeux (selon *Deut.*, 12, 8, cité *Dam* 3, 6), l'endurcissement intérieur (selon *Jer.*, 3, 17, etc., cfr *Dam* 2, 17 ; 3, 5.11, etc.; *S*, huit fois ; *Hod* 4, 15 ; mais *Dam* ici avec le verbe *b h r*), et la non-séparation d'avec le peuple (et leur péché, 19, 21) ; le verbe *n z r*, consacrer, séparer, seulement dans *Dam* à Qumrân ; cfr 6, 15 ; 7, 1, se séparer du péché ; ici seulement se séparer du peuple, cfr *Esd.*, 10, 11 : se séparer (verbe *b d l*) des peuples du pays), la révolte ouverte (à main levée, expression fréquente à Qumrân, mais le verbe

---

(1) On le dit aussi avec *s w r*, cfr *Ex.*, 32, 8 ; *Deut.*, 9, 12.16, mais dans ce cas-là, c'est s'écarter du droit chemin.

(2) C'est le deuxième sens de *g l l*, cfr Gesenius, *s. v.*, avec le substantif *gâlâl*, cfr *1 Reg.*, 14, 10 ; cfr Ch. Rabin, in *Dam* 3, 17, mieux que « se rouler dans ».

p r ʿ y est unique avec ce sens, cfr *S* 6, 26 ; cfr sans doute *Ex.*, 32, 25 :
peuple dévoyé : *haʿam...pâru(a)ʿ*), révolte qui fait aller dans la voie des
impies (selon *Ps.* 1, 1 ; cfr *Dam* 2, 3, non ailleurs à Qumrân, cfr *S* 5, 11 :
voie de l'impiété). Les impies-*ršʿym*, à part la citation du *Ps.* 94, 2
(voir *Dam* 7, 9, parall. 19, 6 ; cfr *S* 8, 7, seule fois dans le *S* ; et
M 11, 14 ; seul autre emploi dans la *M* : 4, 4 : leur disparition est
assurée par l'inscription d'une enseigne), et la citation de *Prov.*, 15, 8
(voir *Dam* 11, 21), sont nommés, par une allusion au *Ps.* 1, 1, dans la
« voie des impies » de *Dam* 2, 3 (c'est l'objet de la révélation-*glh* de la
deuxième monition), et ici 8, 9, parall. 19, 21. Dans *pH* 5, 5, ils sont, avec
les nations, objet du châtiment lors du jugement, de même *pH* 13, 4,
Dieu les détruira alors avec les idolâtres (ailleurs dans *pH*, ce terme désigne
le prêtre impie ; il est assez fréquent dans *Hod*). Souvent les impies sont
réunis aux païens, et le terme a un sens fort (cfr *1Q* 34 3, 1, 5 : unis aux
traîtres ; *4Q pPs 37* 3, 12 : identifiés aux violents de (l'alliance?).

Ce catalogue a des points de ressemblance avec d'autres passages dans
Dam et à Qumrân (1), en particulier, la fornication et la richesse impie
se retrouvent souvent ailleurs. Néanmoins le vocabulaire est fort spécial,
des termes comme haine-*šn'* (en ce sens : haine du confrère, non haine du
pécheur), indifférence à la famille, inceste, débordement (de cupidité,
verbe *g b r*), choix-*bḥr* (de l'endurcissement), séparation-*nzr* (du peuple),
dévoyer-*prʿ*, sont particuliers, dans Qumrân, à ce passage. D'autres,
tels : faire ce qui est bon à ses propres yeux, la voie des impies, se lisent
seulement dans la première section de *Dam*. Le contenu du catalogue se
retrouve en bonne partie dans le petit code (6, 12-7, 4) et *a fortiori* dans le
grand (9 à 16) : séparation d'avec les pervers, richesse impie, amour fra-
ternel, continence. Les différences sont pourtant flagrantes, principalement
l'omission de toute référence aux sacrifices, aux règles de pureté, aux
sabbats et aux fêtes, aux offrandes, aux vœux. Ce catalogue est exempt
de tout ritualisme et de toute casuistique.

L'énumération des vices se conclut par une citation paraphrasée de
Deut., 32, 33, appliquée aux impies que suivent et imitent les entrés
infidèles : (ils s'abreuvent) d'un vin (et le vin est leur conduite) ; ce vin
est le venin des serpents, et les serpents sont les rois des nations ; et le
terrible poison ou tête (le mot *rôʾš*, poison, est prononcé comme *rôʾš*,
tête) des aspics est le chef ou tête des rois de Javan qui vient accomplir
sur eux la vengeance (8, 9-12, parall. 19, 22-24). Les impies dont l'impiété
est souvent soulignée, attirent donc sur eux le châtiment infligé par les
Gentils, car ils agissent comme les Gentils et leur chef. Et les entrés

---

(1) Cfr G. JEREMIAS, *Der Lehrer*, pp. 112-113, et S. WIBBING, *Die Tugend-
und Laster-kataloge im Neuen Testament und ihre Traditionsgeschichte unter
besonderer Berücksichtigung der Qumrân-Texte, Beih. Z. nt. W.*, nº 25, 1959,
127 pp., mais en fait il n'étudie guère que le *Serek*.

infidèles imitent ces impies. La grandeur de leur crime se mesure à celui des impies auxquels on les assimile.

S'il faut voir une succession régulière dans cette suite de péricopes, l'auteur a parlé des apostats et des tenants ferme échappés au Nord (7, 13 - 8, 1, complété par 19, 7-13), puis des entrés dans l'alliance qui n'ont pas tenu ferme (8, 1-12, parall. 19, 13-24) ; il les a assimilés aux premiers, les « apostats » qui sont les impies ; il a énuméré leurs vices et annoncé leur sort : les apostats seront finalement livrés au glaive des vengeances vengeresses de l'alliance (19, 13) ; le chef des rois de Javan viendra de même venger la vengeance sur leurs imitateurs (19, 24, cfr 8, 11-12 : « faire-'ṣwt la vengeance » ; le document A n'a d'ailleurs pas le parallèle à 19, 13). Ces mots sur la vengeance sont un rappel du sort des apostats.

La conclusion de tout le développement, dirait-on, est alors tirée : les constructeurs du mur et enduiseurs de plâtre n'ont pas saisi (ou pénétré) toutes ces choses-là (8, 12, parall. 19, 24). L'action de saisir ou pénétrer-*b y n* avait disparu depuis les monitions (cfr *supra*, p. 11-21 ; en 6, 2, le verbe sert à nommer une catégorie, celle des pénétrants, cfr *supra*, pp. 112-117). Elle portait à ce moment sur les œuvres de Dieu, alors qu'ici le complément est très général, et l'on peut se demander si ce qui est à pénétrer est tout ce qui précède, y compris la visite (7, 21 ; 8, 2.3, parall. 19, 14.15), ou seulement le crime des déserteurs, comme en 2, 2. De toute manière, le verbe avec ce sens est commun aux monitions du début et à notre passage.

Les *constructeurs du mur et enduiseurs de plâtre* (8, 12, parall. 19, 24-25) sont les personnages d'*Ezech.*, 13, 10, où cependant les constructeurs sont le peuple, et les enduiseurs de plâtre, les faux prophètes qui camouflent la fragilité du mur. L'on en a déjà parlé dans *Dam* : ils étaient les « constructeurs du mur marchant derrière … le prêcheur » (4, 19), et de même, un peu après ceci, l'on va dire : « Dieu hait et abhorre les constructeurs du mur » (8, 18, parall. 19, 31). La métaphore paraît être une appellation parmi d'autres, des traîtres ou apostats, c.-à-d. les adversaires de la communauté, mais ici seulement, 8, 12, parall. 19, 24-25, l'expression d'*Ézéchiel* est citée complètement. Dans le texte de *Dam*, l'on notera en outre un jeu de mots possible entre les deux verbes pénétrer-*b y n* et construire-*b n h*.

Après quoi, il doit y avoir un élargissement de l'image elle-même, rappelant l'élargissement dans le T. Mass. d'*Ezech.*, 13, 11. Là, le prophète annonce à ceux qui dissimulent la fragilité du mur en le couvrant de plâtre : Il y aura averse d'inondation et des pierres de grêle tomberont, et le vent des tempêtes se déchaînera, et la muraille tombera. *Dam* s'explique en faisant citation de *Mic.*, 2, 11. Dans le T. Mass., *Michée* dit : Si un agissant dans l'esprit (1) et mentant (ou : et il ment) l'imposture (vient dire :) je te distille (prêche) le vin et l'eau-de-vie ; celui-là serait le prêcheur de ce peuple ! A *Dam* 8, 12-13, parall. 19, 24-25, la citation est retouchée : ils n'ont pas saisi, car un agissant (c'est le T.Mass.) dans l'esprit (NB. = le vent) et fournissant-payant (*šql*, à la place de l'imposture-*šéqér* du T. Mass.) (2) l'ouragan, et distillant-prêchant aux hommes (: à l'homme) le mensonge, [leur a prêché], et la colère de Dieu s'est enflammée contre toute sa congrégation (19, 24-26) (3). L'insistance sur le vent (l'esprit) et la tempête vient d'*Ezech.*, 13, 11, et a fait retoucher le texte de *Michée* pour annoncer la colère de Dieu et peut-être la chute de la muraille. — L'image de la construction est courante dans le judaïsme et à Qumrân. En *Dam* 4, 12, la tour qui est construite (inspirée de *Mic.*, 7, 11) est celle de la communauté ; ce n'est pas le sens de notre passage, qui est péjoratif. En *pHab* 10, 10, comme ici, le prêcheur de mensonge égare la masse pour bâtir une ville de vanité dans le sang et ériger une congrégation-*'dh* par la tromperie. L'image de la construction est fournie par *Hab.*, 2, 12, que le pésher commente : « malheur à qui bâtit une ville dans le sang ». La phrase du pésher contient quatre termes de notre passage : prêcheur-*mṭyp*, mensonge-*kzb*, construire-*bnh*, congrégation-*'dh* (cfr *supra*, p. 75-76), et cela est à retenir.

Le *prêcheur-distilleur de mensonge* (8, 13, parall. 19, 25) était l'homme de babillage qui distillait à Israël les eaux de mensonge et l'égarait au désert sans chemin (1, 14-15). C'était aussi le Ṣaw, qu'ont suivi les bâtisseurs du mur, pris ensuite eux-mêmes dans deux filets de fornication (4, 19, s.). Le premier passage (1, 14-15) développe avec aisance la métaphore de

---

(1) Le texte, avec *hôlêk*, est douteux ; voir même emploi du verbe *h l k* avec complément de détermination : *Is.*, 33, 15 : agir avec justice ; *Prov.*, 6, 12 : en perversité. L'esprit est la caractéristique du prophète : *Os.*, 9, 7, etc. *Michée* parle d'un soi-disant prophète inspiré, accepté par le peuple, plutôt que de quelqu'un qui court après le vent, selon la traduction de Ch. RABIN, Ed. COTHENET, E. LOHSE, etc.

(2) Le verbe *š q l* signifie peser, et par suite payer. Ce serait ici un participe en *scriptio defectiva*, pour *šwql*. Des deux côtés, *Mic.* et *Dam*, le texte est difficile et paraît corrompu, à moins de lire *š q l*, verbe de l'araméen rabbinique : prendre, recevoir, c.-à-d. un recevant l'esprit, cfr M. JASTROW, *s. v.* ; néanmoins, le jeu de mots *šql-šéqér* est possible. R. H. CHARLES, II *Pseudep.* (1913), p. 834, veut rétablir *šqr*, pourtant il n'y a pas lieu de rejeter le jeu de mots exégétique, qui est bien dans la ligne de Qumrân.

(3) Le document A, 8, 13, est plus bref, mais a gardé le verbe principal que B a perdu : car un fournissant (payant-*šwql*) l'esprit (vent ?) et distillant (prêchant) le mensonge leur a distillé-prêché, et la colère de Dieu s'est enflammée contre toute sa congrégation.

Mic., 2, 6, en la replaçant dans le cadre du désert, comme le fait le nôtre, mais en la joignant à la citation d'*Ézéchiel,* dans le cadre de la tempête qui va détruire le mur branlant. Cette articulation avec le texte biblique, en gardant au terme de distilleur-*mṭyp* sa valeur de métaphore, n'engage pas à y voir un thème de connaissance, ni en 1, 14, ni en 8, 13, parall. 19, 25, mais peut-être bien en *pHab* 10, 9, où le lien avec *Michée* est rompu. De son côté, le passage 4, 19-20, réunit encore les deux expressions : les bâtisseurs de muraille qui sont pris en deux filets de péché, et le distilleur (selon *Mic.*, 2, 6) qui est le Ṣaw qu'ils ont suivi (selon *Os.*, 5, 11), mais l'une comme l'autre semblent déjà connues et fixées sans requérir d'explication et sans accointance avec le contexte. Sont-elles sclérosées par rapport à 1, 14-15 et 8, 13, parall. 19, 24-25, et représentent-elles un état postérieur et plus évolué des thèmes ? Dans ce cas, l'expression prêcheur de mensonge est devenue une expression signifiant un faux prophète et elle constitue, en 4, 19 un thème de connaissance (1). C'est ce prêcheur qui est ici la cause de l'incompréhension des constructeurs, nouveau contact avec les monitions.

La *colère de Dieu* qui s'enflamme contre la congrégation (8, 13, parall. 19, 26), est une expression courante dans la Bible. A Qumrân, à l'exception de *1Q* 22 2, 9, où elle est en citation de *Deut.*, 7, 4, etc., elle ne se rencontre guère qu'à *Dam*, à savoir : *Dam* 1, 5, lors de la visite où Dieu suscite un surgeon ; contre la congrégation des traîtres de la première monition (1, 21) ; contre celle d'Israël au désert, dans l'histoire de la troisième monition (3, 8). Elle s'allume « contre eux », les fils des géants, dans la troisième monition (2, 21) ; contre les bâtisseurs du mur (8, 18) et leurs imitateurs (19, 32, qui est le parall. de 8, 18) ; contre Israël, aux derniers temps (20,15) ; « contre les méfaits » de l'Israël ancien (5, 16). Elle est donc présente dans le paragraphe des monitions et le nôtre (4 fois), dans la section 8, 13-20, 15 (deux fois), et 5, 16. Elle figure le châtiment divin dans le passé comme dans l'avenir (2).

La congrégation-*'dh* (8, 13, parall. 19, 26), terme rare dans le *S* (cfr *S* 5, 1 : celle des impies selon *Nu.*, 16, 21, et *S* 5, 20 : la congrégation sainte, *hapax* du *S*), fréquent dans *Sa* (21 fois), est à *Dam* celle des traîtres

---

(1) Le prêcheur-distilleur de mensonge, hors de *Dam*, se trouve encore à Qumrân, dans *pMic* 1, 5 (= *1Q* 14 10, 2) où il (égare ?) les simples ; mais le texte du ms. n'est pas assuré, cfr K. G. KUHN, *Konkordanz, s. v. n ṭ p,* p. 143, note 1 ; et J. CARMIGNAC, *Rev. Q.*, 3, 4, nº 12 (1962), p. 516.

(2) Cfr peut-être *Hod* 15, 17 : impies créés pour le temps de la colère, mais le texte est lacuneux ; peut-être aussi *Hod* fg 1, 5 ; cfr aussi *4Q DibHam* 3, 11 (c'est le châtiment passé) ; 5, 5. Dans *pHab* 10, 13, le prêcheur de mensonge fait venir la masse à un jugement de feu, c'est un peu différent ; la colère de *pHab* 3, 12, est celle des *Kittîm* ; *pOs a* 1 et *pNah* 1, 5.6, celle du lionceau (?) ; *Hod* 3, 28, celle des impies. Enfin sont trop lacuneux pour que l'on puisse conclure : *pOs b* 1, 12 ; *1Q* 36 18, 1.

(*Dam* 1, 12 ; 2, 1) et d'Israël rebelle au désert (3, 9), mais aussi de l'Israël idéal avec son prince (7, 20), celle des parfaits de sainteté (20, 2.3), et la communauté organisée, de certains passages du grand code (10, 4.5.8 ; 13, 10.11.13 ; 14, 10). Néanmoins, hormis les passages légalistes (20,2.3 et le code, cfr *Sa*) et 7, 20, où l'expression est empruntée aux « princes de l'assemblée » (fidèle) du désert (*Ex.*, 16, 22) (1), le terme est toujours pris en mauvaise part, ici comme dans les monitions, et là seulement, il a ce sens péjoratif. De même dans *pHab* 5, 12, c'est la congrégation d'Absalom et des hommes de leur conseil : ils n'ont pas secouru le maître de justice quand l'homme de mensonge l'a attaqué, lui qui a méprisé la loi au milieu de leur congrégation, et *pH* 10, 10, congrégation de tromperie, érigée par le prêcheur de mensonge (cfr *supra*, p. 155). Dans ces deux seuls emplois du *pHab*, le sens est le même que dans les monitions et *Dam* 8, 13, parall. 19, 26 ; ce n'est pas encore un terme usuel pour désigner la communauté (cfr *Sa* et le grand code de *Dam*).

Résumons ce qui est dit de ceux qui n'ont pas tenu ferme. Le prêcheur, dont la congrégation subira les effets de la colère de Dieu (8, 13, parall. 19, 25-26), a trompé les constructeurs de manière à les empêcher de pénétrer le crime des impies (8, 12, parall. 19, 24-25), imitateurs des Gentils (8, 9-11, parall. 19, 22-24), et peut-être de pénétrer le sort de tout le troupeau dont a parlé *Zacharie* ; ils étaient entrés dans l'alliance, mais ils n'ont pas tenu ferme (8, 2, parall. 19, 13-14) et n'ont pas abandonné la conduite des traîtres et tous leurs vices (8, 4-8, parall. 19, 17-21) ; ils sont assimilés aux déplaceurs de limite que recouvrira la colère au jour de la visite (8, 3, parall. 19, 14-15), alors que les tenants ferme marqués au front s'échapperont au Nord pour constituer l'Israël parfait (7, 13-21), et que les autres, les apostats, seront livrés au glaive vengeur des vengeances de l'alliance (19, 10-13, cfr 7, 13 et 8, 1).

Dans son ensemble, le développement 7, 13*b*-8, 13, parall. 19, 7*b*-26*a*, peut se diviser en deux parties. Il établit d'abord la distinction du sort réservé aux tenants ferme et aux apostats, et ensuite associe à ces derniers, les entrés dans l'alliance qui l'ont par la suite abandonnée. L'unité du premier point est garantie par les thèmes traités qui s'y combinent normalement : glaive, visite, échapper, et les quatre citations prophétiques qui en for-

(1) Cfr A. S. van der Woude, *Mess. Vorstellungen*, p. 58.

ment la structure. La deuxième se déroule régulièrement : les fautes des déserteurs, la grandeur de leur crime, sa cause et sa conclusion. Les deux parties s'articulent dans le thème commun de la visite, où sont en voisinage les tenants ferme et les apostats, tout comme les révoltés qui n'ont pas tenu ferme.

D'après les études de détail qui précèdent, le vocabulaire ramène souvent aux monitions du début, et se retrouve à *Dam* simultanément et uniquement dans les monitions et dans notre passage 7, 13-8, 13, parall. 19, 7-26. Citons par exemple l'extermination (8, 2, sans parall., cfr 1, 5) ; le glaive (7, 13, etc., cfr 1, 4.17 ; 3.11), les traîtres (8, 5, parall. 19, 17, cfr 1, 12) ; se salir-*g l l* (8, 5, parall. 19, 17, cfr 3, 17) ; faire ce qui est droit à ses propres yeux (8, 7, parall. 19, 20, cfr 3, 6) ; le chemin des impies (8, 9, parall. 19, 21, cfr 2, 3) ; le prêcheur-distilleur (8, 13, parall. 19, 25, cfr 1, 14, mais cfr aussi 4, 19-20) ; la congrégation-'*dh* des impies (8, 13, parall. 19, 26, cfr 1, 12 ; 2, 1 ; 3, 9). Néanmoins, de nettes divergences les distinguent l'un de l'autre. Le midrash d'*Amos-Nombres*, en particulier, se rapporte à des réalités connues qui dessinent une communauté constituée : livres de la loi, livres des prophètes, chercheur de la loi à venir, assemblée, prince de la congrégation à venir. Les monitions ignorent toutes ces choses et fonctions, même une étude nouvelle (ou parfaite) de la loi et l'existence d'une communauté séparée. — Il y a des contacts également avec la lexicologie du *pHab*, ainsi les révoltés (*Dam* 8, 4, cfr *pH* 8, 11.16) ; les traîtres (*pH* 2, 1.3.5 ; 8.10), qui sont de part et d'autre, de deux espèces, à savoir traîtres ou déserteurs (cfr *pH* 2, 1.3 ; *Dam* 8 4-5, parall. 19, 17), le prêcheur-distilleur (*pH* 10, 9), l'assemblée-'*dh* des impies (*pH* 5, 12 ; 10, 10). En situant le *pHab*, dans l'évolution des doctrines, plus avant que les monitions, notre pièce se mettrait à son niveau. — De ce vocabulaire sont absents les parfaits de sainte conduite (7, 5, sans parall.), vivant aux camps selon les règles, aussi bien que les méprisants (7, 9, parall. 19, 5). Il a été dit précédemment que ces derniers seront châtiés lors de la visite (7, 9, parall. 19, 6) ; l'on parlera beaucoup de cette visite dans notre passage (7, 13 - 8, 13, parall. 19, 7-26), en ce que leur œuvre se retournera contre eux, comme dit *S* 8, 7 ; 10, 17, de même *M* 11, 13. Ce châtiment réalisera la parole d'*Is.*, 7, 17, et la citation est répétée dans le grand code, *Dam* 14, 1. De soi, le développement 7, 13-8, 13, parall., peut s'envisager comme un exposé de ce thème de la visite. Matériellement, c'est le cas, et la visite est le crochet littéraire, ou du moins textuel, qui réunit ces deux textes. La différence de vocabulaire est néanmoins à retenir. Les redites posent aussi un problème, bien qu'elles soient fréquentes dans ce genre littéraire.

Avant d'arriver à une conclusion sur les différents documents constituant notre texte, il reste à examiner les éléments des pages qui suivent la ligne 8, 13, parall. 19, 26. En effet, la troisième grande section de *Dam* a commencé par un « épilogue de législation » (cfr *supra*, p. 139), conclusion normale du petit code. Vient ensuite un chapitre très organique, au vocabulaire et à la pensée tout autres, sur le sort respectif des membres, appelés les tenants ferme, et des non-membres (cfr *supra*, depuis p. 140). Après quoi, les deux documents de *Dam*, A et B, vont faire un exposé (identique) sur les différents « cas » pouvant se présenter parmi les membres de l'Alliance ou congrégation. Pour situer ce nouveau chapitre, il est nécessaire de consulter encore une fois la lexicographie, le genre littéraire et la suite des idées.

D. Un commentaire canonique, 2ᵉ partie
(8, 14-21, parall. 19, 26*b*-20, 22*a*)

Le premier « cas » envisagé est précédé d'une citation du *Deut.*, qu'il est censé réaliser.

L'introduction du passage : *Et ce que dit Moïse* (8, 14, parall. 19, 26), est coutumière aux citations explicites, en particulier à Qumrân citant Moïse : *Dam* 5, 8 ; citant Isaïe : *ib.*, 6, 8 ; 7, 11 ; citant Jérémie : *ib.*, 8, 20 ou Zacharie : *ib.*, 19, 7 ; ou Ézéchiel : *ib.*, 19, 11 ; également : « par Ézéchiel » : *Dam* 3, 21 ; « par Isaïe » : *ib.*, 4, 14 ; et *pHab.* La citation est extraite du *Deut.*, 9, 5 ; 7, 8, où Moïse affirme que la Terre promise a été attribuée à Israël en raison de la perversité des nations et non des mérites du peuple élu (*Deut.*, 9, 5), et que la sortie d'Égypte est due à l'amour de Dieu (*Deut.*, 7, 8). Après ce qui précède sur les impies et les rebelles qui les imitent, un nouveau paragraphe commence.

Tel est le cas (énoncé par la citation) des convertis d'Israël : ils se sont écartés du chemin du peuple en raison de l'amour de Dieu pour les anciens qui... (8, 16-17, parall. 19, 28-30). Plus haut, en 8, 1, parall. 19, 13, l'expression de transition « tel est le cas » servait à diriger sur les entrés qui n'ont pas tenu ferme (8, 2, parall. 19, 14) la menace du glaive vengeur proférée auparavant contre les restants non marqués au front (19, 12, sans parall.). Ici (8, 16, parall. 19, 29), ces deux mots font l'application aux convertis d'Israël, du texte du *Deut.* cité avant ceci. Les points communs n'éliminent pas les divergences : une prophétie qui se réalise, celle du *Deut.* pour les convertis d'Israël (8, 16, parall. 19, 29), n'est pas l'assimilation d'un groupe à un autre, les déserteurs aux non-marqués (8, 1, parall. 19, 12). S'il s'agit de la même énumération qui se poursuit, à bien longue distance d'ailleurs (de 8, 1 à 8, 16, et parall. de 19, 12, à 19, 29), elle commencerait par les restants non marqués au front (19,11-13),

« et ainsi aussi » les déserteurs, entrés n'ayant pas tenu ferme (19, 14, parall. 8, 1, cfr *supra*, p. 144-146, la reconstitution du texte), « et ainsi aussi » les convertis (8, 16, parall. 19, 28). Avant les déserteurs qui n'ont pas tenu ferme, la même section oppose en contraste les tenants ferme, échappés au Nord (7, 14.21 ; cfr 19, 10). Le présent paragraphe y reviendrait, nous dit-on, en les appelant convertis d'Israël (8, 16, parall. 19, 29), convertis grâce à l'amour de Dieu pour les ancêtres et à sa fidélité à son serment (8, 15, parall. 19, 28). La succession ne serait pas du tout homogène, et l'expression « tel est le cas » n'a certes pas le même sens. Il est normal que l'on assimile (tel est le cas) les entrés ne tenant pas ferme aux non-marqués livrés au glaive (eux-mêmes opposés aux tenants ferme). Il serait anormal que l'on assimile (tel est le cas) les convertis ou captifs aux tenants ferme, par-dessus les déserteurs n'ayant pas tenu ferme. La formule « tel est aussi le cas » compare les convertis ou captifs aux anciens pères, de la citation du *Deut.* Sa répétition est donc due au hasard et elle n'unifie pas les deux passages.

Les convertis-*šby* d'Israël (8, 16, parall. 19, 29) sont une catégorie bien connue. Ils ont été nommés en 4, 2 : à côté des lévites et des fils de Sadoq, ce sont en même temps les prêtres sortis du pays de Juda, restés fidèles au temps de l'égarement d'Israël, selon *Ezech.*, 44, 15. Ils sont encore nommés en 6, 5 : sortis du pays de Juda, ils creusent au désert, selon *Nu.*, 21, 18, le puits qu'est la loi. L'expression parallèle, convertis de la transgression, se lit dans la deuxième monition, *Dam* 2, 5, où ils sont l'objet du pardon divin, puis en 20, 17, dans l'expression : les convertis de la transgression de Jacob, qui gardent l'alliance de Dieu ; Dieu les aime, leur pardonne, les gardera en vie pendant mille générations. Dans *S* 10, 20, les mêmes convertis de la transgression, opposés à ceux qui se détournent de la voie (droite), seront l'objet de la patience du psalmiste. Dans *Hod* 2, 9, le psalmiste sera leur guérison ; en *Hod* 6, 6, ils possèdent l'espérance ; en *Hod* 14, 24, Dieu leur pardonne (*Ez.*, 3, 19 ; *Sir.*, 8, 5, ont la même expression dans l'hébreu) (1). Il s'agit évidemment toujours du groupe en question dans nos documents de Qumrân.

---

(1) L'expression complète est empruntée à *Is.*, 59, 20, où un rédempteur-vengeur est promis aux convertis-*šâbêy* de la transgression de Jacob. *Is.*, 1, 27, parle peut-être aussi des convertis-*šâbêy* de Sion (si l'on ne corrige pas en : ses habitants-*yôšebéyâh*, cfr éd. KITTEL, *in h. l.*). L'on se rappellera que les Qaraïtes, au moyen âge, se décernaient cette qualification de convertis de la transgression (cfr J. CARMIGNAC, note 5, *in Hod* 14, 24) ; la transmission textuelle de *Dam* a pu en être influencée. — D'un autre côté, la même graphie, mais vocalisée *šeby*, signifie parfois, comme collectif, capture, captivité (mais non les Exilés, selon A. S. VAN DER WOUDE, *Mess. Vorstellungen*, p. 11), l'ensemble des captifs, après une bataille (cfr *Nu.*, 31, 12 ; *Is.*, 52, 2 : les captifs, c'est Jérusalem, puis la fille de Sion ; *Hab.*, 1, 9 : ils sont faits « captifs » par les Chaldéens *Ps.* 68, 19 ; *2 Chr.*, 6, 37.38 ; 28, 17 ; aussi très fréquent,

Étant donné l'état du texte, ce qu'ont fait les anciens en raison de l'amour de Dieu n'est pas clair. Le document B, peut-être lacuneux, dit : les anciens qui ont porté témoignage (*h'ydw*) au sujet du peuple après Dieu (19, 30) (1). Le verbe ʿ *w d* peut signifier encourager : les anciens qui ont encouragé le peuple après Dieu. Mais la préposition *ʿl* introduisant : le peuple, reçoit alors un autre sens que le sens normal, et le peuple qui reçoit les encouragements, vient d'être cité comme un peuple impie, de la voie duquel on s'est détourné. La suite : Dieu aime ceux qui viennent après eux dans l'alliance, ferait abstraction des apostasies rappelées ail-

---

avec les deux radicaux : les revenus de la captivité : *haššebîm min haššebî* : *Neh.*, 8, 17, etc.). En raison du contexte, ce sens est possible en *Dam* 4, 2, où les prêtres « captifs (et non convertis) d'Israël » sont sortis du pays de Juda, la sortie tiendrait lieu de captivité, et les prêtres seraient captifs en tant que sortis de Juda. De même *Dam* 6, 5 : les « captifs d'Israël » sont sortis du pays de Juda et résident au pays de Damas (cfr les deux termes dans *Is.*, 52, 2 : relève-toi, captive, Jérusalem ; 52, 4 : mon peuple est descendu jadis en Égypte, pour résider là). En prenant cette interprétation, l'on comprendrait ici : les captifs d'Israël (qui) se sont écartés du chemin du peuple (8, 16, parall. 19, 29). Pour appuyer l'hypothèse, il reste à découvrir dans le contexte, une allusion à une captivité. A la rigueur, on pourrait l'y trouver. En effet, d'après *Deut.*, 7, 8, cité par *Dam* 8, 15, parall. 19, 28, la sortie d'Égypte était due à l'amour de Dieu. Ici, l'on nous dit que l'amour de Dieu pour les anciens est cause de ce que les « captifs » se sont écartés du chemin du peuple (8, 16, parall. 19, 29) (cfr *Sa* 1, 2-3, où la même formule énonce le but de la congrégation). Le chemin du peuple (impie) tient donc la place de l'Égypte, maison de servitude, et le contexte du *Deut.* contient l'idée de captivité et de sortie de captivité, comme les deux autres passages de *Dam* contiennent l'idée d'émigration hors d'un pays impie. Il n'est donc pas absolument impossible que la formule, dans chacun des cas où elle se présente à Qumrân, soit à traduire : les captifs d'Israël (cfr *Dam* 4, 2 ; 6, 5 ; ici 8, 16, parall. 19, 29 ; *4Q pOs b* 1, 16 est fort lacuneux, mais : [...] le retour des « captifs » [...] est une allusion possible à l'exil). Pour adopter cette traduction, de nouvelles preuves seraient les bienvenues, car le passage *Sa* 1, 2-3, indique la valeur figée de l'expression : s'écarter du chemin du peuple. Le verbe s'écarter-*s w r* a les deux sens et s'emploie pour dire l'apostasie (cfr 1, 13.15 ; 19, 34 ; 16, 9 ; *S* 3, 10 ; 8, 17) ou comme ici, avec une allusion à la sortie d'Égypte, la conversion (cfr 8, 4, parall. 19, 17 ; *S* 6, 15 ; 9, 20).

(1) La forme au pluriel de la préposition « après Dieu » *('ḥry 'l)*, devant le substantif, est irrégulière ; il faut songer à un suffixe uni à la préposition. Le document A, 8, 17, porte le suffixe de la troisième personne du singulier : après lui *('ḥryw)* en comprenant : témoignage au sujet du peuple et (du peuple qui vient) après lui. Avec le substantif « Dieu », le sens est insaisissable, à moins de comprendre : témoignage au sujet du peuple en raison de (après) l'amour de Dieu, mais ce sens n'est possible, à la rigueur, que dans le rabbinisme, cfr M. JASTROW, *s. v.* *'aḥar* : au pluriel, la préposition signifie « en connection avec », « comme conclusion de ».

leurs et encore dans l'allusion : la voie du peuple. Le verbe *h'ydw* doit indiquer une opposition entre les anciens fidèles et le peuple. Si l'on corrige la préposition « après » en la mettant au singulier, la lacune pouvait contenir : le peuple qui n'a pas suivi Dieu. — Dans le parallèle, le document A, 8, 17, porte : l'amour de Dieu pour les anciens qui ont été suscités (éveillés) (*hw'yrw*) après lui, c.-à-d. par exemple, à la suite de (après) l'amour de Dieu (?). L'hophal du verbe ' *w r*, lu à la place de '*wd* du document B, n'apparaît pas dans le T. Mass., mais on peut l'imaginer parallèment à l'hiphil, et l'idée de surgir ne lui est pas étrangère (cfr *Is.*, 41, 2.25 ; 45, 13 ; *Jer.*, 50, 9 ; 51, 1.11, etc.). Sans doute faut-il attendre d'autres documents pour pouvoir lire ce texte. — Malgré ses obscurités, nous savons qu'en référence au peuple élu du *Deutéronome*, il est question de la communauté actuelle, dite des convertis ou captifs d'Israël, sortis, en vertu de l'amour de Dieu pour les anciens, de la voie du peuple. Elle est l'objet du même amour divin et elle détient la même alliance que jadis.

L'*amour de Dieu* (8, 16, parall. 19, 29), à part celui qu'il a pour la science (2, 3), est mentionné ici seulement dans *Dam*, en raison de la citation de *Deut.*, 7, 8 ; 9, 5 (voir aussi *S* 3, 26, pour l'esprit de lumière ; *H* 14, 10 ; 17, 24 : pour la vertu ; cfr *supra*, p. 59-60).

La *haine* (verbe *ś n '*) *de Dieu* (8, 18, parall. 19, 31) (cfr 2, 13.15 ; et *S* 4, 1) comme sa détestation (verbe *t ' b*) (19, 31, sans parall. ; cfr 2,8 ; *S* 4, 1, de Dieu pour l'esprit de ténèbres ; cfr les deux verbes, avec la colère : *Ps.* 106, 40-41, mais le sujet de haïr sont les nations), ces deux termes sont, dans la phrase, l'antithèse de l'amour de Dieu. Leur objet, les bâtisseurs du mur, est une expression figée (cfr *supra*, p. 153-154), rien n'est dit à leur sujet, ni sur leurs fautes, ni sur la métaphore elle-même, qui est supposée connue. Ils sont opposés sans plus aux convertis-captifs d'Israël (sur ceux-ci, cfr *supra*, p. 159, note 1).

La colère de Dieu s'enflamme contre eux et contre *ceux qui viennent après eux*, selon 19, 32 (sans parall.). L'expression *h l k ' ḥ r* ne se présente à *Dam*, qu'en 4, 19 : les constructeurs du mur qui suivent (vont après) le Ṣaw, où les termes viennent d'*Os.*, 5, 11 (1). Dans le T. Mass., elle signifie, au sens profane, accompagner, au sens religieux : servir (un dieu) (cfr *Deut.*, 4, 3 ; *Jer.*, 2, 8 ; *Ezech.*, 20, 16). En *Dam* 19, 32, elle s'explique peut-être par le passage *Dam* 4, 19, où se trouvent aussi les bâtisseurs (peut-être pas directement emprunté d'*Os.*, 5, 11, où la colère est dite '*brh*, non *ḥrh*, comme 19, 32), et de là le sens anormal d'aller derrière, suivre, aura passé à notre passage.

---

(1) Ṣaw est un hapax du T. Mass. *Dam* 4, 19, interprète « prêcheur », et donne au verbe le sens de suivre un homme, mais ṣaw signifie peut-être idoles, et le verbe possède alors le sens habituel dans le T. Mass.

L'amour de Dieu pour les anciens, expliquant le « cas » des convertis ou captifs d'Israël, a sa contrepartie dans la haine et détestation et colère divines pour les bâtisseurs du mur (8, 15-16, 18, et parall. 19, 28-29, 31). L'amour évoque la haine opposée, comme le groupe des captifs, son contraire, celui des bâtisseurs.

Un autre cas (*mšpṭ*) est celui du *méprisant* (sans doute un collectif) des ordonnances de Dieu, qui les abandonne (cfr les trois termes réunis : *2 Reg.*, 17, 15, sur la fin de Samarie) et se détourne (*pnh*) dans l'obstination de son cœur (8, 18-19, parall. 19, 32-33 ; cfr *Deut.*, 29, 17-18, sur les conclusions de l'alliance. L'obstination du cœur est présente partout à *Dam*). — Les méprisants étaient le groupe opposé aux parfaits de sainteté vivant aux camps (7, 9, parall. 19, 5, cfr *supra*, p. 138), et l'on en parlera encore 20, 8.11, mais non ailleurs en *Dam* (cfr *S* 2, 25 ; 3, 5). Le document A, 8, 20-21 (non le document B, 19, 33), se réfère à l'autorité de Jérémie et d'Élisée, sans faire de citation. Faut-il croire à une lacune ?

L'explication du cas est donnée : tous ces hommes, les méprisants (1), sont des entrés dans l'alliance nouvelle au pays de Damas (8, 21, parall. 19, 33-34). Ce titre complet de la communauté est particulier à *Dam* (cfr probablement « alliance nouvelle », *pH* 2, 3). Il se trouve, identiquement le même, dans le petit code, à l'article sur les jours de jeûne et de fête (6, 19), et un peu adapté, 20, 12, à propos des méprisants de l'alliance, compagnons des hommes de babillage (cfr *infra*, p. 166). Le titre, on s'en souviendra, se présente uniquement dans des contextes juridiques, et jamais ailleurs.

Ces hommes, de nouveau, ont *trahi* (19, 34, sans parall., le document A est terminé). Les traîtres, de 1, 12 et 8, 5, sont les opposants-types (cfr *id.*, *pH* 2, 1.3.5 ; 8, 10). Dans *S* 7, 18, le fait de trahir-*b g d*, est une des fautes envisagées dans le code pénitentiel. Il est joint à l'obstination du cœur pour ébranler les principes fondamentaux de l'Union. Il est punissable de façon relativement sévère en cas d'amendement, et s'il est commis après dix ans de vie communautaire, il entraîne l'exclusion (*S* 7, 23). Le cas est donc différent, à moins que le *Manuel* ne l'assimile à celui des adversaires. Néanmoins, le *S* ne parle de « trahir » (et non pas même de traîtres) que dans ce passage (*S* 7, 18.23). Ici, c'est un retour, probablement, à la conduite des opposants, à qui l'on compare le méprisant, bien que les « traîtres » ne soient pas nommés comme tels.

Ils se sont *éloignés* du puits d'eaux vives (19, 34). Ailleurs, on s'éloigne du chemin de la justice (*Dam* 1, 13.15), pour s'égarer au désert avec ses

---

(1) A la rigueur, en supposant une lacune, on peut ne pas assimiler les entrés (au pluriel) au méprisant (qui est au singulier) ; mais dans ce cas, le sort du méprisant n'est plus expliqué, en raison de la lacune, et en même temps a disparu la formule introduisant les entrés. Il faut alors compter une catégorie de plus. Ce n'est sans doute pas nécessaire, car un participe au singulier admet ensuite un verbe au pluriel, cfr 20, 9 ; cfr Ch. RABIN, *in* 8, 19, note 1.

eaux de mensonge, ou bien du chemin des traîtres ou du peuple (8, 4.16, parall. 19, 17.29), afin de se convertir, et l'on creuse le puits, souvenir du désert (3, 16 ; 6, 3-4.9 ; le terme de puits, à Qumrân, seulement à *Dam*). Les deux images, celle de quitter le chemin droit et celle du puits, sont ici amalgamées en une seule. Le verbe aura été choisi peut-être pour opposer ceux qui s'éloignent du puits d'eaux vives (19, 34), à ceux qui s'éloignent du chemin du peuple (8, 16, parall. 19, 29), et la métaphore du puits, affaiblie, semble jointe à celle de *Jer.*, 2, 13 : Ils m'ont abandonné, moi, la source d'eaux vives, pour se creuser des citernes (*b'rt*) crevassées, qui ne tiennent pas l'eau (cfr *Jer.*, 17, 13).

Ils ne seront pas *comptés* dans la fondation du peuple (19, 35). Le verbe compter-*ḥ š b* n'a que cet emploi dans *Dam* (car 20, 19, il a le sens de se fier à), mais est bien connu du *S* (3, 1.4 ; 5, 11.18), et la fondation-*swd*, seul emploi à *Dam* (14, 10, a un autre sens), n'est pas rare dans *S* (2, 25 ; 4, 1.6 ; 6, 19 ; 8, 5 ; et 11 : 5 fois). La locution (mais non le verbe, car *Ezech.* dit : ils seront) vient d'*Ezech.*, 13, 9, et de même la phrase qui suit : ils ne seront pas inscrits dans leur livre (1). Retenons ce point commun avec le Manuel de discipline.

La durée de l'exclusion est indiquée par son commencement et par sa fin, la mort du maître de l'Union (2), et la levée du messie d'Aaron et d'Israël. Le premier terme marquera plus loin le début de la génération qui s'achèvera avant la fin de l'Exode nouveau (20, 14). Les deux fois, *Dam* parle de cette mort comme d'un événement passé, alors qu'il n'en est pas question dans *pHab* ; *1Q pMic* (= *1Q 14 10, 4*) ; *4Q pPs 37 3, 15*, et *Dam* 1, 11. C'est peut-être l'indice d'un document plus récent, ou du moins de points de vue différents. La levée du messie d'Aaron et d'Israël, comme époque de la fin, veut préciser le « temps de la visite » (19, 10, le document A, 7, 21-8, 1, est lacuneux et n'a pas cette précision) et sert deux fois dans le grand code pour indiquer la fin de l'époque d'impiété (12, 23 ; 14, 19), et encore dans *S* 9, 11, pour faire connaître la durée de validité des usages-*mšpṭym* de la communauté, nouveau parallèle entre le *S* et notre passage.

Le cas du méprisant des ordonnances qui les abandonne et se détourne avec obstination, est assimilé à celui des entrés dans l'alliance qui rejoignent les traîtres : les gens qui seront dans ce cas, seront définitivement rayés de la fondation et ne seront plus réinscrits, aussi longtemps que durera la fondation. L'introduction « et selon ce cas » (8, 18, parall. 19, 32) peut associer le méprisant aux constructeurs du mur, qui précèdent (8, 18, parall. 19, 31). Néanmoins en raison de la répétition de la formule (20, 1.8. 10 ?), il est sans doute préférable de la traduire comme une introduction

---

(1) On notera que *Jer.*, 17, 13, où le prophète s'en prend à ses persécuteurs, contient : abandonner-'*z b*, s'éloigner-*s w r*, inscrire-*k t b*, et les eaux vives.

(2) Si du moins l'on corrige le texte du ms. : *yḥyd*, en *yḥd*.

à ce qui suit : « et voici le cas », le pronom *hzh*, en effet, peut indiquer ce qui suit comme ce qui précède. S'il en est ainsi, la première fois, l'expression fait comparer les convertis aux anciens de la citation du *Deut.* (8, 15, parall. 19, 28), ensuite, elle introduit les diverses catégories de coupables.

La formule annonce une nouvelle catégorie. Après les convertis, objet de l'amour de Dieu comme les anciens (8, 16, parall. 19, 29), la première faute envisagée est celle du méprisant frappé d'exclusion (8, 19, parall. 19, 32) : Voici maintenant un des entrés de la congrégation des hommes de parfaite sainteté qui se dégoûte d'accomplir les ordres des hommes droits (20, 2).

La congrégation-*'dh* (20, 2) (cfr *supra*, p. 156, sur 8, 13, parall. 19, 26) est un terme presque juridique ; les hommes parfaits de sainteté, dont il sera encore deux fois question dans le paragraphe (20, 5 et 7), ont été cités avec, en antithèse, les méprisants, en 7, 4-5 (et cfr *S* 8, 20).

Le verbe *q w ṣ*, se dégoûter d'accomplir les ordres (20, 2), constitue un usage unique dans Qumrân. Dans le T. Mass., il régit comme complément : la vie (*Gen.*, 27, 46), le péché (*Lev.*, 20, 23), la nourriture (*Nu.*, 21, 5), un peuple (*1 Reg.*, 11, 25 ; cfr *Sir.*, 50, 25), la correction par Dieu (*Prov.*, 3, 11 ; cfr *Sir.*, 6, 25). Le rabbinisme l'emploie pour dire se dégoûter de la vie ou de la nourriture (1). Il est difficile de voir la raison et l'origine de son emploi ici, d'autant qu'il régit un infinitif.

Les ordres-*pqwdym* (20, 2), unique emploi du terme à Qumrân (cfr peut-être *4Q Sl 40 24, 9*) et, dans le T. Mass., limité aux *Psaumes*, sont toujours les ordres de Dieu (2). En parallèle à notre passage : accomplir les ordres des (hommes) droits, l'on notera *Ps.* 19, 9 : les ordres de Yahweh sont droits ; *Ps.* 103, 18 : miséricorde de Dieu à ceux qui se souviennent de ses ordres pour les *accomplir*, comme ici. Les 21 emplois du *Ps.* 119 se rapportent aussi aux ordres de Dieu, alors que celui de *Dam* se rapporte aux hommes droits. C'est donc un usage ignoré du T. Mass.

Les (hommes) droits-*yšrym*, comme catégorie particulière, ne se rencontrent qu'ici à *Dam*, mais, à Qumrân, encore *S* 3, 1 ; 4, 22 (où ce sont les membres de la communauté) ; *Hod* 2, 10 (selon *Ps.* 37, 14 : droits de voie). Le terme vient des *Psaumes* (*Ps.* 111, 1 ; 112, 2, etc.).

A ce dégoûté de l'obéissance, on applique la parole d'*Ezech.*, 22, 22, sur le châtiment de Jérusalem comme passée au creuset (20, 3), mais ici, le sens est de purification, non de châtiment comme dans *Ézéchiel*, et longuement l'on expose le traitement qu'on lui réserve (20, 3-8).

Sa conduite-*m'śh* (ou : ses actes, terme fréquent dans tout Qumrân) se manifeste-*y p '* (20, 3), même verbe et même sens : 20, 6 (cfr aussi *Hod* 7, 3 : apparition du penchant mauvais, à laquelle participe Bélial, aussi le

---

(1) Cfr M. JASTROW, *s. v.*

(2) De même dans l'araméen rabbinique, inusité en ce sens dans l'hébreu rabbinique, cfr M. JASTROW, *s. v.*

psalmiste n'en veut-il pas ; cfr *Hod* 5, 32). Ici seulement le sens est celui d'une preuve juridique (1). Il est alors renvoyé-*š l ḫ* (ce sens *S* 7 16.17.25 ; 8, 22, non ailleurs à Qumrân) de la congrégation (terme administratif, cfr 8, 13, parall. 19, 26, *supra*, p. 156), comme celui dont le sort-*gwrl* (cfr 20, 6, mais corrigé ; 13, 12 ; souvent dans *S*) n'est pas tombé parmi les enseignés-*lmwdym* (seul emploi dans *Dam* ; cfr *M* 10, 10, au pual, sans doute en référence à *Is.*, 54, 13 ; cfr la forme dans *Hod*, 4 fois, mais peut-être avec un sens d'instruction). Les hommes de science (cfr peut-être aussi *Dam* 15, 15, en corrigeant) le reprennent jusqu'à ce qu'il réintègre le poste-*mʿmd* (cfr peut-être *Dam* 4, 5 ; *S* 2, 22.23 ; 6, 12) parmi les hommes de parfaite sainteté (cfr *supra*, 20, 2), quand ses œuvres se manifestent-*ypʿ* (cfr *supra*, 20, 3) comme étant conformes à la doctrine-*mdrš* (seule fois à *Dam* ; cfr *S* 6, 24 ; 8, 15.26) de la loi. En attendant, nul ne se joindra à lui pour les biens et le travail (cfr *S* 6, 14), car l'ont maudit-*' r r* (cfr les malédictions de *S* 2, 5.7.11.17 ; cfr *Dam* 12, 22) les saints du Très-Haut (expression unique à Qumrân ; cfr peut-être *S* 11, 8, le sort des saints, ce sont les anges ; *M* 12, 1.4.7, etc. ; elle est empruntée à *Dan.*, 7, 18, etc.).

Comme pour le cas du méprisant, avec pourtant des termes qui lui sont particuliers, le vocabulaire et l'ambiance du passage l'apparentent au Manuel de discipline. Il traite d'un problème, celui du fatigué d'obéir (si tel est du moins le sens du verbe *q w ṣ*), qui peut se présenter seulement dans une congrégation fortement organisée.

Un autre problème (« et voici le cas ») est posé par le *méprisant* (20, 8) des (préceptes) premiers et derniers. A la rigueur, « les premiers et les derniers » pourraient être les membres de l'alliance (cfr les premiers : *Dam* 1, 16 ; 4, 6.8 ; 8, 17, parall. 19, 29 ; cfr les dernières générations : *Dam* 1, 12 *bis* ; *pH* 2, 7, etc.). Mais le verbe *m ' s*-mépriser régit toujours, à Qumrân, un complément de chose (cfr *supra*, 7, 9, parall. 19, 5) : la loi, l'alliance, les préceptes. Ce doit être ce qui se passe ici, comme en 20, 31 et *S* 9, 10. Ce mépris équivaut à mettre les idoles en son cœur (20, 9, selon *Ezech.*, 14, 3 : ainsi font certains qui consultent le prophète, tout en mettant devant eux la pierre d'achoppement qui les fait tomber dans le péché), et à s'obstiner dans son cœur. Celui-là n'aura pas de « part dans la maison de la loi » (20, 10). Cette expression revient en 20, 13, et est propre, dans Qumrân, à ce passage de *Dam*. La part-*ḥlq* vient peut-être d'*Ezech.*, 45, 7 (selon Carmignac), et l'idée est fréquente dans le *Deut.* comme dans les prophètes. Au contraire, la Maison de la loi (20, 10.13) ne se rencontre ni dans le T. Mass., ni dans le rabbinisme, ni ailleurs à Qumrân, bien que l'idée soit claire. Elle rappelle l'importance centrale qu'a prise la loi dans cette communauté.

---

(1) Une fois dans le rabbinisme : *Koh. R.*, VII, 1, mais par un jeu de mots avec *Ex.*, 1, 15 : *ypʿ-Pwʾâh*, cfr M. Jastrow. *s. v.*, n° 3 ; cfr G. Jeremias, *Der Lehrer*, p. 50.

A l'opposé du dégoûté d'obéir aux ordres des hommes droits, qui est exclu partiellement et temporairement, le méprisant de l'ensemble des ordonnances (premières et dernières) est assimilé aux idolâtres (d'*Ezech.*, 14, 3), et aux obstinés. Il doit se considérer comme exclu purement et simplement. Peut-être y a-t-il une distinction entre ce méprisant des ordonnances anciennes et récentes, et le méprisant des prescriptions de Dieu, qui les abandonne, s'en détourne obstinément et semble quitter la communauté (8, 19-21, parall. 19, 32-20, 1). L'exclusion est alors enregistrée officiellement (8, 19, parall. 19, 32-20, 1), elle n'est pas proclamée ici. Le paragraphe suivant va éclairer un peu celui-ci, car il en est tout proche.

Enfin, un dernier groupe : C'est le cas (car l'expression n'est plus : *et* voici) de leurs *compagnons* qui ont repris le parti des hommes de babillage ; ils seront jugés (20, 10-11). Les compagnons-*rʿ* (20, 10), au sens de partisans par choix volontaire, ne paraît assuré ni à Qumrân, ni dans le T. Mass. (1), bien qu'il soit proche de la signification habituelle : alliéparent. On peut comprendre : « les gens de même espèce » que le précédent. Cela expliquerait l'identique sanction mais élargie : ils n'auront pas, eux et leurs familles, de part dans la Maison de la loi (20, 13), et cela expliquerait aussi le lemme différent qui introduit le paragraphe : « c'est le cas », assimilant les seconds aux précédents, comme constituant un seul groupe, et non « et voici le cas », comme pour les autres catégories ainsi annoncées (8, 18, parall. 19, 32 ; 20, 1 ; 20, 8).

Une nuance de leur « mépris » (20, 8), c'est qu'ils rejoignent les idées des hommes de babillage (20, 11). Ces hommes de babillage (cfr *supra*, p. 75, note 1) (ce ne sont pas ceux de *Prov.*, 29, 8, qui excitent la mésentente, à l'opposé de ce que font les sages) sont les dirigeants du peuple à Jérusalem, ennemis du prophète (*Is.*, 28, 14). Le fragment *4Q pIs b* 2, 6.10, leur applique la parole d'*Is.*, 5, 11-14 et 24-25 (que le pésher commente) : dissolus, apostats et cause de la déportation à Babylone. L'homme de babillage (*Dam* 1, 14) a causé l'égarement d'Israël et la trahison de l'ultime génération. Le contexte ici n'est pas eschatologique, mais ce sont bien les opposants de l'extérieur, dont certains dans la communauté même adoptent les idées. Ils seront condamnés (cfr ce sens du verbe *š p ṭ*, *Ps.* 51,6 ; 109, 31 ; *Ezech.*, 16, 38 ; *Joel*, 4, 12).

Deux raisons de condamnation sont avancées. La première, c'est qu'ils ont dit l'égarement-*twʿh* (cfr *Is.*, 32, 6, *hapax* du T. Mass., parallèle à la folie-*nebâlâh*, contre Yahweh) contre les décrets de justice. En 5, 12, les constructeurs du mur, qui ont suivi le *Ṣaw* (cfr 4, 19) ont blasphémé contre les décrets de l'alliance de Dieu, disant : ils ne tiennent pas, et prononçant des horreurs-*twʿbh* contre eux. L'idée et l'emprunt littéraire à Isaïe sont les mêmes, avec des modifications. En second lieu, comme faisait le

---

(1) Cfr Gesenius, *s. v.*

méprisant des préceptes (20, 8), ils ont méprisé, cette fois, « l'alliance et l'assurance (1) qu'ils ont dressée au pays de Damas, c'est l'alliance nouvelle ». Le mépris de l'alliance est celui des constructeurs du mur (cfr 5, 12 et 4, 19, cités *supra*), avec une insistance, vu le titre complet de l'alliance. Le titre est énoncé comme lorsque le méprisant (19, 34. N.B. comme ici). des prescriptions de Dieu les abandonne : il est assimilé aux entrés dans l'alliance nouvelle au pays de Damas qui trahiront à nouveau (8, 21). De même pour la sanctification du sabbat et fêtes : elle se fait, cette sanctification, selon la trouvaille des entrés dans « l'alliance nouvelle au pays de Damas » (6, 19), autre apparition de ce titre (2).

Le retour du titre complet de l'alliance nouvelle établie au pays de Damas (20, 12) est-il une espèce d'inclusion terminant la série des quatre (cinq ?) cas envisagés ? Dans le premier, l'on parlait du méprisant et des entrés dans l'alliance nouvelle au pays de Damas (8, 21 parall. 19, 33-34) et traîtres, ici du méprisant et son groupe, retournés aux hommes de babillage, méprisants de l'alliance, etc. Les premiers étaient rayés, car ils avaient quitté la fondation ; ceux-ci n'ont pas de part dans la maison de la loi, sans plus, peut-être parce qu'il s'agit d'une attitude d'esprit, non d'une désertion formelle et enregistrée. Entre deux, un cas intermédiaire, celui du dégoûté, désobéissant et fatigué de la vie commune vécue avec les hommes de parfaite sainteté. Abandon pur et simple, « paresse » spirituelle, mépris formel, les trois cas sont énumérés sans une logique absolue, mais ils forment une séquence assez homogène. Tous ces membres de la congrégation sont mentionnés à la suite des constructeurs du mur, haïs de Dieu, eux-mêmes opposés aux captifs-convertis et à leurs précédesseurs, les

---

(1) Ou bien : l'alliance assurée, c.-à-d. l'alliance stable (selon *Ps.* 89, 29, avec *n'mnwt*, au lieu de *né'éménét*), qui est promise en 7, 5, parall. 19, 1, à ceux qui se conduisent en parfaite sainteté. « Alliance et stabilité-*w'mnh* » paraît un peu dur. Ne lirait-on pas ici aussi : alliance stable-*n'mnh*, le *w* initial n'est pas absolument net dans le ms.

(2) G. JEREMIAS, *Der Lehrer*, p. 118, voit ici un seul groupe, les opposants depuis l'origine, qui ne sont jamais entrés dans la congrégation, et dans ce cas, 20, 12, se lit : l'alliance que Dieu et les fidèles ont dressée. C'est possible, mais la citation fait alors abstraction du contexte de simulation, d'*Ezech.*, 14, 3 ; la sanction répétée sans raison apparente n'est pas exprimée en termes très forts ; la succession des cas ne révèle aucune progression. De son côté, la révolte seulement intérieure n'est pas non plus exprimée nettement, elle reste une hypothèse.

anciens aimés de Dieu. L'unité du passage 8, 14-21 (incomplet), parall. 19, 26-20, 13, paraît assurée tant en raison de son articulation interne que de sa lexicographie.

D'autre part, la lexicographie laisse voir plusieurs éléments communs à ce chapitre et à l'épilogue du petit code (7, 4-13, parall. 19, 1-7). On y retrouve les parfaits de sainteté (7, 5, sans parall.), les méprisants (7, 9, parall. 19, 5). Si l'on ne parle pas alors de se conduire selon l'enseignement (*mdrš*) de la loi (20, 6), ni d'avoir part à la maison de la loi (20, 10.13), en revanche, les parfaits se conduisent selon la direction (*mnhg*) (7, 7, parall. 19, 3) ou le règlement (*srk*) (7, 8, parall. 19, 4) de la loi, ils se conduisent conformément à la loi (7, 7, parall. 19, 4). Il est question d'un côté d'alliance stable (7, 5, parall. partiel 19, 1), et de l'autre, d'alliance et de stabilité (20, 12, peut-être à lire également : alliance stable, cfr *supra*, p. 167, note 1), ensuite de Dieu qui garde son alliance pour ceux qui l'aiment et gardent ses ordonnances (19, 1-2, sans parall.), puis de Dieu qui aime les pères et garde son serment (8, 15, par.), un peu comme une mise au point. De part et d'autre sont absents les apostats, les tenants ferme, les déplaceurs de limite, tout le vocabulaire spécifique de la section 7, 13-8, 13, parall. 19, 7-26.

Le contenu doctrinal des deux passages, épilogue du petit code (7, 4-13, parall. 19, 1-7) et celui-ci (8, 14-21, incomplet, parall. 19, 26-20, 13), est du même genre légaliste et administratif. Il suppose un établissement solidement organisé et muni d'une jurisprudence. Si l'on fait abstraction du passage intermédiaire (7, 13-8, 13, parall. 19, 7-26), la bénédiction des parfaits de sainteté, suivie de la malédiction des méprisants exprimée par la prophétie d'*Is.*, 7, 17 (voir *Dam* 7, 10-13, sans parall.), est reprise par la mise au point sur l'amour de Dieu, selon *Deut.*, 9, 5, et sa haine des constructeurs, qui à son tour, introduit une série de cas soigneusement distingués (8, 14-21, parall. 19, 26-20, 13). L'on peut croire à une continuité interrompue qui se renoue.

Dans la suite du texte, un détail chronologique rappelle ensuite la vie au désert de l'Exode. Elle a duré, selon *Deut.*, 2, 14, qui est cité ici, 38 ans, jusqu'à ce que soit éteinte la génération des guerriers infidèles (cfr *Deut.*, 1, 35). Cette génération-ci aura une durée complète, elle comptera 40 ans

(cfr *Ex.*, 16, 35 ; *Ps.* 95, 10, etc.) à partir de la mort du maître de justice
(ce point de départ a déjà servi en 19, 35, à propos de l'exclusion définitive),
jusqu'à l'achèvement des guerriers (re)tournés-*š w b* vers l'homme de
mensonge (20, 13-15). Pour l'exclusion, rappelons que c'était, avec
l'abandon obstiné des ordonnances de Dieu, un retour-*š w b* à l'apostasie,
loin du puits d'eaux vives (19, 34-35). L'homme de mensonge, connu du
pHab 2, 2 ; 5, 11, est sans doute le prédicateur de mensonge, emprunté
à *Mic.*, 2, 11, de *Dam* 1, 15 ; 8, 13, parall. 19, 25-26 ; *1Q* 14 10, 2 ; *pHab*
10, 9 ; cfr 11, 1, devenu peut-être désormais un personnage historique,
et servant ainsi de point de repère chronologique (1), en même temps que
la mort du maître de justice.

Le détail des *40 ans* n'a pas une valeur chronologique, mais théologique.
Il évoque la vie au désert envisagée au point de vue de la faute. Au désert,
c'étaient les murmures de ceux qui méprisèrent (*Nu.*, 14, 31, cfr *Dam* 7, 9,
parall. 19, 5 ; 8, 19, parall. 19, 32 ; 20, 8.11) la Terre sainte après l'exploration de Chanaan (*Nu.*, 14, 29-35). La faute est ici l'adhésion à l'homme
de mensonge (20, 15), qui inclut peut-être, si le même développement
se poursuit, le mépris affiché par les apostats formels (8, 19, parall. 19,
32-35), et le mépris des révoltés en esprit, excommuniés de fait sinon en
droit (20, 8-13), secondairement la désobéissance suivie d'amendement
(20, 1-8). Au désert, la rébellion a prolongé l'attente de l'accomplissement
pendant toute une génération, jusqu'à la disparition des rebelles. La disparition des rebelles contemporains, énumérés depuis 8, 18, parall. 19, 32,
se produira de même après une attente de 40 ans (20, 15), répétant donc
l'histoire du désert, expliquant aussi, dirait-on, la situation actuelle et
le retard de l'accomplissement. Ce retard ne signifie pas échec et éviction.
La fin de l'Exode véritable et nouveau viendra en son temps, « lorsque
la génération des guerriers rebelles aura disparu ».

La fin est exprimée (si du moins, époque-*qṣ* ne signifie pas une durée)
par la *colère de Dieu*, comme c'est le cas à travers tout *Dam* et la Bible
(cfr *supra*, p. 155). Si, de soi, la colère est normalement eschatologique,
elle est trop habituelle pour que l'on y voie une insistance. C'est un rappel
exprimé par les termes accoutumés, et l'explication est donnée sous
forme d'une citation d'*Os.*, 3, 4, où le châtiment d'Israël consiste dans
l'anarchie civile et religieuse qui durera jusqu'à la conversion. Cependant,
après la privation du roi et du prince, celle, chez *Osée*, des objets du culte :
autel, pierre levée, éphod et téraphim, est remplacée dans *Dam* par la
privation du juge, fonction importante dans le grand code (9, 10 ; 10, 1.4.
8 ; 14, 13 ; 15, 4.16 ; cfr *Sa* 1, 15.24.29), et de l'«admonesteur» en justice
(20, 16-17), fonction, ou du moins usage bien connu des codes (cfr 7, 2 ;
20, 4 ; 9, 3.7.18 ; cfr *S* 5, 24.26 ; 9, 16.17). Le châtiment, s'il faut adopter
les termes d'*Osée* avec le sens de Qumrân, consiste dans la privation, non

---

(1) Cfr G. JEREMIAS, *Der Lehrer*, pp. 118-121.

du culte, mais des cadres administratifs destinés à une vie publique toute pareille, précisément, à celle de la communauté. Ne pas faire partie de cette communauté, ou du moins, être privé de ses bienfaits administratifs, tel est le châtiment suprême... Les terreurs des derniers jours ont évolué !

Les *captifs* (ou *convertis*, cfr *supra*, p. 159 et note) *d'Israël*, objet de l'amour de Dieu comme les anciens, n'ont été en scène (8, 16, parall. 19, 29) qu'afin de leur opposer les méprisants (8, 19, parall. 19, 32), énumérés, eux, en détail, et replacés dans le cadre théologique de la faute au désert accompagnée de son châtiment, la privation des bienfaits de la vie commune. Le texte va maintenant s'occuper de ces « convertis de la transgression de Jacob » (20, 17), nommés cette fois par leur titre complet, selon *Is.*, 59, 20 (cfr 2, 5 ; *S* 10, 20, etc., *supra*, p. 158-159).

Une longue citation de *Mal.*, 3, 16-18, indique le contenu de la conversion. Le fait de cette citation de *Mal.* permet l'hypothèse d'une référence ou une allusion simultanée à *Mal.*, 3, 6-7 : Vous, fils de Jacob, ... convertissez-vous (*š w b*) à moi, ... et vous avez dit : En quoi nous convertirons-nous ? Suit, dans la prophétie, une énumération de fautes à corriger, avant d'arriver à décrire la conversion, reprise, elle, dans notre passage de *Dam.* Les convertis sont qualifiés de gardants (en corrigeant le waw en yod) l'alliance ou bien, sans correction, l'on affirme : ils ont gardé l'alliance (20, 17). Plus haut (19, 1, sans parall.), la miséricorde, selon *Deut.*, 7, 9, est promise pour mille générations à ceux qui aiment et gardent les ordonnances de Dieu ; dans *S* 5, 2.9, c'est une des fonctions sacerdotales ; dans *Sa* 1, 3, c'est le but de la congrégation (cfr *Hod* 15, 15). L'expression a donc sa place normalement dans un contexte législatif.

Alors, selon *Mal.*, 3, 16, chacun parlera « avec justice » (20, 17). Le terme : alors-'*z*, peut avoir une valeur eschatologique (1). Ici pourtant, il est amené par le texte de la citation. Dans *Mal.*, il introduit la conclusion du dialogue de Yahweh avec les craignants Dieu (*Mal.*, 2, 17-3, 15), c.-à-d. la conversion des Israélites en prévision du « jour » qui viendra (3, 19). D'une certaine manière, on va en parler ici, à propos non plus des méprisants, privés des avantages communautaires (20, 16-17), mais des convertis, gardiens de l'alliance (20, 17), écartés du chemin du peuple (8, 16, parall. 19, 29). Le degré de tension eschatologique se calculera d'après ce que l'on va en dire.

La citation de *Malachie* est retouchée. Ce que disent les craignants Dieu de *Mal.*, 3, 16, est précisé : chacun parle avec autrui « en rendant justice à son frère pour que s'affermisse leur pas dans le chemin de Dieu » (20, 17-18). Le respect de la justice sociale, adaptation de *Deut.*, 25, 1 (où la justice est supposée chez les juges au tribunal), est relevé chez les parfaits de justice en *Dam* 4, 7, et exprimé de manière équivalente dans *S* (2, 24 ; cfr 10, 26). L'affermissement de la marche (20, 18) est d'ordinaire

---

(1) Cfr G. JEREMIAS, *Der Lehrer*, p. 236, note 12, avec référence à notre passage.

attribué à Dieu (*S* 11, 10 ; *Hod* 15, 13.21) selon *Jer.*, 10, 23 ; *Ps.* 37, 23, de même que le soutien vient de Dieu (*Is.*, 41, 10 ; 42, 1 ; *Ps.* 16, 5 ; 41, 13 ; 63, 9 ; peut-être 17, 5, où le psalmiste affermit sa démarche dans la voie de Dieu). Il est préférable de donner au verbe un sens neutre passif, l'action est ainsi accomplie par Dieu : leur pas est affermi.

Que Dieu écoute leurs « paroles » (ici leur vie vertueuse avec autrui), qu'il les exauce, que soit écrit le livre du souvenir pour les craignants Dieu qui estiment son nom (20, 18-20), c'est la suite de la citation (*Mal.*, 3, 16) et un équivalent de l'élection des convertis. Le Livre de Malachie, 3, 17, fait dire ensuite à Dieu qu'au jour où il agira, ceux-là seront sa propriété. *Dam* énonce ce dénouement futur en disant : jusqu'à ce que soient révélés le salut et la justice aux craignants Dieu (20, 20). La dernière expression, les craignants Dieu, est celle de *Mal.*, 3, 16.20, le reste de la phrase est d'*Is.*, 56, 1 : ... accomplissez la justice, car mon salut approche et ma justice va être révélée. C'est l'annonce du retour de l'exil et de l'ouverture, à tous les hommes, de la religion de Yahweh. Comme telle, la révélation (du salut et de la justice) n'est pas eschatologique, mais elle peut l'être en vertu du contexte et de l'interprétation que l'on donne à cette révélation.

La suite du texte de *Mal.*, 3, 18, est citée *Dam* 20, 20-21, et elle permet de compléter le texte lacuneux : ils [feront] à nouveau la distinction du juste et de l'impie, du serviteur de Dieu et de qui ne le sert pas. La distinction du juste et de l'impie, en particulier, ne détonne pas à Qumrân (cfr *Hod* 7, 12 ; 14, 12).

La conclusion de tout le développement est une citation d'*Ex.*, 20, 6 : Je fais miséricorde jusqu'à la millième (génération, cfr v. 5), à ceux qui m'aiment et gardent mes ordonnances. *Dam* modifie le texte et ajoute une insistance à l'aide d'une expression du *Deut.*, 7, 9 : il fait miséricorde à la millième (génération ?) à ceux qui l'aiment et le servent (= gardent) pour mille générations (*Dam* 20, 21-22), répétant textuellement pour terminer ce qu'il a dit au début (cfr 19, 1-2, parall. incomplet 7, 6). Il est légitime de voir dans cette expression répétée une inclusion, et en même temps la fin de toute la section 19, 1-20, 22 (parall. incomplet 7, 4-8, 21). Dans cette hypothèse, la section a présenté l'obéissance des parfaits de conduite (7, 4-9, parall. 19, 1-5) et la punition des méprisants (7, 9-13, parall. 19, 5-7). Après l'insertion du passage 7, 13-8, 13, et parall. 19, 7-26, elle a évoqué l'origine de la conversion : l'amour de Dieu (8, 14-18, parall. 19, 26-31), mettant ainsi en lumière les fautes des méprisants, qui sont ensuite énumérées (8, 18-21, parall. 19, 31-20, 17), puis les vertus et la récompense des convertis (20, 17-22). La lexicographie est homogène, et le même milieu historique se devine du commencement à la fin, celui d'une communauté plus ou moins fermée et fortement organisée grâce, entre autres, à une jurisprudence éprouvée.

E. Coupables et fidèles (20, 22*b*-34)

La dernière partie du ms. B, 20, 22*b*-34, termine l'œuvre, du moins aux yeux du copiste, car la page 19 compte 35 lignes, la page 20 seulement 34. Elle commence par une lacune, d'ailleurs difficile à combler, et ce menu fait (dû peut-être au hasard !) confirmera éventuellement qu'une division est à placer ici, comme c'était le cas en 4, 6, entre la première et la deuxième section. Comme d'autre part la section 7, 4 - 20, 22 (avec son insertion et son parallèle) est terminée, il reste à savoir ce que l'on doit penser de ce qui reste, et d'abord en consultant le vocabulaire.

De la lacune, il reste pour introduire une proposition relative qui va l'expliquer, l'expression : *maison de Pélég* (20, 22). Le fragment *4Q pNah* 4, 1, parle de la maison de Pélég à propos du texte de *Nah.*, 3, 9*b*, où il est dit de l'Égypte : Pout et les Libyens étaient tes auxiliaires. Ce sont, dit le pésher, les impies (?) de [...], maison de Pélég, alliés à Manassé. Dans ce qui précède dans le pésher, il est question des chercheurs de facilités (*4Q pNah* 3, 3), dont la masse des simples d'Éphraïm pénètrent les méfaits, s'enfuient de leur assemblée, s'allient à Israël, ne se laissent pas égarer par eux et n'adhèrent plus à leur conseil (*ib.*, 3, 4-8). Ensuite, on va dire que la royauté de Manassé tombera, sa famille sera captive, ses guerriers seront tués (*ib.*, 4, 3-4), enfin, l'on revient aux impies (d'Éphraïm ?) et à ceux (sont-ce les mêmes ?) dont la coupe (c.-à-d. le sort, le texte de *Nah.*, 3, 11, a parlé d'enivrement) suivra celle de Manassé (*ib.*, 4, 5-6). Le *pNah* identifie donc la maison de Pélég aux impies, chercheurs de facilités, qui égarent les simples mais seront châtiés comme Manassé. — Dans le T. Mass., Pélég n'apparaît que dans la table des peuples, de *Gen.*, 10, 25, et dans la généalogie d'Abraham (*ib.*, 11, 16-18). Il est le fils de Chélah, descendant de Sem, et le frère de Yoqtan, et l'on donne l'étymologie de son nom : parce qu'en son temps, la terre fut divisée-*p l g* (*Gen.* 10, 25). — Le *pNah* joue sans doute sur l'étymologie : les impies se sont *séparés* (d'Israël ?) pour se rallier à Manassé, type du roi impie (dans *pPs* 37 2, 18, il s'agit non du roi, mais de la tribu de Manassé). Ce jeu de mot n'a pas laissé de traces dans *Dam* et le sens du *pNah* n'est donc pas assuré pour la maison de Pélég (1).

---

(1) Il est naturellement possible de combler, de l'une ou l'autre manière, la lacune de *Dam* 20, 22, et celle de *pNah* 4, 1, puis de tirer, de ces restaurations,

Les gens de la maison de Pélég sont *sortis de la ville sainte*, et ils se sont appuyés sur Dieu au temps de la trahison d'Israël, et ils ont profané le sanctuaire (20, 22-23). Ils sont sortis de la ville sainte comme ont fait les tenants ferme (cfr 3, 20) convertis d'Israël, sortis du pays de Juda lors de l'égarement des fils d'Israël (*Dam* 4, 1-3), et les convertis d'Israël, sortis du pays de Juda pour s'installer au pays de Damas (6, 5), ces convertis sont les nobles qui ont creusé au désert le puits qui est la loi (6, 4.6) (La « sortie » d'Égypte, de *1Q* 22 2, 6, est différente). Le membre de phrase suivant confirme que la sortie de la maison de Pélég était vertueuse : ils se sont appuyés sur Dieu (1), comme s'appuie sur la miséricorde de Dieu, la sagesse des fils de lumière (*S* 4, 4 ; cfr 10, 16), et non pas sur les œuvres de néant s'appuie l'homme de sainteté (*S* 5, 18 ; ce sont les seuls usages du verbe *š ʿ n* dans *S* et *Dam*; cfr *Hod*, 7 fois). Ils l'ont fait au temps de la trahison d'Israël (cfr *4Q pOs* 1, 9 ; *Dam* 1, 3) et ils ont profané le sanctuaire (20, 23). Cette expression décrit et résume la faute d'Israël et de Juda dans *Ezech.*, 23, 38 (cfr *Dam* 5, 11) ; c'est aussi le troisième filet de Bélial (*Dam* 4, 18), expliqué par l'usage du mariage en temps interdits (5, 6), comme également en lieux interdits (12, 2). Ainsi les séparés de la ville sainte (comme de Juda ou d'Israël égaré) et confiants en Dieu ont pourtant profané le sanctuaire.

Le texte est ensuite abîmé dans le ms. et on le restaure de diverses manières. Par exemple, on propose : et ils se sont convertis à Dieu, et il entoure (verbe *š w k*, à traduire : apaiser ?) le peuple (*wšbw ʿd 'l w[yš]k h'm*), c'est l'hypothèse de Ch. Rabin. Une deuxième conversion est alors supposée après celle de la sortie de la ville, accompagnée de la confiance en Dieu, à la suite de la profanation du sanctuaire. C'est un peu compliqué, et difficile à admettre sans autre indication dans le texte. En outre, puisque ces hommes, s'ils sont les mêmes, vont être jugés dans le conseil de sainteté (20, 24-25), c'est qu'ils sont encore coupables, et cela engage à adopter plutôt les corrections de G. Vermès (2) : ils se sont retournés vers la voie du peuple (*wšbw ʿ[w]d 'l d[r]k h'm*). Les convertis d'Israël l'avaient quittée (*Dam* 8, 16, parall. 19, 29), comme les membres de la congrégation d'Israël (*Sa* 1, 3) ; ceux-ci y retournent, bien que la forme *šwb 'l drk* ne se lise pas ailleurs avec le sens d'une conversion ou d'une apostasie, ni à Qumrân, ni dans le T. Mass., ni dans le rabbinisme. En outre, l'expression « voie du peuple » doit avoir une valeur très précise, qu'elle n'a pas ailleurs. — Le dernier membre de phrase : *en paroles peu*

---

plusieurs conséquences littéraires et historiques ; cfr par ex. A. Dupont-Sommer, *Le Commentaire de Nahum découvert près de la mer Morte (4Q pNah). Traduction et notes*, dans *Semitica*, 13, 1963, pp. 55-88, voir pp. 83-84, et note.

(1) Il n'est pas probable que le verbe de *Mic.*, 3, 11 : les faux prophètes feignent de s'appuyer (verbe *š ʿ n*) sur Yahweh, donne un sens ironique à *Dam* 20, 23.

(2) Selon Ed Cothenet, *in h. l.*

nombreuses, rappelle *Eccle.*, 5, 1 : que tes paroles soient rares devant Dieu, c'est sagesse. Mais que cela veut-il dire ici ? Comprendra-t-on : en questions de peu d'importance ? La faute est-elle présentée comme de peu de gravité ?

Tous, *chacun selon son esprit*, ils seront jugés dans le conseil de sainteté (20, 24-25). Le Manuel de discipline use plus d'une fois de l'expression : chacun selon son esprit. La préséance se règle « selon leur esprit » (*S* 2, 20) ; Dieu a donné en partage aux fils des hommes de connaître le bien et le le mal, afin que le sort tombe pour tout vivant selon son esprit lors de (en vue de ?) la visite (4, 26), ce qui est la conclusion de la doctrine des deux esprits ; le *maśkîl* doit peser les fils de justice selon leur esprit (9, 14). L'idée de rétribution est présente chaque fois, mais le contexte doit en montrer la portée exacte. Seul, ici, peut servir à cela le verbe : *ils seront jugés*, au sens de condamner. La même chose a été dite des compagnons des méprisants, qui ont rejoint les hommes de babillage (20, 11), et l'on doit y voir un châtiment (1), sans qu'il soit précisé, ni par le verbe, ni par le complément, à savoir : *dans le conseil de sainteté* (20, 24-25). Ce conseil ainsi nommé n'apparaît qu'ici à *Dam*, mais il n'est pas inconnu du *S*, où il est presque synonyme d'Union, et de Fondation, autres titres du groupe (*S* 2, 25 ; 8, 21). Si c'est le sens ici, il répond à l'expression « selon son esprit » qui rejoint le même contexte du *Manuel*, mais que signifie le texte précédent restauré tant bien que mal ? La maison de Péleg n'a-t-elle rejoint le chemin du peuple que de façon relative, « en questions secondaires », ou « en peu de paroles », sans portée définitive, puisqu'on la juge encore dans la communauté dont elle continue à relever ? Et la profanation du temple, dans ce cas, n'est-elle plus une faute inexpiable ? Si tout cela n'est pas accepté comme vraisemblable, il faudra donner un sens très fort de châtiment au jugement, et c'est possible, et un autre sens, mais lequel ? — au conseil de sainteté. La lacune initiale et l'altération de plusieurs termes ne permettent pas actuellement de le découvrir. Plusieurs contacts verbaux avec le *S* : s'appuyer, chacun selon son esprit, juger, conseil de sainteté, doivent se constater dans *Dam* 20, 23-25, pour parler des séparés, vertueux mais profanateurs du sanctuaire, et en ce sens pécheurs.

Et tous ceux, parmi les entrés de l'alliance (titre présent tout au long de *Dam*), qui ont *brisé la frontière de la loi*, seront excisés (20, 25). Le verbe briser-*p r ṣ* (la frontière) n'apparaît qu'ici à Qumrân (2). Dans le T. Mass., il se dit pour percer le mur d'une ville (*Ps.* 89, 41), d'une maison,

---

(1) En *S* 9, 10, le verbe : « ils seront jugés selon les usages anciens…, dont les hommes de l'Union se sont instruits », ce verbe juger a la valeur légale de gouverner ; cfr *Jud.*, 16, 31 ; *Os.*, 7, 7 ; *Am.*, 2, 3, etc.

(2) Sur la racine *p r ṣ* à Qumrân, cfr J. J. GLÜCK, *The Verb P R Ṣ in the Bible and in the Qumran Literature*, dans *Rev. Qum.*, 5, 1, n° 17 (1964), pp. 123-127.

et aussi la clôture de la vigne (*Ps.* 80, 13) qui représente Israël. La frontière de la loi est inconnue du T. Mass., du rabbinisme (1), et ne se lit qu'ici à Qumrân. Rabin propose de comprendre, selon *Mal.*, 1, 4 : « on les appellera (Édom) : territoire-*gebûl* d'iniquité », opposé au territoire d'Israël où Dieu sera magnifié (*Mal.*, 1, 5). Dans les *Hod*, à deux reprises, le psalmiste se trouve dans ce territoire d'iniquité où Dieu lui vient en aide (*Hod* 2, 8 ; cfr 3, 24). Dans ce cas, l'on comprendra que l'on a forcé le territoire de la loi. L'expression reste exceptionnelle et son contenu, obscur. Malgré ces obscurités, il s'agit, on peut le dire avec certitude, de membres de la communauté qui ont prévariqué de façon grave, plus grave que la maison de Pélég.

La sentence, en effet, sera portée quand apparaîtra la gloire de Dieu à Israël (20, 25). Le verbe *y p ʿ* (2) n'est appliqué à Dieu qu'ici dans *Dam* (cfr 20, 3.6 : les actions du coupable deviendront manifestes). Dans *Hod*, Dieu apparaît comme l'aurore, selon *Os.*, 6, 3, pour sauver le psalmiste (*Hod* 4, 6.23 ; cfr *Ps.* 80, 2), pour lui donner la sagesse (*Hod* 9, 31 : tu m'es apparu dans l'intelligence-*śkl* de tes décisions) ; sa vérité apparaît pour la gloire (? : le texte est lacuneux) lors du jugement (*Hod* 11, 26 ; cfr *Ps.* 50, 2 : un jugement ; *Ps.* 94, 1 : pour châtier les oppresseurs ; cfr aussi et peut-être de préférence, *Deut.*, 33, 2 : pour décrire le Sinaï). — La *gloire de Dieu* n'est en scène pour le jugement qu'ici à Qumrân (*S* 3, 16 ; 4, 18 : elle inspire la sagesse divine ; la gloire de Dieu est chantée *S* 10, 9, et admirée *S* 11, 20). Dans *Nu.*, 14, 21, la gloire de Dieu va remplir la terre quand Dieu va décider que mourront au désert les hommes qui ont vu sa gloire. — Le même cadre est encore celui du châtiment : ils seront *excisés* du milieu du camp (20, 26). L'image de l'excision (verbe *k r t*) est tirée du Pentateuque, *Ex.*, *Lev.*, et surtout *Nu.* C'est le châtiment des fils de Noé, de Jacob (*Dam* 3, 1.6.9), du simulateur dans la communauté, excisé d'entre les fils de lumière (*S* 2, 16), des hommes de fraude et des transgresseurs de la parole de Dieu (*H* 4, 20.26). Ici seulement, le camp évoque directement le séjour au désert et *Deut.*, 2, 14, où la génération des guerriers a disparu de la vie au camp, comme Dieu l'avait juré (cfr *Dam* 20, 14). — A côté de plusieurs expressions originales, les contacts verbaux du paragraphe sur les briseurs de la loi (20, 25-26) conduisent au Pentateuque (gloire de Dieu, exciser, le camp) (3).

Et avec eux, ceux qui ont *perverti* Juda aux jours de ses épreuves (20, 26-27). Ce participe hiphil de *r š ʿ*, être mauvais, donc pervertir, à

---

(1) On y parle de la haie-*seyag* de la loi, dressée pour la protéger (*Pirq. Ab.*, 1, 1).

(2) Cfr G. JEREMIAS, *Der Lehrer*, p. 50.

(3) Ce fait ne doit-il pas nuancer l'eschatologie du passage ? — ce que ne fait pas H. W. HUPPENBAUER, *Zur Eschatologie der Damaskusschrift*, dans *Rev. Qum.*, 4, 4, n° 16 (1964), p. 572.

l'hiphil, ne se lit dans le T. Mass. (le sens de *Prov.*, 17, 15, est juridique : déclarer injuste le juste ; cfr *Deut.*, 25, 1, et *Dam* 1, 19 ; 4, 7) que dans *Dan.*, 11, 32, où les « pervertisseurs » de l'alliance sont opposés aux tenants ferme. — Les *épreuves* sont celles que Dieu inflige comme châtiments, et non cette fois Bélial auquel il faut résister (comme *S* 1, 17 ; 8, 4). Le Livre de Daniel parle également d'épreuves infligées par Dieu pour purifier les sages (*Dan.*, 11, 35 ; 12, 10 ; cfr *Hod* 5, 16). — Et tous les tenants ferme (cfr *Dan.*, 11, 32) à ces usages pour entrer et sortir (= agir, cfr 11, 10.11, au sens concret ; 13, 4, *id.* selon la loi, comme ici ; cfr *Sa* 1, 17.23, et *S* 10, 13 ; surtout dans les codes, mais c'est peut-être un hasard) conformément à la loi (cfr *S* 6, 24 : juger selon les cas ; 9, 14 : soutenir les élus selon leur tendance ; *Dam* 7, 5.7, parall. 19, 4 : agir conformément, selon la loi) et ont écouté *la voix du maître* (1), et ils ont confessé devant Dieu (20, 27-28). Plusieurs veulent compléter : la voix du maître *de justice* (2). Cependant, en *Dam* 3, 8, les Israélites au désert « n'ont pas écouté la voix de leur créateur (selon *Deut.*, 9, 23-24), ordonnances de leur maître-*ywrh* », qui ne peut être que Dieu, vu le parallélisme. Dans *Job*, 36, 22, également, « qui comme lui est un maître-*môréh* ? », le maître est certainement Dieu (cfr aussi, *Ex.*, 4, 12.15 ; 24, 12 ; *Ps.* 25, 8.12 ; 27, 11 ; 32, 8 ; 86, 11 ; 119, 33.102 ; *Is.*, 2, 3 ; 28, 26). Le contexte a parlé de « ces usages », puis de la loi, il va rapporter une confession « devant Dieu ». De soi, il n'est pas obligatoire de comprendre que le maître est le maître de justice. L'on n'en a plus parlé depuis 20, 14, passage qui se place à un autre niveau d'évolution, et le titre, selon le texte du ms., serait d'ailleurs incomplet, bien qu'à la rigueur, la restauration proposée puisse se défendre, en s'inspirant d'un passage ultérieur (20, 32), où, après l'instruction des usages anciens, les hommes de l'Union prêteront l'oreille à la voix du maître de justice, dont le titre est alors complet. — « *Écouter la voix* » se lit dans toute la Bible, *Daniel* y revient particulièrement dans sa confession (*Dan.*, 9, 6.10.11.14 ; 10, 9.12). Et ils ont confessé devant Dieu, le verbe *y d h* (hitp.) indique l'aveu fait au prêtre (*Dam* 9, 13 ; 15, 4), ou à Dieu (au participe actif, mais sans complément indiqué : *S* 1, 24 ; en 11, 15, il signifie louer, cfr *Hod*). Il est connu du Pentateuque au sens de confession générale faite à Dieu (*Lev.*, 5, 5 ; 16, 21 ; 26, 40 ; *Nu.*, 5, 7) ; il est en évidence dans la confession de *Daniel* (*Dan.*, 9, 4.20). — Joint à la présence des termes précédents, ce fait permet de dire que *Daniel* a inspiré les lignes 20, 26-28, au sujet des tenants ferme (pervertir, épreuves, tenants ferme, écouter, confession), de même que le *Deutéronome* et les *Nombres* ont fait les lignes 20, 25-26, à propos des briseurs de la

---

(1) Grammaticalement, le participe peut être suivi par un waw énergique, cfr P. JOÜON, *Gramm. hébr.*, § 121, *j* (p. 342), avec un sens explicatif.

(2) Cfr Ch. RABIN, *in h. l.* ; G. JEREMIAS, *Der Lehrer*, pp. 162-164, qui l'admet comme évident.

loi, alors que les lignes 20, 22-24, pour parler des pécheurs dans (?) la communauté, s'apparentent au Manuel de discipline.

La *confession* (20, 28-30) est semblable à celle du *S* 1, 24-26, que l'on restaure grâce à notre passage. Cependant les quatre verbes (l'un d'eux est conjecturé) de *S* sont réduits à un seul dans *Dam* : *r š ʿ*. L'objet des transgressions du *S* est énoncé : « marcher [contre les décrets, ceci est restauré] fidèles et justes [ici deux/trois mots], décisions » ; cet objet est décrit dans *Dam* : « marcher contre les décrets de l'alliance de justice et fidélité des décisions » (20, 29-30), et certes, cela est très proche. Sont communs les éléments suivants, sans tenir compte des restaurations : nous avons mal agi, nous et nos pères, en agissant [...], justice, fidélité, tes décisions. La formule « marcher contre » vient de *Lev.*, 26, 40, etc. ; les autres termes sont habituels aux confessions, et ils se retrouvent tous dans *Dan.*, 9, 4-20. Un contact direct *S-Dam* n'est donc pas assuré pour ce passage.

La vertu des tenants ferme continue à être décrite : ils n'ont pas levé la main (20, 30 : « à main levée », fréquent à Qumrân, mais non comme ici à un temps personnel ; cfr *1 Reg.*, 11, 26-27) contre ses décrets saints (expression unique à Qumrân, inconnue du T. Mass.), ses décisions justes (20, 31 ; cfr *S* 3, 1 ; 4, 4 ; 9, 17 ; *Hod* 1, 23.26.30 ; *Sb* 2, 26 ; cfr *Is.*, 58, 2 ; *Ps.* 119, 7.62.106.164, où c'est un équivalent de la loi, comme témoignages-*ʿêdôt* et décrets-*ḥuqqîm*), ses témoignages fidèles (expression unique à Qumrân, absente du T. Mass.). Les trois substantifs, décrets, décisions, témoignages, sont réunis dans *Deut.*, 4, 45 ; 6, 20. Le contact avec *S* est ici fort réduit. — Ils se sont instruits (cfr *S* 9, 10) des usages anciens (cfr *S* 9, 10) par lesquels ont été jugés, ou selon lesquels se sont comportés (cfr *S* 9, 10 et 6, 24), les hommes de l'Union (cfr *S* 9, 10), les contacts se répètent avec le Manuel de discipline. Cependant, il importe de le noter également, plus d'un contact est à relever entre *S* 9, 10 et *Dam* 4, 8-9 (cfr *supra*, p. 91-93) : instruire, anciens, juger-se comporter, et l'achèvement eschatologique, exprimé pourtant de manière différente (« jusqu'à la fin de la durée de ces années », cfr 4, 8-9 ; « jusqu'à ce que viennent le prophète et les (le ?) messies d'Aaron et d'Israël, cfr *S* 9, 11). Ici en *Dam* 20, 32, comme en *S* 9, 10, et souvent ailleurs dans *S*, se trouve l'expression « hommes de l'Union », dont c'est l'unique apparition dans *Dam* (1). Si même le contact *Dam* 4, 8 - *S* 9, 10, paraît s'établir comme venant de *Dam* (cfr *supra*, p. 93), le terme d'Union, de *Dam* 20, 32, semble venir de *S*, où l'on a comme un résumé de la charte de la communauté (*S* 8 et 9). — Ils ont prêté l'oreille-*'z n* (20, 32), terme poétique et rare (cfr *Hod* 4, 17 ; fg 12, 5 : à une parole, à la voix de Dieu ; cfr *Ex.*, 15, 26 : aux

---

(1) Dans *Dam*, « Union », sous la forme *yḥyd*, que l'on corrige habituellement en *yḥd*, apparaît encore deux fois, dans le même document B : 20, 1.14, pour parler du maître de l'Union.

prescriptions de Dieu) à la voix du maître de justice, dont c'est la première apparition depuis *Dam* 1, 11, sinon par sa mort (20, 1.14, ici avec *ywrh* ; cfr 6, 11, le *ywrh* des derniers jours). Ils n'ont pas rejeté-*š w b* les justes décrets (20, 32-33, cfr 20, 11). Ce sens du verbe *š w b* à l'hiphil est rare. La référence de Rabin à *Dam* 6, 6 : leur renommée (celle des nobles qui creusent le puits) « n'a été rejetée » de la bouche de personne, avec donc un sens tout différent, est complétée par une référence à *Nu.*, 23, 20, où Balaam ne « rejette » pas la bénédiction qu'il a reçue (de Dieu) pour la donner à Jacob, mais ce passage, unique dans la Bible, est poétique. D'après les autres références proposées par Ch. Rabin pour *Dam* 6, 6, on peut proposer le sens de *S* 5, 15 et 6, 25, etc. : répondre, ou objecter (cfr *Hod* 12, 30) : ils n'ont pas objecté aux décrets (1). De toute manière, l'expression « objecter aux décrets » est unique à Qumrân. — Ils n'ont pas objecté aux décrets de justice quand ils les ont *entendus* (20, 33). L'audition a été énoncée plus haut, 20, 28, pour dire que les tenants ferme aux usages ont entendu la voix du Maître, c.-à-d. Dieu, et fait leur confession. Ensuite, l'on a parlé de leur soumission (« non-rébellion ») aux décrets, décisions, témoignages ; puis de l'instruction qu'ils ont reçue des usages anciens, reconnus dans l'Union ; de leur obéissance au maître de justice et de leur acceptation parfaite des décrets quand ils en ont pris connaissance. L'écoute du maître de justice est, dirait-on, expliquée par l'audition des justes décrets et suivie de l'obéissance, ou non-objection. Écoute-audition et obéissance sont précédées de l'instruction, celle-ci, à son tour, de la non-rébellion, expliquant elle-même la confession, qui suit à l'audition de la voix divine et à la fermeté des tenants ferme. S'il faut voir dans la première audition celle de Dieu, donc celle du Sinaï, suivie d'une confession évoquant celle de *Lev.*, 26, et d'une instruction comme en *Dam* 4, 8 (cfr *supra*, p. 90-107), dans ce cas, l'écoute et l'audition du maître de justice représentent le deuxième acte de l'histoire de l'Union, accomplie par les tenants ferme.

La conclusion est énoncée par les actes énumérés dans les deux dernières lignes. Les tenants ferme, soumis à Dieu et aux décrets proclamés par le maître de justice, seront dans la joie et l'allégresse, et leur cœur sera affermi, et ils se montreront plus forts que les fils du monde, et Dieu leur a pardonné, et ils ont vu son salut, car ils se sont réfugiés dans son saint nom (20, 33-34). Les tenants ferme seront dans la joie-*śwś* et l'allégresse-*śmh* (20, 33), comme dit le *Ps.* 40, 17 (parall. *Ps.* 70, 5) pour ceux qui recherchent Dieu. Les deux termes sont souvent réunis (cfr *Soph.*, 3, 17 ; les substantifs : *Is.*, 22, 13 ; 29, 19, etc. ; *Jer.*, 7, 34, etc. ; *Ps.* 51, 10 ;

---

(1) Le verbe *š w b* s'emploie aussi pour dire rejeter ou révoquer un édit : *Esth.*, 8, 5.8 ; cfr *Am.*, 1, 3.6.9, etc., mais ce n'est pas le sens ici ; *Dam* 6, 1 : faire se détourner Israël de Dieu, c'est un autre sens également ; comme *Job*, 9, 12, etc., repousser quelqu'un, également un autre sens.

68, 4, etc. ; *Zach.*, 8, 19) et sont donc traditionnels pour exprimer la joie. Leur cœur sera affermi-ʿ *z z* (20, 33), verbe unique à Qumrân, qui signifie dans le T. Mass., prévaloir (*Jud.*, 3, 10 ; 6, 2 ; *Dan.*, 11, 12 ; *Ps.* 9, 20 ; *Prov.*, 8, 28), ou être puissant (*Ps.* 89, 14, pour parler de la main de Dieu ; peut-être aussi 68, 29, texte corrompu ; 52, 9, pour le pécheur qui « s'appuie » sur sa richesse ; *Eccle.*, 7, 19 : rendre fort), à l'hiphil : rendre orgueilleux (*Prov.*, 7, 13 ; 21, 29), mais il n'est jamais joint au cœur, comme ici dans un sens absolu (1). — Ils se montreront plus forts-*g b r* que tous les fils du monde (20, 33-34) ; cette forme à l'hitp. se lit *Dam* 8, 7, parall. 19, 19 : s'enorgueillir (cfr *Job*, 15, 25 ; 36, 9) des richesses, et *Hod* 18, 8 : s'appuyer sur la gloire de Dieu (2). Dans le T. Mass., Dieu se montre puissant contre ses ennemis (*Is.*, 42, 13), semblable à *Dam* 20, 33, où néanmoins il s'agit d'hommes, les tenants ferme de 20, 27. Le verbe, unique dans ce sens à Qumrân, est unique dans le T. Mass. (*Is.*, 42, 13), sans qu'un contact soit décelable entre les deux passages (3). — Les fils du monde-*tbl* (20, 34) est une expression unique à Qumrân et absente du T. Mass. comme du rabbinisme, mais « habitants du monde » est connu d'*Is.*, 18, 3 ; 26, 9.18 ; *Ps.* 33, 8. Le terme de monde-*têbêl* est un synonyme poétique de terre-'*éréṣ*, employé surtout par *Isaïe* et les *Psaumes*, souvent à propos de la création, et à Qumrân, dans la doctrine des deux esprits du Manuel de discipline. Les termes de cette énumération sont empruntés directement au T. Mass., ainsi joie et allégresse, ou forgés par l'auteur du document : leur cœur s'affermira, ils prévaudront, les fils du monde. L'intention est de décrire, dirait-on, l'aboutissement de l'histoire, présentée comme une victoire acquise dans la joie sans pourtant que l'on insiste particulièrement sur la victoire remportée. — Et Dieu a opéré pour eux la réconciliation (20, 34), ou accordé son pardon, comme il l'a fait, en vertu de sa longanimité et de sa miséricorde, pour les convertis de transgression, convoqués par leur nom, qui rempliront le Pays de leur descendance et recevront connaissance par l'oint de sainteté (2, 5, et 2, 12-13), et comme il l'a fait aussi pour les successeurs des anciens, décidés à agir comme eux selon la loi et l'alliance (4, 6.9.10). La réconciliation est un acte divin qui prend place régulièrement dans le processus de l'histoire (4). Et ils ont vu (verront) son salut-*yšwʿh* (20, 34), voir le salut est

---

(1) Un exemple est cité avec ce sens dans le rabbinisme, cfr M. JASTROW, *s. v.* hiphil 3.

(2) Ou bien : se montrer courageux pour la gloire de Dieu, selon J. CARMIGNAC, *in h. l.*, mais la préposition *be* ne favorise pas cette traduction.

(3) Le rabbinisme (cfr M. JASTROW, *s. v.*) connaît ce sens d'être victorieux, dominer, dit absolument d'un homme, d'un peuple.

(4) Ce passage de *Dam* 20, 34, n'est pas envisagé par W. FOERSTER, art. σώζω, κτλ., dans *Theol. Wört.*, 7 (1964), pp. 984, 1-14 (cfr p. 984, 5-6 : *Dam* 20, 34, établit en fait un contact entre pardon et salut, et il reste à préciser lequel) ; ni par J. V. CHAMBERLAIN, *Toward a Qumran Soteriology*, dans *Nov.*

une expression connue par le *Ps.* 91, 16, où elle est parallèle à combler (rassasier) de longueur de jours, synonyme d'éternité. Car ils se sont réfugiés-*ḥ s h* (seule apparition à Qumrân, avec *Hod* 9, 29, qui cite *2 Sam.*, 22, 3) dans son saint nom (20, 34), ce qui rappelle *Ps.* 33, 21 (confiance au saint nom) et 37, 40 (Dieu délivre, car on se réfugie en lui). La victoire, exprimée de manière assez particulière (joie et allégresse), s'accompagne du bienfait de la réconciliation et puis du salut, le bienfait s'expliquant par la confiance en Dieu.

S'il fallait organiser les thèmes qui traitent des tenants ferme (20, 27-34), on les répartirait, selon la doctrine exposée, en trois points. Le premier est constitué par la voix divine : les tenants ferme aux usages qui règlent la conduite selon la loi, écoutent la voix, reconnaissent leurs fautes en les confessant, ne se rebellent pas contre les usages anciens dont au contraire ils s'instruisent. Ces usages anciens, réglant la conduite selon la loi, permettent de voir, dans l'audition de la voix, l'événement du Sinaï (20, 27-32). En second lieu, les tenants ferme prêtent l'oreille à la voix du maître de justice, n'objectent pas aux décrets qu'il énonce, mais les écoutent, disons qu'ils s'y soumettent, parallèlement à ceux du Sinaï. Il semble qu'en conséquence, ils éprouvent la joie et l'allégresse de la victoire (20, 32, 34). Enfin, troisième point, Dieu leur accorde la réconciliation et le salut, en raison de leur soumission (20, 34).

Le thème de la réconciliation de 4, 6-11, prend place dans un contexte apparenté. Le point de départ y est la loi et l'alliance (en 20, 27-34, c'est l'audition de la voix), et l'on s'en instruit (comme ici, 20, 31). Le but de la loi et de l'alliance dont on s'instruit est la réconciliation accordée par Dieu, et la conséquence doit en être la vie vertueuse selon la loi ; les contemporains doivent, ou veulent, imiter les anciens (4, 9-10, et 4, 7). Les termes communs aux deux passages sont multiples : loi, alliance, anciens, s'instruire, réconcilier. Sont propres à 20, 27-34, l'audition, répétée pour le maître de justice, la confession avec la non-rébellion (pourtant les péchés et la vie selon la loi sont notés en 4, 10), principalement la place du maître de justice et de son œuvre mise en parallèle avec le Sinaï (dans 4, 6 sq. y correspond seulement l'imitation des anciens par les modernes), et aussi la victoire et le salut (en 4, 9-11, la fin du nombre des années est pourtant en vue, lointainement). Néanmoins, le texte de 4, 6-10, est lacuneux, il convient d'en tenir compte. Dans ce qui nous reste, l'insistance porte sur l'imitation des anciens et la séparation d'Israël livré à Bélial. En 20, 27-34, l'exposé est plus complet, énumérant des étapes qui sont seulement supposées dans l'autre passage.

La réconciliation de *Dam* 2, 5, de son côté, est fort différente. Elle n'accompagne ni la loi et l'alliance, ni leur proclamation, ni leur instruction.

Test., 3, 1959, pp. 305-313 ; il remarque que le verbe *k p r* signifie : effectuer, par le pardon, la réconciliation avec Dieu, cfr *ib.*, p. 312.

Elle est eschatologique, directement antithétique aux châtiments ultimes. Celle de 3, 18, est accordée, comme en 20, 27, aux tenants ferme, mais elle est un mystère, l'alliance se fait par une révélation, les bénéficiaires recevront la vie éternelle, vocabulaire emprunté, ou apparenté à *Daniel* et absent de 20, 27-34. Il restera, pour notre propos, à déterminer le sens de l'audition et de l'instruction.

La dernière partie de *Dam* (20, 22*b*-34) a traité de la faute, mais c'est une faute rémissible, de la maison de Pélég qui devra passer en jugement dans la communauté ; puis des briseurs de la frontière de la loi et de leurs compagnons, les pervertisseurs de Juda : ils seront excisés du camp ; enfin des tenants ferme, fidèles à la loi, obéissant au maître de justice et objet des bienfaits divins. Dans les trois cas, il s'agit de membres, ou d'anciens membres de la communauté, ce qui atteste l'unité du passage. Les tenants ferme aux usages agissent selon la loi du Sinaï et les décrets du maître de justice ; ils recevront la réconciliation et le salut ; les briseurs de la frontière de la loi seront excisés du camp, comme Dieu au désert décide de faire mourir ceux qui ont vu sa gloire ; la maison de Pélég, convertie mais pécheresse en matière relativement peu grave, sera « jugée » (et punie ?). Cette énumération, après l'exposé de 7, 4-20, 22, semble assez inutile, car tous les cas y avaient été traités. Certains points de contact avec la deuxième section de *Dam* (4, 6-6, 11) permettent l'hypothèse de l'y rattacher, la réconciliation est la même de part et d'autre, ouvrant et fermant la section. L'on ajoutera comme points communs la profanation du sanctuaire (20, 23 et 5, 6), peut-être ceux qui brisent la frontière de la loi (20, 25) à comparer à ceux qui « reculent la limite » (5, 20). L'audition de 6, 3, est-elle celle de 20, 27-33 ?

F. LA DIVISION DU TEXTE PROPOSÉE

Il est permis de tirer maintenant la conclusion de l'analyse du texte *Dam* 7, 4-8, 21, parall. 19, 1-20, 34 (1). La distinction établie entre les deux premières sections de *Dam* permet *a priori* de poser le problème de la troisième partie du document. A la simple

---

(1) Cfr l'article : A.-M. DENIS, *Évolution de structures dans la communauté de Qumrân*, dans *Recherches bibliques VII, Aux origines de l'Église*, pp. 23-49.

lecture, il apparaît déjà qu'elle n'est pas homogène et qu'elle pose un problème. Une analyse minutieuse de son contenu était nécessaire pour y discerner les usages et insistances littéraires ou lexicographiques, et par là, les niveaux et milieux de pensée. Cela fait, il est légitime d'en tirer quelques conclusions et de revenir ensuite au sujet de ce travail. Les thèmes de connaissance, peut-être plus que d'autres, sont tellement dépendants du cadre littéraire et doctrinal où ils sont traités, fût-ce par une simple allusion, que ce long détour était indispensable.

Une pièce bien articulée en elle-même et distincte du reste est à classer d'abord, c'est la partie 7, 13*b*-8, 13, avec son parallèle qui la complète au début, 19, 7*b*-26*a*. Rappelons la reconstitution proposée : 7, 13*b* ; 19, 7*b*-9 ; 7, 13*c*-21*a* ; 19, 10-13*a* ; 8, 1*b*-13 et parall. 19, 13*b*-26*a*. Tenants ferme, apostats et déserteurs n'ayant pas tenu ferme, sont campés les uns après les autres et leur sort est décrit avec ampleur et netteté. L'analyse littéraire autant que l'examen des idées apparentent cette pièce aux monitions du début, avec toutefois de notables divergences qui rappellent le *pHab*. Elle a donc un caractère archaïque par rapport au restant de la section. Son insertion à cette place peut s'expliquer matériellement par le thème du châtiment que touche le texte qui précède (7, 9-13*a*, parall. 19, 5-7*a* ; cfr *supra*, p. 157).

Avant et après ce morceau des tenants ferme et apostats, deux sections se répondent ou mieux s'articulent l'une à l'autre sur le même sujet : vertus et récompenses des bons, qu'elles appellent les parfaits de sainte conduite, fautes et châtiments des méchants, appelés les méprisants (7, 4-13*a*, parall. 19, 1-7*a* et 8, 14-21, parall. 19, 26*b* jusqu'à 20, 22*a*). L'inclusion faite par la notation des mille générations (19, 1-2 et 20, 21-22) souligne l'unité de l'ensemble de ces deux sections (cfr *supra*, p. 171). La première des deux suit le petit code (*Dam* 6, 11-7, 4) et plus d'un contact littéraire est assuré avec le grand code. La lexicographie homogène et l'atmosphère souvent législative, voire juridique, mettent à part ces deux sections qui n'en font qu'une. Très éloignées, dans le cours de l'évolution doctrinale, des monitions initiales (1, 1-4, 6), elles sont plus avancées même que la deuxième section (4, 6-6, 11). La réglementation, la solution des cas, s'appuient sur une longue expérience et une jurisprudence éprouvées et respectées. Cette partie de *Dam* est donc, après les monitions et la deuxième section, la troisième en date du document, ou, si l'on craint une chronologie tranchée, elle représente un courant de pensée plus évolué et une institution mieux établie que les précédentes dans *Dam*. On pourrait l'appeler un Commentaire des codes, scindé en deux parties dans nos textes actuels.

Le dernier paragraphe *Dam* 20, 22*b*-34, comme la deuxième section en 4, 6, commence par une lacune et, par son vocabulaire et son contenu qu'il a souvent en commun avec elle, se situe comme elle entre les deux autres, monitions plus archaïques d'une part, vie communautaire mieux organisée, de l'autre. Une hypothèse à défendre serait de réunir ce paragraphe et la deuxième section (4, 6-6, 11), car leur atmosphère est semblable. On les situerait, dans l'évolution des idées, entre les monitions jointes au sort des tenants ferme-apostats-déserteurs (c'est la pièce 7, 13-8, 13) d'un côté, et de l'autre, les codes et leur commentaire.

Ce sera d'après cette hypothèse que les thèmes de connaissance de ces différents paragraphes vont être étudiés. Chacun se rendra compte que leur examen est déjà fort avancé, d'aucuns diront : préjugés arbitrairement, par l'analyse du texte. En contrepartie, négliger les différences chronologiques des niveaux constitue un préjugé exégétique tout aussi arbitraire et encore plus grave, car c'est refuser de poser même le problème. Si l'analyse qui précède a un mérite, c'est moins d'avoir découvert la solution définitive que d'avoir tenté de dégager les éléments de la question. La solution avancée n'est certes pas irréformable. Telle quelle, néanmoins, elle autorise à continuer l'étude entreprise, qui sans elle serait interdite *a priori*.

II. Les thèmes de connaissance dans la troisième section
(*Dam* 7, 4*b*-8, 21, parall. 19-20)

En adoptant comme hypothèse de travail les conclusions de l'analyse du texte, nous supposons dans cette partie de *Dam* trois documents rédactionnels distincts, correspondant à des moments d'évolution différents, soit du plus archaïsant au plus avancé :

1º au niveau des monitions initiales : 7, 13*b*-8, 13, parall. 19, 7*b*-26*a* ; 2º au niveau de la deuxième section de *Dam* : 20, 22*b*-34 ; 3º au niveau des codes : 7, 4-13*a*, parall. 19, 1-7*a* ; 8, 14-21, parall. 19, 26*b*-20, 22*a*, les parallèles se complétant chaque fois du texte A au texte B.

I. LA PIÈCE ARCHAÏQUE :
LES TENANTS FERME ET LES APOSTATS DÉSERTEURS
(7, 13*b*-8, 13 ; parall. 19, 7*b*-26*a*)

Cette pièce (cfr *supra*, pp. 139-158) ne contient que de rares thèmes de connaissance. Relevons le manque de pénétration (verbe *b y n*) des constructeurs et enduiseurs de plâtre (8, 12, parall. 19, 24) et le « Chercheur » de la loi (verbe *d r š*) dans le midrash d'*Amos-Nombres* (7, 18, sans parall.). Le verbe *m s r* de 19, 10 : ils furent transmis au glaive, aura normalement une valeur intellectuelle quand il apparaîtra en hébreu, c'est-à-dire chez les rabbins (cfr usages douteux dans le T. Mass., *supra*, pp. 140-141), mais ici ce ne peut être le cas. C'est d'ailleurs une raison pour suspecter le texte B à cet endroit (cfr *supra*, p. 146).

1. PÉNÉTRER – *b y n* (8, 12, parall. 19, 24)

Dans les monitions du début, le verbe *b y n* avait un sens théologique bien net, il exprime l'acte humain correspondant à la révélation divine (cfr *supra*, p. 21). La première monition présente pourtant deux emplois un peu différents. Elle parle de la « pénétration » par Dieu des œuvres des repentants (1, 10), référence probable au *Ps.* 33, 15 (cfr *supra*, p. 14), et de la « pénétration » de leurs manquements par les repentants eux-mêmes (1, 8). Cette dernière est peut-être un corollaire à celle de Dieu et sa conséquence. Elle fait pourtant partie d'un processus dont l'issue est la levée du maître ou initiateur de justice, avec la « révélation » aux derniers jours (1, 11).

Dans la péricope 7, 13-8, 13, parall. 19, 7-26, il est une seule apparition du verbe *b y n* : Et toutes ces choses, ils ne les ont pas pénétrées-*hbynw* les constructeurs du mur et enduiseurs de plâtre (8, 12, parall. 19, 24). « Ces choses » qu'ils n'ont pas pénétrées sont directement, dans le contexte, le petit midrash de *Deut.*, 32, 33 (cfr 8, 9-12, parall. 19, 22-24), qui veut assimiler la voie des impies aux mœurs païennes. Le midrash lui-même, cependant, est la péroraison de ce qui précède : la voie des impies a été choisie par les membres de l'alliance qui « n'ont pas tenu ferme » (8, 1-2, parall. 19, 13-14) et leur façon d'agir a été décrite en détail par un long catalogue de vices (8, 3-8, parall. 19, 15-21). « Toutes ces choses-là » à pénétrer ne se réduisent donc pas au commentaire de *Deut.*, 32, 33, sur la voie des impies, elles sont aussi la conduite des déserteurs et les vices énumérés pour la caractériser. L'usage du verbe *b y n* est le même dans la première monition (1, 8) et ici.

Les contacts de vocabulaire entre les deux passages sont d'ailleurs multiples (cfr *supra*, p. 157).

La première monition rappelle que Dieu a suscité un initiateur de justice, pour faire connaître, entre autres, ce qu'il a (décidé de) faire à la congrégation des traîtres-*bwgdym*, eux qui ont quitté-*sry* la route (1,12-13), de même les déserteurs n'ont pas quitté-*srw* la route des traîtres-*bwgdym* (8, 4-5, parall. 19, 17). Il n'y a qu'un seul autre emploi du verbe trahir-*b g d* à *Dam*, en 19, 34 ; et du verbe *s w r* : en 1, 15, quitter les sentiers de justice. — La rébellion s'explique d'un côté par la levée de l'homme de babillage qui a distillé-*ḥṭyp* à Israël les eaux de mensonge-*kzb* (1,14) ; de l'autre, parce qu'est venu l'homme qui distille-*mṭyp* le mensonge-*kzb* ; il leur a distillé (ou prêché)-*ḥṭyp* (8, 13, parall. avec variantes : 19, 25-26). Il n'y a qu'une seule autre apparition du mensonge à *Dam*, en 20, 15. — Une des fautes des traîtres a été de déplacer la limite-*gbwl* qu'avaient placée les anciens à leur héritage, selon *Deut.*, 19, 14 (1, 16) ; une des menaces contre les déserteurs est une citation d'*Os.*, 5, 10 : les princes de Juda sont comme des déplaceurs de limite-*gbwl* (19, 15-16, sans parall.). — Les vengeances vengeresses-*nqmt nqm* menacent les traîtres (1, 17) ; de même les rois de Javan viendront contre les impies pour venger de vengeance-*nqm nqmh* (19, 24, parall. 8, 12, avec seulement *nqmh*). Ce sont les seules apparitions de *nqmh* (mais non du verbe *n q m*) à *Dam*. — Les traîtres ont choisi (*wybḥrw*) les illusions (1, 18), la beauté du cou (1, 19), ainsi les déserteurs (*wybḥrw*), la rébellion du cœur (8, 8, parall. 19, 20). — Pour finir, la colère de Dieu-*'p 'l* s'allumera-*wyḥr* contre leur congrégation-*b'dtm* (celle des traîtres) (1, 21-2, 1) ; de même, la colère de Dieu-*'p 'l* s'est allumée-*ḥrh* contre toute sa congrégation-*'dtw* (celle du prêcheur) (8, 13, parall. 19, 26). — Ce parallélisme n'est certes pas dû au hasard. Il est vrai que les catalogues de vices (1, 15-21, et 8, 3-9, parall. 19, 15-21) sont différents. C'est que leurs sujets le sont aussi, les traîtres eux-mêmes, dans la monition, leurs imitateurs à l'intérieur du groupe, en 8, parall. 19. Les divergences prouvent qu'il ne s'agit pas d'une démarcation littérale, et les ressemblances, que la veine est toute pareille.

Le parallélisme des deux passages permet de donner à l'acte de pénétrer-*b y n* une valeur plus nette que d'une simple prise de conscience. Il est à assimiler, par opposition, à la pénétration de leurs manquements par les contrits de 1, 8. Celle-ci procédait de la visite de Dieu et de l'apparition du surgeon ; elle était jointe à la pénétration par Dieu de leur bonne volonté et elle annonçait la venue d'un chargé de révélation. Ici, les situations sont différentes. Dans un groupe constitué, qui est l'alliance de Dieu (8, 1, parall. 19, 14), certains ne tiennent pas ferme et quittent l'alliance, ne « saisissant » pas la faute qu'ils commettent en suivant la voie des impies. Ils agissent d'abord à l'intérieur du groupe (8, 4-9, parall. 19, 16-21). Si le paragraphe est de la même venue que le midrash d'*Amos-Nombres* (7, 13-21, sans parall.), les déserteurs abandonnent une congrégation-*'dh* (7, 20), qui a déjà sa personnalité (cfr 7, 13-21) et s'oppose à celle (*'dh*) du distilleur de mensonge (8, 13, parall. 19, 26), exactement comme dans la première monition (2, 1). Leur refus de pénétrer les assimile à ceux qui n'ont pas accepté la visite de Dieu et son alliance, ce sont les traîtres de la première monition (1, 7-8 et 1, 12 ; cfr 8, 5, parall. 19, 17). Ils n'acceptent plus l'alliance, car ils n'ont pas pénétré leurs fautes, et, pour eux, la visite se fera en extermination par Bélial (8, 2-3, parall. 19, 14-15), alors qu'après la visite de Dieu, les contrits avaient pénétré leurs manquements et Dieu leur avait suscité l'initiateur de justice, porteur de la révélation de l'alliance éternelle (1, 11 ; 3, 13). De part et d'autre, la pénétration est la même, et elle est décisive.

2. LE ZÉLATEUR-*dwrš* DE LA LOI (7, 18)

Le midrash d'*Amos-Nombres* énumère les privilèges des tenants ferme (*Dam* 7, 14-21) : ils ont avec eux, dans leur « exil », les livres de la loi, représentés par la tente dont il est dit : Je relèverai la tente tombée de David ; ils ont le [chef ? : restauration] de l'assemblée, représenté par le piédestal des « images » ; un jour, viendra à Damas (l'allusion au titre complet de la communauté est vraisemblable), le *dwrš* de la loi, représenté par l'étoile qui vient de Jacob (*Nu.*, 24, 17), et avec lui, représenté par le sceptre surgi d'Israël (*Nu.*, *ib.*), le prince de la congrégation qui mettra en pièces tous les fils de Seth (cfr *Nu.*, *ib.*). Les tenants ferme ne possèdent pas seulement les privilèges actuels, ils ont le gage des promesses futures, car les personnages « qui viennent » sont à situer dans l'avenir (1). Le futur *dwrš* de la loi, de *Dam* 7, 18, n'est donc pas celui de 6, 7, qui fore le puits de la loi (cfr *supra*, pp. 118-121). En outre, il est accompagné du prince de la congrégation, comme il l'est dans *Flor* 1, 11-12, par le descendant de David, auquel est appliquée la parole d'*Am.*, 9, 11, comme elle l'est ici aux livres de la loi : Je redresserai la tente tombée de David, Dieu la relèvera pour sauver Israël (*Flor* 1, 13).

Ainsi réunis, ce sont les deux personnages eschatologiques (2) dont l'origine littéraire est sans doute à trouver dans *Zach.*, 4, 14 (les deux fils de l'huile), en même temps que *Mal.*, 3, 23 (retour d'Élie) et *Mal.*, 3, 1 (« j'envoie mon messager, il préparera le chemin devant moi »). Le *S* 9, 11, parle aussi de la venue du messie (au singulier, plutôt qu'au pluriel, cfr *supra*, p. 66, et note 3) et du prophète, comme terme de l'histoire, alors que *Dam* 6, 10-11, fait pour cela référence seulement à « celui qui enseigne la justice à la fin des jours » (cfr *supra*, pp. 121-122), *Dam* 19, 10 ; 20, 1, et 12, 23 ; 14, 19, au seul messie d'Aaron et d'Israël, et *4Q pIs* II 21 (= *a*D 1) au seul rejeton de David, car il commente *Is.*, 11, 1-5 (3). A côté du messie, prince ou davidide, symbolisé par le sceptre d'Israël (*Dam* 7, 18-20), se dresse régulièrement, ici sous le symbole de l'étoile surgie de Jacob, le *dwrš* de la loi (7, 18 et *Flor* 1, 11), ou le prophète (*S* 9, 11). Il est tentant de voir dans

---

(1) Cfr G. JEREMIAS, *Der Lehrer*, pp. 291-292 ; A. S. VAN DER WOUDE, *Mess. Vorstellungen*, p. 53.

(2) Sur ce passage *Dam* 7, 18-20, et les deux personnages dont il parle, il existe de nombreuses études et hypothèses, cfr par ex. K. SCHUBERT, *Die Messiaslehre in den Texten von Chirbet Qumran*, dans *Bibl. Z.*, 1, 1957, pp. 181-184 ; H. W. HUPPENBAUER, *Zur Eschatologie der Damaskusschrift*, dans *Rev. Qum.*, 4, 4, n° 16 (1964), pp. 568-570.

(3) Le rituel de *Sa* 2, 11-20, réunit le prêtre en chef et le Messie d'Israël, mais donne la préséance au prêtre, et les derniers jours n'y ont plus été cités depuis *Sa* 1, 1. Il y a aussi *1Q* 29 5, 2, qui parle du prêtre scrutant sa volonté (de Dieu ?), mais le texte est trop lacuneux pour nous être utile.

ces deux personnages les deux oints de *Zach.*, 4, 14, et que le second a été identifié à Élie annoncé par *Mal.*, 3, 23 ; 3, 1. Le Prophète était d'ailleurs attendu pendant toute cette période, en référence à la prophétie de *Deut.*, 18, 15 (cfr 1 *Macc.*, 4, 46 ; 14, 41 ; cfr *Joh.*, 1, 21 ; 6, 14).

Dans le *Flor* 1, 11-12, et ici, *Dam* 7, 18, on appelle le second personnage : *dwrš* de la loi. Dans la suite, lorsque la communauté se sera organisée, le terme *d r š* désignera une fonction d'étude, une scrutation (*S* 6, 6), dont l'importance est soulignée (*S* 8, 15) et dont les résultats font jurisprudence (*Dam* 20, 6). L'objet de cette étude seront les révélations de la loi (*S* 5, 9.12 ; 8, 1, et cfr *supra*, p. 119). Ces éléments sont déjà présents lors du forage du puits (cfr *supra*, p. 120), sauf que le scrutateur est alors unique et possède une autorité sans partage. Psychologiquement, l'on n'imagine guère qu'à une époque plus tardive, on lui ait attribué, rétrospectivement et de façon éminente, une activité et une appellation dont certains étaient chargés dans la communauté organisée. Le processus opposé, par dégradation d'un terme ancien, est plus vraisemblable. La charge unique du scrutateur initial se sera institutionnalisée et éparpillée sur de multiples titulaires, de sorte que le passage de *Dam* 6, 4-11, doit être antérieur au Manuel de discipline.

Que faut-il penser du *dwrš* eschatologique de *Dam* 7, 18 ? Il est différent du personnage de *Dam* 6, 7, qui appartient au passé, différent lui-même du futur enseignant de justice aux derniers jours (*Dam* 6, 10-11, *supra*, pp. 121-122). Un problème a été posé dans l'étude de *Dam* 6, 7-11, par la présence simultanée du chercheur de la loi, qui jadis a mis au point les principes de recherche, et de l'enseignant de justice aux derniers jours. L'hypothèse d'un dédoublement de personnage a tenté de le résoudre (cfr *supra*, pp. 121-122). En raison du retard des derniers jours, l'enseignant de justice annoncé par *Os.*, 10, 12, reste eschatologique, mais futur (*Dam* 6, 11), et non plus actuel (*Dam* 1, 11) ; l'attente et l'intervalle seront occupés par une recherche organisée dans la loi, dont le maître a établi les principes (*Dam* 6, 7, cfr *supra*, p. 121). L'hypothèse rencontre ici, *Dam* 7, 18, un nouveau cas, et sa valeur va s'y mesurer.

Le *dwrš* de la loi, qui est l'étoile surgie de Jacob, n'est certes plus l'initiateur de justice initial (*Dam* 1, 11), puisqu'il doit encore venir et n'a donc pas été suscité jusqu'ici. Il est encore moins le scrutateur-*dwrš* qui dirige le forage du puits et fonde une école d'exégèse (*Dam* 6, 3-11) , école qui, par la suite, fonctionnera régulièrement (*S* 6, 6 ; cfr *Dam* 20, 6, etc.). Rien, dans *Dam* 7, 13-21, n'évoque un cadre scolaire, et le passage, qui est postérieur à la première monition (*Dam* 1, 11) en raison du dédoublement du personnage, est antérieur à la seconde section, *Dam* 6, 3-11, où l'école s'inaugure (le forage). Dans ces conditions, nous trouvons encore une fois *Dam* 7, 13-21, au niveau d'évolution du *pHab*. Le groupe des tenants ferme (*Dam* 7, 13) a fui vers le Nord, muni des livres de la loi et des livres des prophètes (7, 15.17), ces mêmes prophètes où le maître du *pHab* découvre les secrets divins (*pHab* 7, 8). Des deux côtés, les derniers jours ont reculé (*pHab* 7, 7), on en attend les protagonistes (*Dam* 7, 15-20). Le maître (*pHab*) ou *dwrš* (*Dam* 7, 18) n'est donc plus présent de la manière que l'initiateur de justice eschatologique l'était à la première monition (*Dam* 1, 11). Le dédoublement du personnage s'est accompli, sans que le maître du début soit déjà devenu le fondateur d'école de la deuxième section (*Dam* 6, 7).

L'expression *dwrš* de la loi reste à élucider. Elle prendra un sens intellectuel dans le midrash du puits (*Dam* 6, 7), et scolaire ensuite (*Serek*). Que veut-elle dire exactement dans notre contexte eschatologique au futur ? L'on se rappellera que la loi n'est pas nommée dans les monitions de *Dam* 1, 1-4, 6. Elle l'est dans notre paragraphe, 7, 13-8, 13, parall. 19, 7-26, mais seulement pour parler du *dwrš* futur de la loi (7, 18) et des livres de la loi (7, 15), qui sont la tente du roi, selon *Am.*, 5, 26. Elle l'est aussi dans le *pHab*, grâce à deux expressions clichées, les méprisants de la loi (*pHab* 1, 11 ; 5, 11), qui sont les traîtres, partisans de l'homme de mensonge (*pHab* 2, 2 ; 5, 11), ou prêcheur de mensonge (10, 9) ; et en second lieu, les exécutants (= faisants) de la loi (1), qui sont les fidèles du maître de justice, fidèles malgré le retard des derniers jours (*pHab* 7, 11) et leurs tribulations (12, 6), Dieu les sauvera au jugement (8, 2). Les secrets révélés par le maître de justice concernent les derniers temps dont parlaient les prophètes sans s'en rendre compte (*pH* 7, 5.8.14), mais il n'est pas dit que le maître enseigne, ni qu'il approfondit-*drš* la loi par

---

(1) L'expression n'est pas unique à Qumrân, cfr *4Q Flor* 1, 7 ; *4Q pPs 37* 2, 15.23.

l'étude. La « connaissance de Dieu » va se révéler, selon ce que dit *Hab.*, 2, 14 (cfr *pHab* 11, 1), mais non pas dans un sens et grâce à un travail scolaires. La loi du *pHab* n'est pas encore envisagée comme l'objet d'une étude organisée, ainsi que dans le *Serek*, ni même d'une étude inspirée et inaugurée par un fondateur d'école, comme dans la deuxième section du *Dam* (6, 7). La loi représente l'alliance que les traîtres trahissent (*pHab* 2, 4), comme ils méprisent la loi (*pHab* 1, 11 ; 5, 11) ; elle est la volonté de Dieu que l'on « recherche-*drš*. » — Ainsi David recommande à Salomon de chercher Dieu, car Dieu scrute (*dôrêš yhwh*) les cœurs et pénètre (*mêbîn*) les desseins ; si tu le recherches (*tidereśénnû*), tu le trouveras (*1 Chr.*, 28, 9). Israël ne l'a pas fait, explique Daniel dans sa confession, car il a transgressé la loi sans se soucier des malédictions qu'elle profère (*Dan.*, 9, 10-13), et pareillement, les traîtres de la première monition appellent sur eux les malédictions de l'alliance, après avoir recherché-*dršw* les facilités (*Dam* 1, 17-18) (1). — Le *dwrš* de la loi, de 7, 18, est accompagné du prince de la congrégation (cfr *supra*, p. 187). Si comme tel, il est le messager de *Mal.*, 3, 1, ou Élie, selon *Mal.*, 3, 23, il n'est pas étranger à la loi. En effet, *Mal.*, 3, 22 (que les LXX placent après 3, 24) recommande : « Rappelez-vous la loi de Moïse, mon serviteur... » La mission d'Élie est donc liée à la loi, et la charge de cette dernière est attribuée, avec insistance, aux prêtres dans *Mal.*, 2, 5-9, en particulier 2, 7 : « Les lèvres du prêtre gardent la science, et la loi, on la recherche de sa bouche, car il est, lui, le messager (cfr 3, 1) de Yahweh des armées. » Même si le dernier membre de phrase est une glose (cfr éd. Kittel, *in h.l.*), elle fait référence, selon le glossateur, à Élie de 3, 23. — De cette manière lorsque la congrégation prend conscience de ce qu'elle possède, la loi devient un objet de préoccupation, plutôt que d'étude. Le personnage initial une fois dédoublé, le personnage futur est facilement identifié avec cet Élie dont parle *Mal.*, 3, 23, et qui aura souci de la loi. Le verbe *d r š* qui exprime ce souci, est habituel dans la Bible pour dire la recherche de Dieu. *Dam* 1, 10, l'emploie dans ce sens, comme *Os.*, 10, 12, qui commande tout ce passage (cfr *supra*, p. 121), comme il commande celui de *Dam* 6, 6-11, mais ici en même temps que *Nu.*, 21, 18.

L'expression « *dwrš* de la loi » désigne de soi le zèle, non l'étude. C'est le sens du verbe dans la première monition, chercher Dieu, ou bien les facilités (*Dam* 1, 10.18, cfr souvent dans le T.Mass. : *Ps.* 119, 45.94.155, etc.). Le rôle de la loi du *pHab* se place dans cette perspective, lorsque la congrégation s'organisant se

---

(1) Le sens restera traditionnel à Qumrân, cfr *S* 1, 1 ; 5, 9.11. Il s'y ajoutera entre autres le sens juridique d'enquête sur une personne, cfr *S* 6, 14.17, etc., que connaît le code de *Dam* 15, 11.

préoccupera moins des derniers jours qui s'éloignent, que de l'observation désormais parfaite de la loi. On ne l'étudie pas, on lui obéit. Dans la suite de l'évolution à Qumrân, la loi demandera *aussi* une étude. Cette étude s'inaugure dans la deuxième section de *Dam* 6, 3-11, et elle sera parfaitement organisée dans le Manuel de discipline. Ce n'est le cas, à aucun degré, au début. C'est pourquoi la traduction de *dwrš htrh* de *Dam* 7, 18 et *Flor* 1, 11, ne peut être scrutateur de la loi, mais zélateur de la loi. — En sens opposé, le verbe a la même valeur quand la première monition, avec un terme de *Dan.*, 11, 32, parle des chercheurs-*dršw* de facilités ou flatteries-*ḥlqwt*. L'expression aura un certain succès à Qumrân (*H* 2, 15.32 ; *4Q pIs c* 10 ; *pNah* 2, 2.4 ; 3, 3.6) et explique en partie l'expression antithétique chercheur ou zélateur de la loi, cette loi abandonnée par les autres. — Nous n'avons donc pas affaire à un thème de connaissance. Il le deviendra plus tard, à partir du midrash du puits (*Dam* 6, 3-11), en vertu d'une intellectualisation de la communauté (cfr *supra*, pp. 119-120), et plus encore dans la suite, par le fait d'une scolarisation organisée (*Serek*). Le verbe *d r š*, qui signifiait la recherche morale de la volonté divine, prendra le sens d'une recherche intellectuelle de cette même volonté, telle qu'elle s'est exprimée dans la loi.

2. Le paragraphe final : coupables et fidèles
(20, 22*b*-34)

Ce paragraphe (cfr *supra*, pp. 172-181) est intermédiaire, dans l'évolution, entre la pièce à résonance eschatologique (7, 13-8, 13, parall. 19, 7-26) et les passages plus évolués qui l'encadrent (7, 4-13, parall. 19,1-7, et 8, 13-21, parall. 19, 26-20, 22). L'apparition-*y p '* de Dieu (20, 25) est eschatologique (1), mais elle ne peut être considérée comme une communication de connaissance, Dieu va seulement punir les prévaricateurs. De la même façon, à la fin du paragraphe, Dieu pardonne aux observateurs de la loi et « ils verront-*r'w* son salut » (20, 34). C'est une expression du T.Mass. (cfr *Ps.* 50, 23 ; 91, 16), où le verbe voir-*r ' h* signifie simplement

---

(1) Cfr G. Jeremias, *Der Lehrer*, p. 50, et *supra*, p. 175.

éprouver, jouir de quelque chose. L'idée de connaissance n'y est pas explicite, ni même sensible (cfr *supra*, pp. 14-15). Au contraire, lorsque, à l'opposé des prévaricateurs, les autres ont tenu ferme aux décisions réglant la conduite selon la loi, ils ont écouté-*wyšm'w* la voix de l'enseignant-*mwrh* (20, 28). En raison du titre habituel dans le *pHab* et ci-après, *Dam* 20, 32, plusieurs veulent compléter le texte du ms. et lire : le maître de justice, *mwrh ḥṣdq* (cfr Rabin, etc.). Mais comme il a été dit (cfr *supra*, p. 176), le contexte vient de parler de la loi (celle du Sinaï), et il va dire : ils ont confessé devant Dieu... Rien n'exige ici la présence du maître de justice, et le verbe *y r h* peut fort bien s'appliquer à Dieu (cfr *Dam* 3, 8 ; *Ex.*, 24, 12 ; *Deut.*, 4, 36 ; cfr *supra*, p. 74, et note 1). Il est permis de supposer une allusion à la loi-*twrh*, où s'entend la voix de l'enseignant-*mwrh*. Dans les lignes qui suivent se présentent en outre plusieurs thèmes de connaissance, à côté de cette audition : s'instruire (20, 31), prêter l'oreille à la voix du maître de justice (20, 32), écouter les décrets (20, 33), comme auparavant écouter la voix de l'enseignant (20, 28).

1. S'INSTRUIRE-*y s r* (20, 31)

Après la confession de ceux qui agissent entièrement selon la loi, il est dit qu'ils obéissent aux saints décrets, justes décisions, témoignages définitifs, et qu'ils s'instruisent-*whtysrw* des décisions anciennes par lesquelles ont été jugés les hommes de l'unique (ou de l'Union, si l'on corrige le ms.).

Le verbe *y s r*, qui se lit cinq fois à Qumrân (cfr *supra*, pp. 90-95), à part celle-ci, n'apparaît qu'une autre fois dans *Dam*, à savoir *Dam* 4, 8. Le passage ressemble étonnamment au nôtre, 20, 31 : les entrés dans l'alliance veulent agir selon l'exactitude de la loi dont se sont instruits les anciens (*Dam* 4, 7-9). La même comparaison est faite avec les anciens temps, entre la loi promulguée jadis et les usages antiques actuellement respectés. Ce n'est pourtant pas, en 20, 31, une imitation servile de 4, 8, car tous les termes ne sont pas employés dans le même sens : alors que les anciens se sont instruits de la loi que l'on veut observer aujourd'hui exactement comme eux, ici, les observateurs actuels de la loi se sont instruits des usages anciens (20, 31). L'instruction est leur fait, et elle porte sur les usages des anciens, les pères du désert. La confession, en effet, vient de rappeler que « nous avons péché, nous et nos pères » (20, 29), et il devient difficile de les présenter comme des modèles. Malgré cela, le sens du verbe est identique et signifie, comme en 4, 8 (cfr *supra*, pp. 93-95), une instruction à la fois morale (pour agir selon la loi, 20, 28) et intellectuelle, avec une nuance juridique ou législative (ils se sont instruits des usages-*mšptym*, 20, 31).

2. Prêter l'oreille – ' z n (20, 32), entendre – š m ' (20, 28.33)

Le verbe prêter l'oreille-' z n est un *hapax* de *Dam* ; il se lit encore deux fois à Qumrân : *Hod* 4, 17, où les adversaires n'écoutent pas la voix (de Dieu), selon *Is.*, 28, 23, et 64, 3, et *Hod* fg 12, 5 : écouter la voix du vénéré, ce qui rappelle *M* 10, 10 (mais là avec le verbe š m ', cfr *supra*, pp. 114-115), où le contexte évoque le Sinaï.

Ici, les observateurs de la loi prêtent l'oreille à la voix du maître de justice.

Dans le T. Mass., le verbe ' z n est un parallèle fréquent de š m '. Il indique une action de Dieu (par ex. *Ps.* 5, 2 ; 17, 1), ou celle de l'homme (*Is.*, 1, 10 ; *Jer.*, 28, 30). Deux endroits sont intéressants pour nous, celui des eaux amères d'*Ex.*, 15, et *Is.*, 51. *Ex.*, 15, a en commun avec *Dam* 20, 32-34, le verbe y r h (*Ex.*, 15, 25 : Dieu enseigne-*wayyôrêhû* à Moïse le bois qui assainira les eaux), écouter la voix (*ib.*, 15, 26 : Écoutez la voix de Yahweh, votre Dieu), prêter l'oreille (*ib.*) aux décrets-*hôq* et aux décisions-*mišpât* et l'épisode se termine par la promesse d'échapper aux plaies d'Égypte. Le chapitre 51 d'*Isaïe* est encore plus proche de *Dam* 20, 31-34 : Écoutez-moi, vous qui poursuivez la justice-*sédéq* (51, 1), joie-*sâsôn* et allégresse-*simehâh*, vous les trouverez (51, 3), prêtez-moi l'oreille *ha'ăzî-nû*, car une loi-*tôrâh* est sortie de moi et ma décision-*mišpâtî* est lumière des nations (51, 4) ; proche est ma justice-*sideqî*, va sortir mon salut-*yiše'î*, mon bras jugera-*yišpôtû* les nations (51, 5), mon salut-*wišû'âtî* est éternel, ma justice-*wesideqâtî* ne s'abaissera pas (51, 6) ; écoutez-moi-*sime'û*, vous tous qui connaissez la justice-*sédéq*, peuple de la loi en mon cœur (51, 7) ; revêts-toi de force-*'ôz*, bras de Yahweh (51, 9). Tout le passage est prononcé par Dieu. Il rappelle les origines d'Israël, Abraham et Sara, et promet la restauration totale de Sion, malgré les hommes et leur opposition. Le rappel d'*Is.*, 51, peut-être même un contact littéraire, est normal dans ce paragraphe de *Dam*, qui veut, dirait-on, résumer un enseignement connu sur l'alliance, sa naissance, sa restauration et sa destinée.

Les contacts verbaux et doctrinaux de ces lignes avec la deuxième section permettent de déterminer le sens du verbe ' z n. Le
début de la deuxième section (4, 6-12) n'a pas nommé le maître
de justice, elle veut seulement expliquer les intentions des restau-
rateurs de l'alliance. Le maître de justice apparaît à la fin, lorsque
l'apostasie récente est comparée avec celle du désert et qu'est
décrite la fondation de la communauté : lorsque les révoltés
prophétisent le mensonge pour détourner-hšyb Israël de Dieu,
Dieu suscite des pénétrants et des sages, il leur concède une audition, ils peuvent ainsi creuser le puits de la loi, grâce aux décrets
tranchés par le chercheur de la loi (6, 2-10 ; cfr pp. 118-119). Les
mêmes faits sont brièvement rapportés ici : ils ont prêté l'oreille
à la voix du maître de justice, et ils n'ont pas rejeté-yšybw les
décrets de justice quand ils les ont entendus (20, 32-33). Jointe
à l'instruction des décisions anciennes (20, 31 ; cfr 4, 8), l'audition
des décrets n'est-elle pas celle que Dieu a concédée aux sages et
aux pénétrants (6, 3) ? Ces décrets de justice, ils ne les ont pas
détournés (= rejetés)-yšybw (20, 32), alors que, dans la Maison
prévaricatrice de Juda, le décret une fois éloigné (4, 12), les trois
filets de Bélial étaient présentés comme trois espèces de justice
(4, 16-17), ce qui est une justice « détournée » de son vrai sens.
Et l'attention prêtée à la voix du maître de justice équivaut à
l'obéissance des Nobles du peuple aux décrets du Scrutateur,
quand ils se sont mis à creuser le puits de la loi (20, 32-33 ; cfr
6, 7-9).

Ces rapprochements ne dépassent pas le domaine de l'hypothèse,
mais elle n'est pas purement gratuite. La lexicographie l'appuie
solidement, et la présentation des idées est pareille. Il est permis
de tirer la conclusion que les thèmes de connaissance de ce paragraphe comme de la deuxième section (cfr *supra*, pp. 129-130)
ne sont plus apocalyptiques, comme ils l'étaient dans la section
des monitions et encore dans la pièce intermédiaire insérée dans
la troisième section, 7, 13-8, 13, parall. 19, 7-26. Ils ne sont pas
encore scolarisés comme ils le seront dans le *Serek* et les autres
péricopes de la troisième section (cfr ci-après). Ils s'élaborent,
une fois terminée la période enthousiaste des débuts, lorsque le
groupe des observateurs de la loi commence de s'organiser et se
voit forcé de définir ses objectifs et d'assurer ses bases doctrinales.

3. Le commentaire canonique
(7, 4*b*-13*a*, parall. 19, 1-7*a* et 8, 14-21, parall. 19, 26*b*-20, 22*a*)

Le commentaire canonique (cfr *supra*, pp. 136-139 et 158-172) n'est pas sans faire appel à quelques thèmes de connaissance. Le premier fragment parle deux fois des instructions-*yswrym* de l'alliance de Dieu (7, 5, sans parall.) ou usage des instructions (selon le document A, sans corr. comme fait Rabin) selon le règlement de la loi (7, 8, parall. 19, 4). Ce substantif *yswr*, inconnu du T.Mass., a un sens moral dans le rabbinisme (cfr *supra*, pp. 91-92), mais le contexte lui donne ici une valeur législative. Selon une sémantique très normale, il signifie une prescription de la loi. Le deuxième fragment canonique (19, 26-20, 22) est un peu plus riche pour notre propos. Dans le paragraphe qui traite du dégoûté de l'obéissance, il parle des enseignés de Dieu (20, 4), des hommes de science ou connaissance (20, 5) et de l'enseignement de la loi (20, 6). Dans la conclusion, avant de revenir aux mille générations de vie promises à ceux qui aiment Dieu (cfr 19, 1, sans parall.), on fixe le terme de la vie actuelle : lorsque seront révélés le salut et la justice à ceux qui craignent Dieu (20, 20). Néanmoins, une référence à *Isaïe* est probable (1) : Gardez le jugement et pratiquez la justice, car bientôt va venir mon salut et va être révélée ma justice (*Is.*, 56, 1). Cette « révélation » a le même sens concret que la « vue » du salut (20, 34), et l'on ne peut guère lui attribuer une valeur de connaissance (cfr *supra*, p. 191). Restent les enseignés de Dieu, les hommes de connaissance ou de science, et l'enseignement de la loi.

I. Les enseignés-*lmwdym* de Dieu (20, 4)

Le traitement appliqué au dégoûté d'obéir aux ordres des hommes droits est minutieux et progressif. Dès que l'on se rend compte de sa conduite, « il est expulsé de la congrégation comme celui dont le sort n'est pas tombé au milieu des enseignés de Dieu » (20, 3-4). L'expression a été forgée par Isaïe, pour désigner le

---

(1) Cfr Ch. RABIN, *in h. l.*

petit groupe de ses fidèles qui, au milieu de l'incrédulité générale, croient dans ses prophéties (*Is.*, 8, 16). Dans un sens adapté, le Serviteur de Yahweh a reçu une langue de disciple (enseigné) pour accomplir sa mission (*Is.*, 50, 4) ; dans ce cas, il est disciple (enseigné) de Yahweh, comme le seront tous les fils de la Jérusalem future (54, 13). — A Qumrân, l'expression a été adoptée, et la langue des disciples, d'*Is.*, 50, 4, se trouve deux fois dans les *Hod* (7, 10 ; 8, 36), et les disciples (enseignés) deux fois encore (*Hod* 2, 39 ; 7, 14), simplement pour désigner les fidèles de l'alliance (cfr *Hod* 7, 9). L'origine et l'usage à Qumrân de ce terme ne permettent pas de lui attribuer le sens précis d'un enseignement par Dieu. Le contexte n'en parle pas autrement, et l'expression équivaut aux hommes de parfaite sainteté (20, 2.7) ou à la « congrégation » (20, 3), sans qu'une nuance intellectuelle de connaissance soit perceptible.

2. LES HOMMES DE SCIENCE-*d'wt* DE LA LOI (20, 5)

Les hommes de science sont chargés de corriger le coupable jusqu'à parfaite résipiscence, moment où il pourra reprendre sa place parmi les hommes de parfaite sainteté. Ce sont évidemment des autorités, et le grand code en parle probablement dans une circonstance semblable : un membre de plein droit, ayant prêté le serment d'engagement définitif, transgresse sciemment la loi, et peut-être même répand des doctrines fausses (1). Il sera enfermé (?) pendant tout un an, sur les ordres [des hommes] de science (15, 15). Comme le remarque Rabin (*ib.*, note 3), ces personnages sont chargés d'exécuter les sentences judiciaires, et leur titre leur attribue une connaissance éminente des usages et de la jurisprudence de la communauté. C'est un thème de connaissance à valeur juridique et législative (2).

---

(1) Cfr Ch. RABIN, note 5, *in* 15, 15, étant donné la référence à *Os.*, 9, 7.

(2) Le grand code décrète qu'un juge de la congrégation ne peut rester en fonction après 60 ans, car Dieu a décidé que les humains, avant la fin de leurs jours, verraient s'éloigner leur connaissance (*Dam* 10, 10). Le rapprochement des deux passages suggère que la connaissance en vue est celle des juges de 20, 5, et 15, 15.

3. L'ENSEIGNEMENT-*mdrš* DE LA LOI (20, 6)

L'enseignement de la loi règle la conduite des hommes de parfaite sainteté et servira de critère pour juger la conduite du coupable puni et amendé. Le *S* 8, 15, met en lumière l'importance de cet enseignement, ou plus exactement, de cette recherche-*mdrš* de la loi : elle est la voie au désert, par où passera le Seigneur revenant à Jérusalem, selon *Is.*, 40, 3 (cfr *supra*, p. 119). C'est cela qui permet d'observer tout ce que Dieu a ordonné et révélé à Moïse et aux prophètes. Cette recherche, devenue une institution importante de l'Union (*S* 6, 6), a commencé sous la direction du maître de justice, premier Chercheur de la loi (*Dam* 6, 7, et 20, 32 ; cfr *supra*, pp. 120 et 194). L'institution est envisagée ici sous son aspect juridique : la connaissance de la loi est acquise, et on l'applique dans le domaine judiciaire. L'institution est rôdée depuis longtemps et elle fonctionne régulièrement. La connaissance y est engagée, ou plutôt elle l'a été. Désormais codifiée, dirons-nous qu'elle présente aujourd'hui quelques symptômes de sclérose ?

4. LES THÈMES DE CONNAISSANCE
DANS LA TROISIÈME SECTION DE *Dam*

Déjà, la première lecture de la section découvre une juxtaposition de textes qui se suivent sans ordre logique ou paraissent se répéter. L'analyse des péricopes a tenté de les organiser selon leur vocabulaire et leur doctrine. Sur les deux plans, l'étude des thèmes de connaissance paraît confirmer l'hypothèse. Certains diront qu'elle en découle et qu'elle est aussi arbitraire que sa base de départ. Sans elle, néanmoins, elle ne peut même pas s'amorcer, tant est inextricable l'enchevêtrement de ces pages, compliqué encore par l'existence de deux traditions textuelles, chacune incomplète.

Le texte une fois mis en ordre, les thèmes de connaissance se sont facilement détachés du contexte, rejoignant d'eux-mêmes leurs analogues des deux premières sections.

La pièce la plus ancienne, selon l'évolution probable des idées, 7, 13-8, 13, parall. 19, 7-26, parle seulement, pour notre sujet, de la connaissance ou pénétration de leurs fautes que n'ont pas eue les déserteurs de la congrégation (8, 12, parall. 19, 24). Elle correspond assez exactement, et avec une identique valeur théologique, à la pénétration qu'ont eue les contrits suscités par Dieu et gratifiés ensuite de la levée de l'initiateur ou maître de justice (1, 8). Pourtant, le contexte de la pièce entière l'apparente au *pHab*, un peu plus tardif que les monitions de *Dam* 1, 1-4, 6.

La péricope suivante, en ancienneté, est probablement le paragraphe final du document, *Dam* 20, 22-34. L'instruction (20, 31) acquise par les observateurs de la loi, et l'oreille qu'ils prêtent à la voix du maître de justice (20, 32), nous mènent droit à la deuxième section, où les entrés dans l'alliance observent la loi dont se sont instruits les anciens (4, 7-9), et obéissent scrupuleusement au Chercheur pour creuser le puits qui est la loi (6, 2-10).

Un commentaire juridique, ou un code commenté, occupe le reste de la section (7, 4-13, parall. 19, 1-7, et 8, 14-21, parall. 19, 26-20, 22). C'est dans ce morceau qu'est insérée la pièce plus ancienne, 7, 13-8, 13, et parall. Quelques thèmes de connaissance y sont parsemés. Simple appellation des membres de la congrégation, les enseignés (ou disciples) de Dieu (20, 4) doivent leur nom à *Is.*, 54, 13. Les hommes de science (20, 5) ont une fonction, à moins que l'on ne parle d'un « diplôme », et l'enseignement, ou recherche codifiée de la loi, à valeur de jurisprudence (20, 6), est le fondement juridique de leurs arrêts.

Comme on le voit, une évolution caractérisée se manifeste clairement, et selon un mouvement régulier, dans ces paragraphes de *Dam*. Elle correspond à l'évolution historique d'une communauté qui cherche à se définir et dont la conscience se précise en même temps que ses institutions. Elle a des points de comparaison dans les autres écrits de Qumrân, et cela peut servir à confirmer l'hypothèse proposée.

* * *

La troisième section du Document de Damas (*Dam* 7, 4-fin) est composite. Une pièce plus ancienne (7, 13-8, 13, parall. partiel 19, 7-26) campe d'une part les tenants ferme (à l'alliance), émigrés à Damas avec tout ce qui constitue le peuple élu, les éléments en sont énumérés selon un midrash d'*Am.-Nu.* ; chez eux viendront le prince à venir et le zélateur de la loi, et ils seront sauvés au temps de la visite. D'autre part, les apostats seront punis, de même que les déserteurs qui les ont rejoints ; leurs vices que l'on catalogue, les assimilent aux Gentils ; ils sont privés de pénétration et trompés par le prédicateur de faussetés. Le *pHab* est proche de ce morceau, qui est lui-même plus évolué que les monitions de la première section de *Dam* (cfr *Dam* 1, 1-4, 6a).

Le paragraphe final (20, 22-34) établit une distinction parmi les coupables, les uns seront punis dans la communauté même, les autres expulsés sans rémission. Au contraire, les tenants ferme aux usages de la loi ont écouté la voix divine qui les enseignait, reçu l'instruction des usages valables, obéi au maître de justice, accepté les prescriptions qu'on leur donnait ; ils verront le salut de Dieu. Ce paragraphe évoque plutôt la deuxième section de *Dam* (cfr *Dam* 4, 6b-6, 11).

Les parties qui restent (7, 4-13, parall. 19, 1-7 ; 8, 14-21, parall. partiel 19, 26-20, 22) s'articulent sur le même sujet : conduite et traitement appropriés des parfaits de conduite, en vertu de l'amour de Dieu pour les anciens, et des méprisants, haïs de Dieu, soit qu'ils abandonnent la congrégation, soit qu'ils se fatiguent d'obéir à la règle des enseignés de Dieu (les hommes de science les admonesteront jusqu'à ce qu'ils se soumettent à la doctrine de la loi), soit qu'ils méprisent la loi de façon formelle. Ces deux fragments sont apparentés aux codes (6, 11-7, 4 et 9 à 16), sans que l'on puisse les y assimiler entièrement.

APPENDICE

LES THÈMES DE CONNAISSANCE
DANS LES CODES DE *DAM*

Le petit et le grand code de *Dam* (6, 12-7, 4a, et 9 à 16), probablement adventices par rapport au reste, font un usage des thèmes de connaissance, tout semblable de l'un à l'autre. Ils y sont figés en termes ou locutions utilisés, sans développement théologique, dans des contextes qui de soi n'ont pas de contact organique avec eux. Leur étude proprement dite, faite plus haut, a généralement noté leur apparition dans les codes. La récapitulation qui suit les regroupe sans beaucoup les commenter, sauf en ce qui concerne l'un d'eux, la « découverte », nouveau venu parmi les thèmes de connaissance à *Dam*.

1. THÈMES REMPLOYÉS

Le verbe *b y n* signifie deux fois une connaissance particulière de la loi (13, 5) ou des œuvres de Dieu (13, 8) communiquée par un responsable, le *Mebaqqer*. Elle est donc l'objet d'un enseignement et n'équivaut plus à une révélation (cfr 2, 14, et *supra*, pp. 20-21). — Les *connaisseurs* du Livre de Hagê, avec le verbe au participe niphal (10, 6 ; 13, 2 ; 14, 7), possèdent une autorité toute particulière dans la congrégation (10, 6), dans les groupes locaux (13, 2) et dans l'établissement des camps (14, 7). Des précisions sur ce Livre de Hagê nous seraient bien utiles pour savoir la connaissance qu'ils doivent en avoir, mais de toute manière, elle n'a plus le caractère apocalyptique que la pénétration (verbe *b y n*) possède dans les monitions (cfr *supra*, p. 21) et elle ne rappelle que de loin les *pénétrants* suscités par Dieu aux origines de la communauté (cfr *supra*, p. 118).

Les instructions-*yswrym* (et non *yswdym*, du ms., cfr Rabin, *in h.l.*) de l'alliance sont en même temps que le Livre de Hagê l'objet de la science des connaisseurs (10, 6). Elles étaient la règle de conduite des parfaits de sainteté (7, 5, cfr *supra*, pp. 136-137) et elles ont sans doute la même valeur ici.

Le verbe *y d '*, mis à part son usage banal (9, 11.12.17.19.22 ; 13, 15 ; 14, 20 ; 16, 6.11) (1), apparaît dans une citation d'*Ezech.*, 22, 26 (6, 17 ; 12, 20) selon lequel les prêtres doivent savoir (la distinction) entre le sacré et le profane (cfr *supra*, p. 52, note 1). — La connaissance des usages sanctionnés concernant le cas particulier d'une chose perdue et retrouvée (9, 15) ou l'ensemble des usages de la communauté (15, 10), est la connaissance, non d'une révélation divine (cfr *supra*, p. 70), mais d'une législation ou d'une jurisprudence (cfr *supra*, p. 17), comme celle des hommes de science de *Dam* 20, 5 ; 15, 15 (cfr *supra*, p. 196), chez qui la perte du jugement (la « science ») théoriquement fixée à 60 ans selon *Jub.*, 23, 11, les écarte alors de leur fonction (10, 10, cfr *supra*, p. 196, note 2). Le jugement (ou science)-*d'h* est ici très général, et sa perte est une des conséquences de l'impiété depuis le déluge (cfr *Jub.*, cité *ib.*, *Dam* 10, 9-10).

La recherche (verbe *d r š*) n'a que la valeur d'une enquête administrative sur un candidat (15, 11), et non plus le zèle de Dieu, ni même l'étude de la loi (cfr *supra*, pp. 118-121 et 190) (en *Dam* 14, 16, le cas est banal : recherche en vue du mariage).

A côté des sens familiers du verbe *m ṣ '* (9, 14.15.16), la « découverte », par les membres de l'alliance, des règles du sabbat et fêtes et du jour de jeûne (6, 19), comme celle de la conduite à tenir pendant l'époque d'impiété (15, 10), équivaut ici au dépôt des révélations, secrets et découvertes, trésor de l'Union, selon *S* 5, 8-9, etc. Ici également, la révélation est présente dans le contexte (15, 13), et par ces termes, c'est l'âme même de la communauté qui s'exprime à une époque où la réflexion s'est prolongée et organisée. Étant donné que ce thème de la découverte est

---

(1) « Quand Abraham l'apprit (à savoir sa délivrance de l'ange de Mastema), il fut circoncis », car selon *Jub.*, 15, 31-32, et *Gen.*, 17, 11, la circoncision est le sceau de l'alliance. Cette connaissance est sans doute une révélation, mais rien dans le texte ne l'indique, le terme est très général.

absent des autres sections de *Dam*, une étude particulière lui sera consacrée ci-après (cfr *infra*, pp. 203-207).

L'intelligence, exprimée par le verbe *ś k l* et ses composés, est absente des deux sections les plus anciennes de *Dam*. Seul, le grand code en parle quelquefois. Le *Mebaqqer* est chargé de faire comprendre-*yśkyl* aux membres de la Totalité les œuvres de Dieu, en même temps que de leur faire pénétrer (verbe *b y n*) ses merveilleuses grandeurs (13, 7-8). Ces réalités divines nous sont connues par les monitions, mais elles sont devenues ici un objet d'enseignement. C'est dans cette perspective scolaire que s'explique l'importance accordée à l'intelligence-*śyklw* (corr., de *śwklw*) des candidats (13, 11), et sans doute le titre même d'une des autorités, mieux connue dans le *Manuel* (cfr *Dam* 12, 21 ; 13, 22, cfr *supra*, p. 18 et note 1). Parmi beaucoup d'autres, le grand code a ce point en commun avec le Manuel de discipline.

Ce qui est révélé-*nglh* de la loi (15, 13) constitue le seul usage du verbe *g l h* dans les codes. Le texte, d'ailleurs mutilé dans le ms., parle probablement d'une transgression de tout ce qui a été révélé de la loi (1) (cfr *infra*, p. 203 sq.). Ces choses révélées sont équivalentes, nous pouvons le croire, à la « découverte » de ce qui est à faire durant l'époque d'impiété (15, 10), et elles sont complétées ou expliquées par la connaissance des usages (*ib.*). Tout cet ensemble n'est-il pas ce que connaissent les « hommes de science » qui décident du sort à infliger au rebelle (15, 15) ? Nous voyons ainsi, dans ce passage législatif, les verbes *g l h* , *y d ʿ* , *d r š* ou dérivés, *m ṣ ʾ*, nantis de significations techniques et précises, acquises après une longue usure appauvrissante. Le Manuel de discipline laisse voir, dans son vocabulaire, une usure à peu près semblable, bien que les documents qui le composent, soient d'âges différents et que l'évolution des thèmes, dans ce document également, n'ait pas atteint partout le même niveau.

Du verbe *d q d q*, les seuls usages à Qumrân lui attribuent le sens d'une exactitude minutieuse, d'abord de ce qu'il faut faire, et cette exactitude, nous dit-on, se trouve dans la loi de Moïse (16, 2), et puis celle des époques de l'histoire, ici des apostats, et

---

(1) Le verbe « à connaître » complété par Rabin : *ld't*, ne semble pas correspondre au ms., cfr K. G. Kuhn, *Suppl. à la Conc.*, cfr *infra*, p. 204, note 1.

cette exactitude est « détaillée-*mdwqdq* » dans le Livre des Divisions des temps, jubilés et semaines (16, 4). Dans l'hébreu biblique, le verbe *d q q* signifie écraser, pulvériser (cfr Genesius, *s.v.*). Chez les rabbins, le pilpel *diqdêq* signifie en outre examiner, rechercher, et même agir avec exactitude (1). A *Dam*, le verbe s'explique dans un contexte légaliste, mais il semble anachronique à Qumrân. D'autres emplois parallèles pourraient seuls nous assurer de son antiquité, et qu'il n'est pas dû à une modernisation médiévale.

2. La découverte – *mṣ't* (6, 19)

La quatrième des douze prescriptions du « petit code » de *Dam* (6, 11*b*-7, 4*a*) s'énonce comme suit : Observer le jour du sabbat avec exactitude, et les fêtes, et le jour du jeûne, selon la *découverte* des entrés de l'alliance nouvelle au pays de Damas (*Dam* 6, 18-19).

La forme grammaticale, *mṣ't*, peut être un infinitif construit, à la manière d'un verbe à troisième radicale *h*, phénomène qui n'est pas inusité, au moins pour les verbes à troisième radicale aleph (2). La « découverte » est celle des membres (des « entrés ») de l'alliance nouvelle au pays de Damas. Ce titre complet de la communauté est unique dans cette partie de *Dam* ; à Qumrân, il se trouve encore deux fois, et chaque fois dans le commentaire canonique de *Dam* (8, 21, parall. 19, 34 ; 20, 12). L'expression « trouvaille » a un pendant dans le grand code, lorsqu'il y est question de l'entrée dans la communauté : nul n'y sera admis, même les fils des membres, qu'après avoir prêté le « serment de l'alliance que Moïse a conclue avec Israël, alliance de [se convertir] à la loi de Moïse de tout son cœur et de toute son âme, à ce (qui a été) trouvé-*hnmṣ*' à faire pour l'époque d'impiété. » (*Dam* 15, 8-10) D'après cela, « ce qui a été trouvé » constitue la spécification propre de l'alliance telle que la conçoit la communauté au milieu du judaïsme (les autres usages du verbe *m ṣ '* dans *Dam* : 9, 14.15.16, ont le sens banal d'un objet perdu et « retrouvé »). Que ces choses trouvées soient des choses révélées est rendu manifeste par l'usage du verbe *g l h*-révéler. Juste après ceci, en effet, le document revient sur l'engagement pris, et sans doute (car le texte est fort abîmé dans le ms.) sur les responsabilités encourues. Il dit ensuite : « et tout ce

---

(1) Cfr M. Jastrow, *s. v.*
(2) Cfr P. Joüon, *Gramm. hébr.*, § 78 *g* (p. 155), et la vocalisation de l'éd. Ed. Lohse.

qui a été révélé de la loi (1), ... et qu'il n'en tient pas compte..., le contrôleur... etc. Mais ce qui suit n'est plus compréhensible (*Dam* 15, 13). — Le *S* 1, 9, dit de même en parlant des grandes caractéristiques de la communauté : Et se conduire devant (Dieu) en perfection selon tout ce qui a été révélé aux époques où (Dieu) a témoigné (de sa volonté). De même, l'on parlera des membres de l'Union, parfaits en tout ce qui a été révélé de toute la loi pour agir... avec fidélité, ... chacun avec son compagnon (*S* 8, 1-2). La colonne 5 parle de l'entrée du candidat qui s'engage « par serment à se convertir à la loi de Moïse... de tout son cœur et de toute son âme, à tout ce qui en (a été) révélé aux fils de Sadoq ,les prêtres... chercheurs de sa volonté et à tous les hommes de son alliance. » (*S* 5, 8-9) Les contacts avec *Dam* 15, 8-10, sont trop étroits pour ne pas déceler une source commune. La formule doit être traditionnelle et il est d'autant plus intéressant de constater que le verbe *m ṣ'*-trouver et *g l h*-révéler paraissent interchangeables. — Le *Serek* connaît d'ailleurs également le même usage du verbe *m ṣ'*. La colonne 8 contient comme une charte de la communauté, sans doute ancienne par rapport au reste du *Manuel*, mais les lignes 10*b*-12*a* semblent une insertion dans le développement (2). Le passage qui nous intéresse dit ceci : Toute question cachée (*hnstr*) à Israël et qui a été trouvée (*wnmṣ'*, et non *wnmṣ'w*) (3) par (4) l'homme qui cherche (*hdwrš*, sur cette prescription de la recherche et de l'étude ininterrompues de la loi, cfr *S* 6, 6-7, et *supra*, p. 119) on ne la leur (c.-à-d. sans doute aux autres membres de la communauté) cachera pas par crainte de l'esprit d'apostasie (*S* 8, 11-12) (5). Nous retrouvons ici le chercheur de la loi, de *Dam* 6, 7, la découverte, de 6, 19, et même les choses cachées de *Dam* 3, 14, mais celles-ci sont désormais insérées dans une institution qui fonctionne régulièrement, elles sont trouvées par le chercheur, et deviennent un bien précieux mais commun. — Les deux verbes *m ṣ'* et *g l h* se trouvent d'ailleurs réunis en *S* 9, 13, dans le Règlement du *Maśkîl* : il doit « accomplir le bon plaisir de Dieu selon tout ce qui a été révélé-*hnglh* en chaque temps et enseigner toute intelligence (*hśkl*) découverte-*hnmṣ'* selon le temps » (*S* 9, 13). L'on pourrait songer à une progression ou à une « dégression », d'abord accomplir, et puis enseigner, le révélé et

---

(1) L'édition Rabin lit ensuite : « à connaître », mais la lecture n'est pas assurée, et K. G. Kuhn propose de lire : *lryb*, « à discuter », cfr K. G. Kuhn, *Nachträge zur Konk.*, dans *Rev. Q.*, 4, 2, nº 14 (1963), p. 226, note 180.

(2) Cfr l'article *Évolution de structures*, p. 40 (cfr *supra*, p. 181, note 1).

(3) Voir les mss 5 et sans doute 2, de la grotte *4Q*, cfr P. Guilbert, *in h. l.*

(4) La préposition *le* peut aussi indiquer l'auteur de l'action, cfr P. Joüon, § 132 *f*, peut-être en même temps l'avantage que l'auteur en tire.

(5) Cfr P. Guilbert, *Deux écritures...*, dans *Rev. Q.*, 1, 2, nº 2 (1958), pp.209-210 : l'auteur interprète le texte en référence à l'ésotérisme de la communauté. Mais le vocabulaire rappelle tellement *Dam*, que cette référence n'est peut-être pas indispensable, cfr P. Wernberg-Möller, *in h. l.*

ensuite le trouvé. Mais le parallélisme n'est-il pas plus normal ? La conduite du *Maśkîl* et celle qu'il enseigne à autrui doivent correspondre l'une à l'autre, et chacune doit le faire à ce qui a été révélé ou trouvé. Plus loin, les deux verbes sont encore associés l'un à l'autre, dirait-on, dans le même règlement, *S* 9, 19-20 : le *Maśkîl* exhorte les élus..., « il leur fait comprendre (*hśkylm*) les secrets (*rzy*) de merveille et de vérité au milieu des hommes de l'Union, pour agir en perfection l'un avec l'autre selon tout ce qui leur a été révélé-*hnglh* ; c'est le moment de frayer la voie au désert (cfr *Is.*, 40, 3, et *S* 8, 13-14) en (cfr mss *Sd* et *Se*) tout ce qui a été trouvé-*hnmṣ'* à faire en ce temps-ci. » (*S* 9, 17-20). Agir selon les révélations, c'est frayer la voie au désert conformément aux découvertes.

Peut-on faire une synthèse de tous ces passages ? Le serment d'entrée, de *Dam* 15, 8-10, et celui de *S* 5, 8-9, en tout cas, sont identiques : l'on s'engage à pratiquer la loi de Moïse, précisée par des révélations (cfr le *S*), c.-à-d. par des découvertes (cfr *Dam*). L'office du *Maśkîl* correspond parfaitement à l'objet du serment, il doit enseigner secrets, révélations ou découvertes (*S* 9, 17-20), et sa conduite doit se régler logiquement d'après ce qu'il enseigne : enseigner les découvertes, agir selon les révélations (*S* 9, 13). L'obligation des autres membres n'est-elle pas la même ? Ils doivent être parfaits en tout ce qui a été révélé (*S* 8, 1-2) et les droits des nouveaux membres s'expliquent de la même manière : on ne peut leur cacher ce qui a été découvert des choses cachées à Israël (*S* 8, 11-12). Le prologue du *Manuel* laisse soupçonner une progression des révélations découvertes : agir selon ce qui a été révélé aux époques où Dieu a manifesté sa volonté (*S* 1, 9).

C'est sans doute un autre passage du *Manuel* qui nous donne la clef de l'énigme posée par le terme *m ṣ ' t*, à savoir la prescription de la recherche ininterrompue dans la loi (*S* 6, 7). Cette recherche-*d r š* amène à faire des trouvailles-*m ṣ '*, et ces trouvailles sont considérées comme des révélations-*g l h*. La recherche est une des obligations importantes de la communauté, et comme nous l'a déjà appris le midrash de *Nu.*, 21, 18, développé dans *Dam* 6, 3-10, c'est son titre d'honneur et son bien le plus précieux. C'est grâce à cette recherche (« le bâton qui sert à creuser est le chercheur de la loi », 6, 7) que l'on creuse (le puits qui est la loi) ; les foreurs sont les pénétrants d'Aaron et les sages

d'Israël que Dieu a suscités et auxquels il a fait une audition
(6, 2-3). Et ces hommes, les nobles du peuple, selon le midrash
des *Nombres*, ont foré le puits de la loi avec le bâton de la recherche, afin d'avoir les prescriptions qui permettent de se conduire tout le temps de l'impiété (*Dam* 6, 10-11). C'est dans
cette perspective que se place la « trouvaille » à laquelle se réfère
le petit code à propos des jours de fête et de jeûne (6, 19). Elle est
l'effet de l'étude et est considérée comme ayant la valeur d'une
« découverte », c.-à-d. d'une révélation.

La révélation n'est pourtant pas nommée dans toute la deuxième section. Il est dit seulement que Dieu leur a fait une audition (6, 3). Grâce à l'audition, le chercheur a pu se mettre à
l'ouvrage (6, 7) et mettre au point les décrets à décréter (6, 9).
Il n'est pas question non plus, dans le vocabulaire de ce passage
sur le puits, de découverte, comme dans le petit (6, 19) et le
grand code (15, 10, cfr *S* 8, 11), pas plus que de révélation (cfr le
grand code : 15, 13 ; et *S* 1, 9 ; 5, 9 ; 8, 1), et l'équivalence n'est
pas établie entre la découverte et la révélation, découverte et
révélation des secrets et des choses cachées (cfr *S* 9, 13 ; 9, 18-20).
Il est remarquable de relever tout ce vocabulaire dans la première
section de *Dam* avec un sens fort et jeune, d'en constater l'absence
dans la deuxième section et d'en observer la réapparition en
partie dans les sections législatives de *Dam*, puis dans le *S*.
L'ensemble de ces faits rend légitime l'hypothèse d'une évolution
doctrinale, dont on ne peut pas ne pas tenir compte. La révélation
des secrets personnels de Dieu, les choses cachées qu'il gardait
par devers lui, s'est faite à un moment où les derniers jours
semblaient imminents. C'est la première section de *Dam*, où le
vocabulaire apocalyptique garde toute sa force. Avec le temps
et surtout le retard des derniers jours dont le *pHab* parle déjà,
l'audition prend la valeur d'une injonction particulière : il faut se
mettre à l'étude de la loi, éclairée d'un éclairage nouveau grâce
aux dernières révélations, c'est la deuxième section de *Dam*.
Enfin, les années se succèdent, l'institution a pris corps, elle a
synthétisé les origines et l'organisation mise au point dans la
suite, et elle l'a fait en appliquant à l'institution le langage appro-
prié et caractéristique des débuts du renouveau.

Selon cette hypothèse, la « découverte » de *Dam* 6, 19, fait partie du troisième stade, le législatif et l'institutionnel. Citée par le petit code, elle est contemporaine du grand code (15, 10.13) et du Manuel de discipline (*S* 1, 9 ; 5, 19 ; 8, 1.11), mais non pas du reste de la deuxième section de *Dam* (midrash des *Nombres*) et encore moins de la première (révélation des secrets).

L'ÉVOLUTION HOMOGÈNE
D'UNE CONSCIENCE COMMUNAUTAIRE

Le Document de Damas est composite. L'on s'en aperçoit en particulier lorsque l'on étudie les thèmes de connaissance qu'il a mis en œuvre. Les traiter comme s'ils étaient d'une seule venue ne constituerait pas seulement une faute grave de méthode. Ce serait renoncer à y voir clair et s'engager dans une inextricable confusion. Au contraire, la complexité et l'évolution une fois admises comme hypothèse de travail, les données s'organisent harmonieusement comme d'elles-mêmes. N'est-ce pas la meilleure des preuves pour confirmer une hypothèse ?

Une révélation dont a bénéficié un groupe de repentants suscités par Dieu en Israël, s'est passée à un moment donné. Le début du Document de Damas (*Dam* 1, 1-4, 6) nous en parle au cours des trois paragraphes dont il est constitué, l'*incipit* est identique (1, 1 ; 2, 2 ; 2, 14 : « et maintenant, écoutez-moi ») et permet de les identifier. Le triple appel est précisé trois fois de la même manière : « pénétrez les œuvres de Dieu » (1er paragraphe), « je révélerai les œuvres des impies » (2e paragraphe), « je révélerai pour que vous voyiez et pénétriez les œuvres de Dieu » (3e paragraphe). Le cadre est également identique, c'est le proche jugement de Dieu, annoncé (1er paragraphe), décrit dans ses principes pour le châtiment des impies (2e paragraphe), et pour le salut des élus aux derniers jours (3e paragraphe). Les monitions du début de *Dam* sont eschatologiques, et elles appartiennent à un certain genre apocalyptique.

La pénétration, intelligence particulière que ne possèdent pas ceux mêmes qui connaissent la justice et que la première monition doit apporter, a pour objet les œuvres divines aux proches derniers jours (1, 2.12). Ces œuvres sont d'abord la visite de Dieu qui fait germer un petit reste de repentants (1, 7), mais surtout la levée de celui qui enseigne la justice, dont avait parlé Osée ; il va, ou plutôt Dieu, par lui, va faire notification du traitement réservé aux impies, en même temps qu'il inspirera la conduite des justes (1, 11-13). — La deuxième monition annonce explicitement une révélation qu'il importe de recevoir, car explique-t-elle, Dieu qui sait tout, aime la science, comprenons : chez les élus (2, 3) ; ce Dieu, qui s'aide de toute science pour le jugement, a fait de même pour la création (2, 7-8) ; il opère aujourd'hui l'élection des élus, le petit reste, en leur faisant notification par un consacré (un prêtre ?) qui est un voyant ; c'est ainsi qu'il « nomme » les siens (2, 11-13). Malgré l'avis de la plupart, l'oint-voyant est sans doute unique et non multiple. — La troisième monition définit clairement le but de la révélation qu'elle va proclamer : elle doit faire voir et pénétrer les œuvres divines (2, 14). A grands traits, elle brosse l'histoire des hommes et leurs apostasies successives, jusqu'au moment où Dieu établit l'alliance définitive par la révélation des choses cachées (3, 13-14) et par le secret merveilleux du pardon accordé à ses élus (3, 18). L'objet de la révélation ne doit pas être la loi, totalement absente des monitions, ni même la liste, probablement insérée à cet endroit (3, 14-15). Au Sinaï, Dieu avait gardé pour lui certaines choses ; aujourd'hui, comme a dit la première monition, il les révèle, ce sont ses œuvres aux derniers jours et la voie à suivre par ses élus du petit reste.

Les trois monitions possèdent une lexicographie homogène, qui vient en bonne partie, ceci est à retenir, du Livre de Daniel, ou du mouvement dont *Daniel* est le représentant dans la Bible. Pénétrer, révéler, notifier, choses cachées, secret, vision et voyant, ce sont des termes favoris de *Daniel* ; ajoutons-y les tenants ferme (3, 12), qui sont les élus, et les chercheurs de flatteries (1, 18) titre des impies, *Daniel* connaît les uns et les autres (*Dan.*, 11, 32). Cela nous renseigne sur l'époque de composition de ces pages. Elle ne doit pas être éloignée de celle de *Daniel* et du mouvement qui l'a suscité ; elle doit dater des débuts de la communauté, après qu'y soit arrivé celui qui annonçait, au nom de Dieu, le proche châtiment des impies et la conduite à tenir par ses authentiques fidèles.

Il est typique de voir disparaître tout ce vocabulaire et toute préoccupation eschatologique lorsque l'on entre dans la deuxième section (4, 6-6, 11), où une lacune du manuscrit (4, 6) rappelle sans doute une soudure mal faite avec la première. Désormais sont en scène les « gens de parfaite sainteté » qui veulent agir très exactement et définitivement selon la loi dont les anciens avaient jadis reçu l'instruction et mérité ainsi le pardon de leurs manquements (4, 6-10), car c'est aujourd'hui l'époque où Bélial prend dans ses filets (4, 12-15) Israël, dont les fautes principales sont énumérées (4, 17-5, 15). Après quoi s'établit une comparaison détaillée entre l'époque du désert et l'actuelle. A cette nation privée de conseils, comme dit *Deut.*, 32, 28, à ce peuple sans pénétration, Dieu jadis a suscité Moïse et Aaron (5, 15-19) ; de même, il a suscité d'Aaron des pénétrants et d'Israël des sages, c.-à-d. des gens pieux et observants, selon *Deut.*, 1, 13, et il leur a concédé une audition, cela veut dire, presque, une injonction (6, 2-3) ; dorénavant, ils peuvent creuser le puits de la loi, ils ont les instruments de travail et un directeur de travaux, dans la personne du chercheur de la loi (6, 3-10) ; grâce à cela, ils sauront se conduire jusqu'à ce que vienne celui qui enseignera la justice aux derniers jours (6, 10-11). — Comme on le voit, les derniers jours restent à l'horizon, mais ils se sont éloignés. La révélation, de son côté, appelée audition, est devenue le début d'une recherche méthodique dans la loi, sous la direction d'un maître qui a mis au point les principes de recherche et d'étude. Et ainsi, grâce aux « découvertes » que l'on fait par la recherche, l'on s'instruit de la loi comme l'ont été les anciens, et l'on est justifié comme eux. L'étude et l'instruction de la loi ont pris la place des révélations sur les derniers jours imminents. Le maître des recherches a pris la succession de « celui qui enseigne la justice » eschatologique (1, 11), mais il n'est plus celui qui l'enseignera aux derniers jours (6, 10) ; il y a eu un dédoublement du personnage. La communauté se cherche, s'organise et s'installe pour durer.

La troisième section de *Dam* (7, 4-8, 21, parall. 19-20) est en elle-même complexe et composite. L'analyse littéraire permet d'y retrouver trois couches. La plus ancienne est celle du morceau 7, 13-8,13, parall. 19, 7-26. L'on procède à l'inventaire des trésors de la communauté, livres de la loi, livres des prophètes, chef (?)

de l'assemblée (7, 14-19) ; l'on vit « en Exil », dans l'attente de la venue du zélateur de la loi et du prince de la congrégation, promis l'un et l'autre aux tenants ferme (7, 19-20) ; à l'opposé, ceux qui n'ont pas tenu ferme (8, 1, parall. 19, 14) et leurs imitateurs sont destinés aux vengeances de l'alliance, car ils commettent tous les crimes des Gentils, qu'ils n'ont pas « pénétrés » (8, 12, parall. 19, 24), alors que les repentants avaient pénétré leurs manquements (1, 8). Ce morceau est proche des monitions initiales, mais déjà plus évolué, à peu près au niveau du *pHab* par le vocabulaire et la doctrine ; « celui qui enseigne la justice » eschatologique, dans la première monition, s'est déjà dédoublé (cfr la deuxième section) : le chef (?) est présent, le zélateur de la loi doit encore venir avec le prince de la congrégation.

Dans le paragraphe final (20, 22-34), les hommes de l'Union ont écouté la voix de Dieu (20, 28), ils s'instruisent des usages observés par les anciens du désert (20, 31) et obéissent à la voix du maître de justice (20, 32). Nous retrouvons dans ce fragment l'atmosphère et la lexicologie de la deuxième section (4, 6-6, 11), il doit se situer à un niveau semblable dans l'évolution.

Les autres passages de la section (7, 4-13, parall. 19, 1-7 ; 8, 14-21, parall. 19, 26-35 ; 20, 1-22) paraissent beaucoup plus avancés. Il n'y est plus question ni de révélation contemporaine, ni même d'une recherche en activité. Une communauté vit « aux camps » en observant scrupuleusement la loi, les règlements, les usages reconnus (7, 4-13, parall. 19, 1-7), et l'expérience a beaucoup appris ; la vie communautaire, le recrutement de nouveaux membres, les défaillances survenues, ont, avec les années, posé des problèmes ; on les a résolus en recourant à la science de spécialistes en ces questions, et les solutions apportées ont permis de constituer une jurisprudence, nuancée et bien au point ; les « hommes de science », munis comme d'un diplôme officiel, doivent veiller à son application parmi les « enseignés de Dieu », conformément à « l'enseignement de la loi » (20, 4-6). — Le commentaire de législation, conservé dans ces passages, nous laisse voir une communauté mûrie, repliée sur elle-même, appliquant minutieusement les règles adoptées, éprouvées comme étant conformes aux ordres de Dieu. La connaissance y est canonique et administrative.

De même que le commentaire canonique de la troisième section, les codes (6, 11-7, 4 ; 9 à 16) ne font que des allusions aux personnages érudits et aux recherches codifiées qui leur servent de référence. Le grand code relève pourtant, parmi les charges du *Mebaqqer*, l'enseignement des œuvres et merveilles de Dieu, qu'il doit donner aux membres de la Totalité (13, 7-8). Le Manuel de discipline est plus explicite et insiste sur l'étude ininterrompue de la loi, obligation primordiale de tout groupe vivant en communauté. Les fragments de *Dam* sont incomplets, et ils ont peut-être, et sans doute, en vue concrètement d'autres groupements que celui du *Manuel*. Par ailleurs, ce dernier n'est pas non plus d'une seule venue. Il est constitué de plusieurs couches rédactionnelles qu'il serait utile de dégager pour mieux les étudier. Malgré cela, les commentaires canoniques de *Dam* et les deux codes plus ou moins fragmentaires qu'il a conservés, peuvent se situer au même niveau que le *Manuel*, ou du moins à la même catégorie de niveaux apparentés, dans l'évolution des idées à Qumrân.

* * *

L'étude des thèmes de connaissance élaborés par le Document de Damas permet de reconnaître à travers eux, en filigrane, l'histoire du *Document* et du groupe humain lui-même dont il est issu. Les idées exposées, et tout autant le vocabulaire qui les porte, font voir dans cet écrit un assemblage de documents juxtaposés, d'époques différentes, mais représentant l'évolution d'une pensée théologique cohérente ; cette évolution, à son tour, évoque le groupe qui l'a vécue.

A un moment de l'histoire juive, la conviction de la fin imminente a provoqué tout un jaillissement d'idées et de sentiments religieux, dont le Livre de Daniel est témoin dans la Bible, et les monitions initiales, dans le Document de Damas. Le groupe de Juifs pieux et enthousiastes qui les partageaient, s'est réuni pour mieux les vivre et attendre la fin, de la manière proclamée et révélée spécialement par l'un des leurs, un homme de Dieu suscité parmi eux. Mais la fin n'arrivant pas aussi vite que prévu, le groupement a dû commencer à s'organiser, chercher confirmation, dans le passé et dans la loi, de son mode de vie, étudier, s'instruire et se former. Et puis, avec le temps qui passait, il a fallu préciser, nuancer et codifier ; désormais, les derniers jours sont loin, seule reste la conviction d'être les saints et les élus, l'Israël véritable, choisi par Dieu depuis Moïse et Abraham. Groupe des seuls fidèles aux derniers jours, groupement des seuls Israélites redécouvrant la loi et l'alliance, congrégation des seuls Juifs d'authentique sainteté, les trois sections de *Damas* éclairent trois moments de cette évolution, et les thèmes de connaissance les reflètent fidèlement : révélation eschatologique initiale, étude méthodique de la loi, codification minutieuse des usages et des « cas ». Ces trois moments ont dû coïncider avec une diminution parallèle de l'importance de la secte. Vivant presque en vase clos, elle s'est coupée de la vie extérieure et des problèmes nouveaux qui se posaient au peuple juif. A l'intérieur de la religion juive, elle demeure pourtant le témoin de l'apparition, de l'épanouissement et de la stabilisation d'un mouvement particulier, voire particulariste, représentant à sa manière le dynamisme religieux du judaïsme.

INDEX

A. *Index des auteurs modernes.*

B. *Index des références bibliques.*

220

(1 Rois)

5, 24	33
8, 36	55
9, 11	33
10, 13	33
11, 25	164
11, 26-27	177
12, 8-13	110
14, 10	151
17, 1	100
19, 16	68

2 ROIS

12, 3	54
17, 13	70
17, 15	31, 34, 162
17, 27-28	54
19, 30-31	64
23, 3	31, 34

1 CHRONIQUES

4, 43	64
16, 22	67
21, 9	69
23, 31	30
25, 5	69
28, 9	53, 190
29, 29	69

2 CHRONIQUES

2, 3	30
6, 27	55
6, 37-38	159
8, 13	30
9, 29	69
12, 15	69
15, 3	54
21, 18	150
23, 13	70
28, 17	159

(2 Chron.)

30, 6	64
31, 3	30
34, 31	31, 34

ESDRAS

4, 18	96
9, 8	64
9, 14	65, 147
10, 11	151

NÉHÉMIE

1, 2	64
8, 8	96
8, 14	73
8, 17	160
9, 13	30, 34
9, 14	30, 71
9, 17	43
9, 34	31
10, 34	29, 30
13, 22	30

ESTHER

3, 14	50
4, 7	96
8, 5	178
8, 8	178
8, 13	50
10, 2	96

1 MACCHABÉES

1, 62	24
4, 46	188
14, 41	188

2 MACCHABÉES

6, 30	60

(Is.)	
51, 3	193
51, 4	193
51, 5	193
51, 6	193
51, 7	8, 9, 52, 193
51, 9	193
51, 11	92
52, 2	159, 160
52, 4	160
53, 5	90
53, 10	33
54, 12	33
54, 13	165, 196, 198
54, 16	118
56, 1	50, 171, 195
56, 4	24
56, 6	24
57, 3	9
57, 17	32
58, 2	177
58, 3	33
58, 7	151
58, 11-12	76
58, 13	33
59, 10	53
59, 13	140
59, 20	159, 170
60, 17	148
60, 20	98, 99
61, 1	68
61, 8	59
62, 12	73
63, 10	68
63, 11	68
63, 18	73
64, 1	71
64, 3	193
66, 5	9
66, 7	143

JÉRÉMIE

1, 14	143
2, 4	9

(Jér.)	
2, 8	161
2, 13	76, 163
2, 19	90
2, 30	90, 92
3, 14	9
3, 17	151
3, 18	143
3, 22	9
4, 5	115
4, 22	112
5, 3	90, 92
5, 21	9
5, 31	109
7, 2	9
7, 34	178
8, 3	64
8, 7	30
8, 12	149
10, 23	171
10, 24	90
15, 18	76
16, 15	143
16, 21	71
17, 13	163
17, 22	30
17, 24	30
17, 27	30
18, 11	151
18, 23	40
19, 7	110
23, 13	45, 127
23, 17	12
23, 25	109
23, 26	109
23, 32	109
28, 30	193
30, 11	91
31, 7	115
31, 18	90
32, 11	50
32, 14	50
32, 33	91
32, 40	23
34, 8	128

(Job)		(Ps.)	
19, 4	27	33, 11	110
20, 3	91	33, 15	14, 53, 58, 184
22, 3	33	33, 21	180
23, 14	98	34, 12	8, 9
26, 3	61	35, 27	33
31, 16	33	37, 14	164
33, 32	33	37, 23	171
36, 9	179	37, 28	59
36, 22	54, 176	37, 40	180
36, 26	100	38, 2	90
		38, 10	26

PSAUMES (T. Mass.)

		39, 5	71
		39, 12	90
1, 1	110, 119, 152	40, 9	33
1, 2	33	40, 17	178
2, 2	67	41, 13	171
2, 10	91	45, 8	59
5, 2	193	49, 2	8
6, 2	90	49, 5	36, 37
8, 4	15	50, 2	175
9, 20	179	50, 17	91
11, 7	59	50, 23	14, 191
15, 2	136	51, 6	166
16, 3	33	51, 8	28, 71
16, 5	171	51, 10	178
16, 11	32, 71	51, 13	68
17, 1	193	51, 15	33
17, 5	171	51, 18	33
18, 49	150	51, 21	33
19, 2	15	52, 9	179
19, 7	26	63, 9	171
19, 9	164	64, 7	114
19, 13	26, 27	65, 4	40
25, 4	32, 71	66, 16	8
25, 8	55, 176	68, 4	179
25, 9	32	68, 19	159
25, 12	55, 176	68, 29	179
25, 14	71	69, 6	26
27, 11	55, 176	70, 5	178
32, 5	26, 40, 71	77, 6	99
32, 8	55, 176	77, 15	71
33, 1	58	77, 21	73
33, 5	58, 59	78, 5	71
33, 8	179	78, 38	40

C. *Index des références aux écrits de Qumrân (excepté Dam).*

D. Index des références non bibliques.

240

E. *Index des mots hébreux.*

’ *b d*, cfr Perdre.
’ *h b*, cfr Aimer.
’ *z*, cfr Alors.
’ *z n*, cfr Oreille (prêter l’).
b g d, cfr Trahir.
b w ’, cfr Entrés dans l’alliance.
b y n, cfr Pénétrer.
bynh, cfr Pénétrer, Pénétration.
b n h, cfr Construire.
gbwl, cfr Frontière, Limite.
g b r, cfr Fort (être).
g l l, cfr Salir (se).
dwrš, cfr Chercheur, Zélateur.
dʿt, cfr Connaissance, Science.
d q d q, cfr Détailler, Examiner.
d r š, cfr Chercher, Scruter.
wkn, cfr Et ainsi.
ḥ w b, cfr Coupable (être).
ḥwzh, cfr Voyant.
ḥ z h, cfr Voir.
ḥ z q, cfr Tenants ferme.
ḥyy nšḥ, cfr Vie éternelle.
ḥ p ṣ, cfr Désir.
ḥ p r, cfr Creuser.
ḥ š b, cfr Compter.
y d h, cfr Confesser.
y d ʿ, cfr Connaître.
ywrh, cfr Enseignant, Maître.
yḥ(y)d, cfr Union.
yswr, cfr Instructions.
y s r, cfr Instruire.
y p ʿ, cfr Apparaître (Gloire).
y ṣ ’, cfr Sortir.
y r h, cfr Enseigner.
yšwʿh, cfr Salut.
yšrym, cfr Droits (hommes).
kbwd, cfr Gloire de Dieu.
k z b, cfr Mensonge.
kmšpṭ, cfr Et ainsi.
k p r, cfr Expier, Réconcilier.
k r t, cfr Exciser.

k š l, cfr Trébucher.
l m d, cfr Enseigner.
lṣwn, cfr Babillage (homme de).
mdrš, cfr Enseignement.
mwʾs, cfr Méprisant.
mwsr, cfr Discipline.
mwʿd, cfr Fête.
mwrd, cfr Révolté.
mwrh, cfr Maître de justice.
mṭyp, cfr Prêcheur.
m l ’, cfr Achever.
m l ṭ, cfr Échapper.
mspr, cfr Nombre.
m s r, cfr Transmettre.
mʿśh, cfr Conduite (morale).
mṣ’t, cfr Découverte.
m r d, cfr Révolté.
mšpṭ, cfr Cas.
mšpṭym, cfr Usages.
n b ’, cfr Prophétiser.
nebônên, cfr Pénétrant.
n t p, cfr Prêcher, Distiller.
nstrwt, cfr Cachées (choses).
nšḥ, cfr Éternel.
n ś ’, cfr Expier.
n ś g, cfr Atteindre.
s g r, cfr Livrer.
s w g, cfr Apostats, Déplacer.
swd, cfr Fondation.
s w r, cfr Écarter (s’).
slḥh, cfr Pardon.
srk, cfr Règlement.
s t r, cfr Cacher.
ʿbrh, cfr Colère.
ʿdh, cfr Congrégation.
ʿydwt, cfr Témoignage.
ʿ m d, cfr Levée.
ʿṣh, cfr Conseil.
ʿt, cfr Époque (qṣ).
p l ṭ, cfr Échapper, Sauver.
p q d, cfr Visiter.

IMPRIMERIE DES ÉDITIONS J. DUCULOT, S. A., GEMBLOUX *(Imprimé en Belgique)*.

244

pqwdym, cfr Ordres.
p r ʿ, cfr Négliger.
p r ṣ, cfr Briser.
p r š, *prwš*, *parašah*, cfr Exactitude.
p t ḥ, cfr Ouvrir.
qwl, cfr Voix.
q w m, cfr Susciter.
q w ṣ, cfr Dégoûter (se).
qṣ, cfr Période, Époque.
r ʾ h, cfr Voir.
rbym, cfr Totalité.
r w h, cfr Pleuvoir.
rʿ, cfr Compagnon.
rṣwn, cfr Volonté.
r š ʿ, cfr Pervertir, Impie.
ś k l, cfr Comprendre, Intelligence.

śmḥḥ, cfr Joie.
ś n ʾ, cfr Haïr.
š ʾ r, cfr Rester.
šbym, cfr Convertis.
š g g, cfr Cacher.
š w b, cfr Retourner sur, Convertir,
  Objecter, Détourner.
š l ḥ, cfr Renvoyer.
š l m, cfr Achever.
š m ʿ, cfr Écouter, Entendre.
š ʿ n, cfr Appuyer (s').
š p ṭ, cfr Condamner, Juger.
š q l, cfr Peser.
tbl, cfr Monde.
t ʿ h, cfr Errer.
tʿwdh, cfr Oracle.

F. *Index des mots grecs.*

ἀφίημι, cfr Expier.
εὐδοκία, cfr Volonté.
θέλημα, cfr Désir.
ἱλάσκομαι, cfr Expier.
καιρός, cfr Moment.

κραταιόω, cfr Tenir ferme.
κρυπτά, cfr Cachées (choses).
κρύφιος, cfr Cachées (choses).
μυστήριον, cfr Secret.
παιδεύω, cfr Instruire (*y s r*).

G. *Index analytique des sujets principaux* (1).

---

(1) Les pages écrites en demi gras indiquent les endroits où les termes sont étudiés de façon plus complète.